FRANZ ALT · ROSI GOLLMANN · RUPERT NEUDECK

Eine bessere Welt ist möglich

Buch

Den Reichen kann es künftig nur gut gehen, wenn es den Armen dieser Welt besser geht. Deshalb fordern Alt, Gollmann und Neudeck insbesondere von den europäischen Ländern eine aktive und erfolgreiche Reformbegleitung in den Ländern der Dritten Welt. Neben Finanztransfers geht es vor allem um wirkungsvolle Unterstützung durch Hilfe zur Selbsthilfe.
Drei engagierte Autoren berichten aus verschiedenen Blickwinkeln. Rosi Gollmann von ihrer Basisarbeit auf dem indischen Subkontinent; Rupert Neudeck von seiner heroischen Hilfe an Katastrophenbrennpunkten; der Fernsehjournalist Franz Alt vor dem Hintergrund seiner Vorortrecherchen zu zahlreichen Filmen von den Problemen der Armen. Drei unterschiedliche Perspektiven auf ein Problem. »Eine bessere Welt ist möglich« ist ein ebenso eindringlicher wie fundierter Bericht zu Ursachen und Lösungsmöglichkeiten des Nord-Süd-Konflikts.

Autoren

Franz Alt hat 20 Jahre lang als Leiter und Moderator von »Report Baden Baden« und danach 12 Jahre als Leiter der Zukunftsredaktion im SWR Entwicklungsprojekte vorgestellt, welche die Zuschauer so überzeugten, dass sie mehr als 100 Millionen Euro dafür spendeten.

Rosi Gollmann hat 1967 die »Andheri-Hilfe Bonn« gegründet und über 3 000 Entwicklungsprojekte in Indien, Bangladesch und Nepal erfolgreich realisiert. Ihr Prinzip: Hilfe zur Selbsthilfe.

Rupert Neudeck hat 1979 das »Komitee Cap Anamur – Deutsche Notärzte« begründet und 2002 die Hilfsorganisation »Grünhelme«. Cap Anamur engagierte sich in den letzten Jahren u.a. in Afghanistan, Sudan, Sierra Leone, Haiti, Kenia und Tschetschenien. Seinen unkonventionellen Aktivitäten verdanken Hunderttausende in Asien, Afrika und Lateinamerika ihr Leben. 2006 erhielt er für sein Engagement den Europäischen Sozialpreis.

Von Franz Alt ist im Goldmann Verlag außerdem erschienen:

Der ökologische Jesus (15156) · Agrarwende jetzt (15165)
Krieg um Öl oder Frieden durch die Sonne (15289)

Franz Alt
Rosi Gollmann
Rupert Neudeck

Eine bessere Welt ist möglich

Ein Marshallplan für
Arbeit, Entwicklung und Freiheit

GOLDMANN

FSC
Mix
Produktgruppe aus vorbildlich
bewirtschafteten Wäldern und
anderen kontrollierten Herkünften

Zert.-Nr. SGS-COC-1940
www.fsc.org

Verlagsgruppe Random House FSC-DEU-0100
Das FSC-zertifizierte Papier *München Super* für Taschenbücher
aus dem Goldmann Verlag liefert Mochenwangen Papier

2. Auflage
Taschenbuchausgabe August 2007
Wilhelm Goldmann Verlag, München,
in der Verlagsgruppe Random House GmbH

Umschlaggestaltung: Design Team München
Umschlagabbildung: Getty Images/McClymont (309015-002)
Redaktion: Gerhard Juckoff
KF · Herstellung: Str.
Druck und Bindung: GGP Media GmbH, Pößneck
Printed in Germany
ISBN: 978-3-442-15452-4

www.goldmann-verlag.de

Inhalt

Franz Alt

Vorwort: Ist eine bessere Welt möglich?

»Entwicklung kostet –
keine Entwicklung kostet die Zukunft.«
Kreditanstalt für Wiederaufbau, Berlin

50 Jahre vor Erscheinen dieses Buches, 1955, wurde auf der Bandung-Konferenz in Indonesien der Begriff »Dritte Welt« geprägt. Erstmals trafen sich die Spitzenpolitiker von zwei Dritteln der Menschheit unter der Führung von Indien, China, Ägypten, Indonesien und Jugoslawien, um selbstbewusst nach Wegen aus ihrer Armut und weltpolitischen Bedeutungslosigkeit zu suchen. In der europäischen und US-amerikanischen Presse wurde dieses Treffen überwiegend als »Aufstand« gegen die weiße Weltherrschaft gewertet. Die Weltherrschaften in Washington und Moskau hatten sich Massenvernichtungswaffen beschafft, aber die Massenvernichtungswaffen in der »Dritten Welt«, nämlich Massenelend und Massenkrankheiten, übersehen.

Die Verdammten dieser Erde versuchten in Bandung erstmals eine Art Vereinte Nationen Asiens und Afrikas zu schaffen und sich vom Kolonialismus zu befreien – einige hatten sich gerade davon befreit.

Der Begriff »Dritte Welt« sollte bewusst an den französischen »Dritten Stand« aus dem 18. Jahrhundert erinnern. In der berühmten Kampfschrift der französischen Revolution im Jahr 1789 hatte es geheißen:

»Was ist der Dritte Stand? Alles.
Was ist er bis jetzt in der politischen Ordnung gewesen? Nichts.
Was verlangt er? Etwas zu sein.«

Auf der Bandung-Konferenz präsentierten sich die Länder der »Dritten Welt« als der »Dritte Stand« der Welt, der bislang »nichts« war, aber künftig »etwas zu sein« beanspruchte.

Was hat sich in den letzten 50 Jahren für die Dritte-Welt-Länder verändert? Die zweite, die kommunistisch geprägte Welt ist fast verschwunden, aber wir haben viel Grund, von einer vierten Welt, einer Welt der total Armen, zu sprechen. Noch immer verhungern täglich Zehntausende. Über 840 Millionen Menschen haben jeden Tag nicht genügend zu essen – das sind mehr Menschen als in allen EU-Staaten, in den USA, in Kanada und Japan zusammen leben. Viele Hoffnungen wurden enttäuscht und viele Prognosen widerlegt. Einige sozialistische Experimente sind zu Operettendiktaturen missraten und kapitalistische Ansätze zu unglaublichen Korruptionsaffären verkommen. In den USA, aber auch in Deutschland ist gegenwärtig das Entsetzen über gigantische Managergehälter, exorbitante Abfindungen, ja sogar Bilanzfälschungen groß. Korruption gibt es nicht nur in Entwicklungsländern.

Und dennoch vertrauen die Autoren dieses Buches aufgrund ihrer positiven entwicklungspolitischen Erfahrungen darauf, dass eine bessere Welt möglich ist. Nötig ist sie ohnehin.

Lateinamerika, Asien und Afrika sind zwar nach wie vor die Kontinente der Armen, aber es sind keine armen Kontinente. UNO-Experten haben am Ende des 20. Jahrhunderts errechnet, dass auf unserer Erde 12 Milliarden Menschen ein gutes Leben ohne Hunger und Elend führen können. Aber unsere reiche Welt ist ethisch arm und politisch fantasielos. Papst Johannes Paul II. erklärte eine Politik für »bankrott«, die nicht verhindert, dass im 21. Jahrhundert noch eine Milliarde Menschen hungern.

Der Kapitalismus frisst seine Kunden

So wie früher der real existierende Sozialismus seine Kinder fraß, so frisst heute der real existierende Kapitalismus seine Kunden. Kapitalisten, die ihre Kunden nicht anständig bezahlen, denken nicht einmal daran, wer eigentlich ihre Produkte kaufen soll.

Der heutige Kapitalismus ist – ökologisch, sozial und ökonomisch – ein unerträglich primitives Selbstmordsystem. Dieses System gibt Lenin Recht, der gesagt hat, Kapitalisten seien so dumm, dass »sie uns noch den Strick verkaufen, mit dem wir sie aufhängen«. Weil dieser Kapitalismus ein Anschlag auf den gesunden Menschenverstand ist, züchtet er – wie die dümmsten Kälber – seine Metzger selber. Dümmer geht's nimmer. Kapitalisten sind ganz banale Banditen, die das genaue Gegenteil dessen treiben, was sozial-ökologische Marktwirtschaft meint: Ihr Gott ist Geld, aber nicht eine sozial gerechte und ökologische Ökonomie. Wenn Banken Milliarden verdienen und zugleich Mitarbeiter entlassen wollen, dann sind ihre Bosse und die hinter ihnen agierenden Analysten menschlich einfach dekadent. Ein Markt ohne Ordnung führt offensichtlich ins Chaos – im Westen und im Osten, im Süden und im Norden. Eine Marktwirtschaft ohne soziale und ökologische Balance degeneriert zu einem System gesellschaftlicher Verantwortungslosigkeit.

Ist Entwicklung möglich? Können wir den Hunger eines Tages ins Museum der Geschichte stellen? Können wir wenigstens bis zum Jahr 2015 die Zahl der Hungernden und Verhungernden auf unserer Welt halbieren – wie die UNO es beschlossen und versprochen hat?

Und vor allem: Welche Strategien brauchen wir, um diese hehren Ziele zu erreichen? Reicht eine Verdoppelung der Gelder für Entwicklungspolitik, wie sie seit 30 Jahren gefordert und zugesichert, aber bis heute nie erreicht, weil nie ernsthaft versucht wurde? Könnte heute ein globaler Marshallplan für die Dritte Welt so hilfreich sein wie der Marshallplan der USA, der nach 1945 dem zerstörten Europa auf die Beine geholfen hat?

Bieten die Tsunami-Katastrophe und die folgende weltweite Hilfsbereitschaft der Gesellschaften und der Politik erstmals die Chance für eine globale Entwicklung, die diesen Namen verdient?

Die vier reichsten US-amerikanischen Männer verfügen heute über mehr Geld als die eine Milliarde der Ärmsten. Über eine Milliarde Menschen in Entwicklungsländern müssen von weniger als einem Dollar Einkommen pro Tag leben. Und etwa die Hälfte der Menschheit wird von den Vereinten Nationen als arm eingestuft. Der jordanische Prinz El Hassan bin Talal hat darauf hingewiesen, dass die US-Wirtschaft jährlich Pflanzenproben und -samen aus den Ländern außerhalb der USA im Wert von 66 Milliarden US-Dollar bezieht, ohne dafür zu bezahlen. Diese Summe entspricht etwa den Reingewinnen der gesamten arabischen Welt aus dem Verkauf von Rohöl pro Jahr. Das alles ist im Zeitalter der Globalisierung möglich, aber ist es auch gerecht? Nur Gerechtigkeit dient dem Leben, weil sie auf das Recht der anderen aufmerksam macht und den eigenen Vorteil nicht verabsolutiert.

Pharmakonzerne aus aller Welt versuchen, das Volkswissen über die genetische Vielfalt zu stehlen und zu Privateigentum zu machen, sodass zum Beispiel das indische Volk sein seit Jahrtausenden tradiertes Wissen über den Neembaum von westlichen Multis zurückkaufen müsste. Auf Diebstahl darf es kein Patent geben. Dieser Ansicht hat sich inzwischen teilweise auch das Europäische Patentamt angeschlossen.

Der Anfang der Aufklärung war auch der Beginn der heutigen Demokratie und des Marktes. Bildung, Demokratie, Rechtsstaat und Marktwirtschaft gehören in der Geschichte des christlichen Abendlandes zusammen – zumindest in der Theorie. Sie waren die Voraussetzung für allgemeinen Fortschritt und Wohlstand. So konnten sich Millionen von Talenten entfalten. Wir aber lassen heute hauptsächlich in den Dritte-Welt-Ländern Milliarden von Talenten brachliegen. Wir reden von Weltpolitik und von Weltwirtschaft, aber von Weltvernunft und Weltverantwortung oder gar von Weltethik haben wir noch nicht viel begriffen.

Noch einige Beispiele sollen aufzeigen, dass wir zurzeit keine gute Voraussetzung für Entwicklung und Frieden auf unserem gemeinsamen Planeten haben.

Die USA geben heute in 32 *Stunden* mehr Geld aus für Rüstung und Kriegsvorbereitung, als der UNO insgesamt in einem ganzen *Jahr* zur Verfügung steht. Das ist keine gute Grundlage für Gerechtigkeit und Solidarität. Klaus Töpfers UNO-Umweltbehörde hat einen Jahresetat für die Umweltarbeit auf der ganzen Welt, der weitaus geringer ist als der Etat der New Yorker Feuerwehr. Das ist keine Basis für eine nachhaltige Wirtschaft auf unserer Erde. Oder: In Simbabwe ist die Lebenserwartung wieder auf 34 Jahre gesunken, in Sambia auf unter 33. Ein Forschungsinstitut in London prognostiziert, dass die Lebenserwartung in Südafrika in den nächsten Jahrzehnten von 55 auf 35 Jahre fallen wird, wenn nichts passiert. Ursachen sind nicht nur Aids, sondern auch Mangel an sauberem Wasser, an Nahrung, an Ärzten – in einem Wort: die Armut. Die Überwindung von Armut, Hunger und Umweltzerstörung ist nicht nur ein Gebot der Moral, es ist auch ein Gebot politischer Vernunft und vernünftiger Politik. Es kann auf Dauer nicht gut gehen, wenn ein US-Bürger die Umwelt 270-mal mehr belastet als ein Bürger in Haiti.

Ich möchte auch für die Koautoren schon an dieser Stelle deutlich machen: Wir haben kein parteipolitisches Anliegen, aber deshalb ist unser Buch nicht unparteiisch. Wir können uns eine bessere Welt vorstellen. Wir schreiben auch aus der Sicht der betroffenen Armen, die wir seit Jahrzehnten begleiten. Und wir wissen auch, dass Entwicklungspolitik kein Nischendasein mehr führen darf. Entwicklungspolitik auf der Höhe der Zeit ist immer auch Außen- und Sicherheitspolitik, Handels- und Finanzpolitik, Agrar- und Menschenrechtspolitik, Umwelt- und Friedenspolitik.

Die christlichen Kirchen haben diesen notwendigen Zusammenhang moderner Entwicklungspolitik in ihrem klassischen Dreiklang »Frieden, Gerechtigkeit und Bewahrung der Schöpfung« formuliert. Frieden und Freiheit, Gerechtigkeit und Nachhaltigkeit sind Werte, die heute in nahezu keinem Partei- oder Regierungsprogramm fehlen. Das heißt freilich nicht, dass alle Parteien oder Regierungen diese Werte in ihrer praktischen Politik auch ernst nehmen.

Nach über 40 Jahren Entwicklungspolitik seit John F. Kennedys Vision eines Peace Corps zeigt sich die Politik unfähig und/oder unwillig, die Zukunftsprobleme der Menschheit wie Frieden, Überwindung des Hungers, Frauendiskriminierung, Massenarbeitslosigkeit und Treibhauseffekt zu lösen. Aber für alle diese Probleme gibt es Lösungen, ebenso wie für das an deutschen Stammtischen so heftig diskutierte Problem der »Bevölkerungsexplosion«.

Nicht die zu vielen Menschen in den armen Ländern sind das Hauptproblem für die Zukunft unseres Planeten, sondern der Ressourcenverbrauch der relativ wenigen Menschen in den reichen Ländern. Ein deutsches Kind hat zum Beispiel durch seinen Verbrauch an Papierwindeln im Alter von zwei Jahren bereits so viel Papier verbraucht wie ein Mensch in Indien, China oder Afrika während seines gesamten Lebens.

Am Beispiel des südwestindischen Bundesstaates Kerala lässt sich erkennen, wie das Bevölkerungswachstum durch sehr humane politische Maßnahmen erfolgreich gestoppt werden kann. Kerala ist der erste indische Bundesstaat, in dem die Bevölkerungszahl nicht mehr wächst. Andere werden folgen. In Kerala gehen alle Kinder und Jugendlichen zur Schule – selbstverständlich auch die Mädchen. Diese Mädchen haben die Chance, einen Beruf zu erlernen, und bekommen dann auch nicht mit 16 Jahren ihr erstes Kind, sondern vielleicht mit 25. Eine Frau in Kerala bekommt im Schnitt nur noch zwei Kinder. Das Problem des Bevölkerungswachstums ist gelöst.

Der indische Psychiater Sudhir Kakar, der in Deutschland und in den USA studierte, sieht ein ganz anderes Problem, wenn er heute aus Indien nach Europa kommt: die Hoffnungslosigkeit und Depression in den Gesichtern der Reichen. »Ohne Hoffnung kann man nicht handeln«, sagt Kakar und fügt hinzu: »Das hat viel mit Jugend zu tun. In Indien sind zwei Drittel der Gesellschaft jünger als 25 Jahre. Eine solche Gesellschaft kann nicht depressiv sein ... Auf mich wirkt Europa heute menschenleer, still und alt.«

Die Autoren dieses Buches zeigen ganz konkret und praktisch an vielen Beispielen, wie Entwicklung und Umweltschutz, sinnvolle Beschäftigung und Gesundheitsförderung, Bildung und Frauenemanzipation gestaltet werden können. Entwicklung heißt für uns: Die Lebensbedingungen der Ärmsten der Armen verbessern helfen. In einer sich globalisierenden Welt kann man auf Dauer die Mehrheit der Menschen nicht vom Wohlstand ausschließen, wenn man in Frieden leben will. Das gilt für Kastenlose in Indien wie für Nomaden in Afrika.

Die Armen sind kreativ

Entwicklung ist mehr als Armutsbekämpfung und Caritas. Nachhaltige Entwicklung mit zukunftsfähigen Perspektiven für Millionen Menschen in Entwicklungsländern erfordert vierfache Anstrengungen von Entwicklungsländern und Industriestaaten. So hat es das Bundesministerium für wirtschaftliche Zusammenarbeit formuliert:

- Soziale Gerechtigkeit – das heißt sozialer Ausgleich und armutsmindernde Rahmenbedingungen.
- Wirtschaftsfähige Leistungsfähigkeit – also armenorientiertes Wachstum und wirtschaftliche Zusammenarbeit.
- Politische Stabilität – dazu gehört der Einsatz für Frieden, Menschenrechte, Demokratie und Gleichberechtigung.

- Ökologisches Gleichgewicht meint schließlich das Bewahren der natürlichen Ressourcen als Lebensgrundlage – also nachhaltigen Umgang mit unseren Lebensvoraussetzungen wie reines Wasser, saubere Luft und gesunde Böden.

Diese Entwicklungspolitik ist mehr als die klassische Entwicklungshilfe, die primär akute Armutsbekämpfung und Nothilfe gemeint hatte. Wenn Entwicklungspolitik gelingen soll, ist eine neue Nord-Süd-Politik Voraussetzung. Voraussetzung für Entwicklung ist, dass die Armen ihre Kreativität entwickeln können. Meine Erfahrung ist, dass Arme unglaublich kreativ sind. Und Kreativität ist eine göttlich-menschliche Tugend.

Der Norden kann den Süden nicht entwickeln. Aber der Norden darf den Süden nicht länger ausbeuten und kann Hilfestellung leisten, wenn die armen Länder versuchen, neue Wege in eine bessere Zukunft für alle zu gehen.

Als Bilanz von 45 Jahren Entwicklungspolitik gilt: Es fehlt nicht an Wissen, Entwicklung erfolgreich zu gestalten, es fehlt primär am politischen Willen der Führungskräfte im Norden und im Süden, das Wissen auch umzusetzen. Als Journalist füge ich hinzu: Es fehlt an Journalisten, die auch nur ein wenig Interesse an entwicklungspolitischen Themen und Erfahrungen haben, und deshalb fehlt es auch an Wählerinnen und Wählern, die mit ihren Stimmen bei Wahlen Politiker und Parteien zugunsten der Entwicklungspolitik unter Druck setzen. Die Wähler der deutschen Politiker leben nun mal nicht im schwarzen Afrika, sondern im reichen Norden.

Wer mit offenen Sinnen und wachem Verstand liest, wie Rosi Gollmann, Christel und Rupert Neudeck und ihre Helfer in Deutschland und Übersee arbeiten, ist danach nicht mehr derselbe oder dieselbe. Deshalb ist dieses Buch auch ein gefährliches Buch. Es will anstecken zur Aktivität.

Wer sich nicht anstecken lassen möchte, sollte ab hier nicht mehr weiterlesen, er vergeudet nur Zeit. Wer aber wirklich wissen will, wie jede und jeder effizient helfen kann, wird in diesem Buch viele spannende Anregungen finden.

In den weltpolitischen Wendejahren von 1989/90 wurde in Deutschland das größte weltweit jemals aufgelegte Entwicklungsprogramm initiiert, es galt der alten DDR. Wenn selbst dieses einmalige Programm auf überschaubarem Raum innerhalb einer Sprach- und Kulturregion nur relativen Fortschritt zur Folge hatte, wie sollen dann mit einem Bruchteil des Geldes von 20 Prozent der »Reichen« für die 80 Prozent der »Unterentwickelten« sichtbare Fortschritte erzielt werden? In Deutschland haben die 80 Prozent »reichen« Westdeutschen die 20 Prozent der »armen« Ostdeutschen noch immer nicht zufriedenstellend »entwickeln« helfen können. Ist nach dieser Erfahrung Entwicklungshilfe nicht Illusion und Größenwahn? Was ist überhaupt Entwicklung, was Hilfe und was erfolgreiche Entwicklungspolitik?

Die drei Autoren dieses Buches haben seit Jahrzehnten entwicklungspolitische Erfahrung – Rosi Gollmann und Rupert Neudeck vor allem sind erfolgreiche Praktiker und Überzeugungstäter, wie es sie ein zweites Mal so in Deutschland nicht mehr gibt.

Was ist konkret und praktisch Entwicklung?

Rosi Gollmann und ihr Andheri-Hilfe-Team haben in Indien, Nepal und Bangladesh seit 1967 über 2000 Entwicklungshilfeprojekte initiiert und erfolgreich durchgeführt. Eine Million ehemals Blinde können sehen, eine halbe Million Frauen haben sich – unterstützt von der Andheri-Hilfe – zusammengeschlossen und in einer frauenfeindlichen Umwelt in ihren Dörfern bislang unvorstellbare emanzipatorische Arbeit für mehr Wohlstand, Freiheit, Bildung für sich und ihre Kinder, für Gesundheit und politische Teilhabe erstritten. Über 100 000 Kinder wurden dank der Andheri-Hilfe aus der Sklavenarbeit in Fabriken befreit und können jetzt Schulen besuchen. 40 000 Behinderte – Blinde, Taubstumme, geistig Behinderte, Autisten, verstoßene Leprakranke – können jetzt, unterstützt von der kleinen deutschen Hilfsorganisation, die Rosi Gollmann gegründet hat, ein selbstbestimmtes Leben führen.

Für Gollmanns Andheri-Hilfe heißt Entwicklung: den Schwächsten nahe sein und den Betroffenen Mitspracherechte geben. Entwicklung ist Entwicklung von ganz unten – mit relativ wenig Geld aus Deutschland. Entwicklung heißt für diese großartige Frau und ihre Helferinnen und Helfer hier und auf dem indischen Subkontinent immer: Hilfe zur Selbsthilfe. Und im Zweifel: Die Betroffenen wissen am besten, was sie brauchen.

Denn: Hinter der Maske ihrer Armut verbirgt sich unvorstellbar viel Anmut. Für Rosi Gollmann heißt Entwicklungshilfe immer: Anstiften zum Mut der Selbstentwicklung. Oder schlicht und englisch: Empowerment – helfen, dass die Menschen zu ihrer eigenen Stärke finden.

Ebenso effizient war und ist die unkonventionelle Arbeit von Christel und Rupert Neudeck. Wer dieses Liebes- und Arbeitspaar kennt, weiß, dass man sie immer in einem Atemzug nennen muss, auch wenn die Journalisten meist nur über Rupert Neudeck berichten.

So unkonventionell Rupert Neudeck arbeitet, so unkonventionell und ungeduldig schreibt er auch. Manchmal auch voller Wut und Zorn, weil er vor Ort ständig den Unterschied zwischen entwicklungspolitischen Versprechen und Taten erleben muss. Der frühere Bundespräsident Rau sagte einmal zu Rupert Neudeck: »Selten hat mich jemand so unter Druck gesetzt wie Sie mit Ihren Briefen aus der Dritten Welt. Sie haben mich auch oft damit geärgert. Aber Sie waren erfolgreich. *Ich gratuliere Ihnen.*«

Das »Komitee Cap Anamur/Deutsche Notärzte e.V.« der Neudecks und ihre heutige Organisation »Grünhelme« haben Hunderttausenden Menschen in Asien und Afrika in dramatischen Notsituationen wie Hungersnöten und Bürgerkriegen das Leben gerettet und Hoffnung auf eine gute Zukunft vermittelt. Sie haben über 10 000 Boat-People im Südchinesischen Meer vor dem Ertrinken gerettet. Sie haben in den Achtziger- und Neunzigerjahren Hunderttausende in afrikanischen Flüchtlingslagern vor dem Verhungern bewahrt, für viele tausend Kinder Schulen und für Zehntausende Flüchtlinge und Obdachlose Häuser gebaut. Heinrich Böll hat die Neudecks und ihre Helfer zu Recht »Partisanen der Humanität« genannt.

Was die Neudecks und Rosi Gollmann, aber auch deren Nachfolger angestoßen haben, findet tausendfache Nachahmung. Es ist oft wie ein Feld, das nach einer langen Reifezeit sichtbar Früchte in Hülle und Fülle hervorbringt. Ein indischer Regierungsberater sagte mir Anfang 2005: »Ohne die Initiative der Andheri-Hilfe hätte heute nicht beinahe jedes indische Dorf einen Kindergarten.« Und in Indien gibt es nahezu eine Million Dörfer. Der Bürgermeister der zweitgrößten Stadt Bosniens, Tuzla, erzählte mir im Sommer 1999: »Ohne die unermüdliche Versöhnungsarbeit von Rupert Neudeck wäre bei uns vieles noch viel schrecklicher geworden. Seine Hilfe war ein Segen für uns.«

Seit über 26 Jahren habe ich in Fernsehfilmen, Artikeln und inzwischen im Internet *(www.sonnenseite.com)* über die erfolgreichen Projekte der Andheri-Hilfe, der Cap Anamur und der Grünhelme berichtet. Die Fernsehzuschauer spendeten für Entwicklungsprojekte, die ich in dieser Zeit in meinen Sendungen »Report«, »Querdenker« und »Grenzenlos« vorstellte, über 100 Millionen Euro, davon mehr als die Hälfte für die Projekte der Andheri-Hilfe und Cap Anamur.

Die meisten Projekte, die ich zeigte, konnte ich selbst filmen, nach den Kriterien eines aufklärenden Journalismus mit gutem

Gewissen präsentieren und Kontonummern der Hilfsorganisationen einblenden. Hunderttausende Fernsehzuschauer wollten helfen und haben geholfen.

Alle drei Autoren dieses Buches waren zur Jahreswende 2004/2005 im südasiatischen Tsunami-Katastrophengebiet vor Ort. Wir haben gesehen, berichtet und zur Hilfe animiert. Wir sind überzeugt, dass wir ähnlich wie nach 1989 eine zweite Chance haben, der Entwicklungspolitik zum Durchbruch zu verhelfen. Nach 1989 haben die Politiker der Industriestaaten diese Chance freilich leichtfertig verspielt. Aber jetzt könnte Willy Brandts Erkenntnis wirklich Realität werden: »Entwicklungspolitik von heute ist Friedenspolitik von morgen.«

Es geht nicht um Almosen der Reichen für die Armen, sondern um globale Kooperation beider Seiten für eine gemeinsame bessere Welt, für eine gerechtere Welt. Im bisherigen Welthandelssystem haben die USA, die EU und Japan die Regeln diktiert. Wenn FC Reichtum gegen die ausgemergelten Gestalten von VFB Armut spielt, steht der Ausgang des Spiels von vornherein fest. Gleiche Regeln für ungleiche Länder – das ist nicht fair. Solche Spiele verlieren fast immer die Armen.

Betrachten wir das Verhältnis der USA zu Lateinamerika. Viele Reiche in Nordamerika sehen die Millionenheere der Armen im Süden nicht als Aufruf zur Solidarität, sondern als Bedrohung ihrer Vorteile, die sie primär einer ungerechten Weltordnung verdanken. Die Politik der USA gegenüber ihrem »Hinterhof« ist kein Kampf gegen die Armut, sondern eher ein Kampf gegen die Armen. Die Befreiungstheologie der lateinamerikanischen Bischofskonferenz, die sich an die Seite der Armen gestellt hat, wurde von US-Regierungen oft als »Kommunismus« diffamiert. Die Christen im Weißen Haus haben nie verstehen wollen, dass Jesus von Nazareth ein Freund der Armen und ein Kritiker der Reichen war.

Millionen sozial engagierter Christen in Lateinamerika wurden und werden von Kapitalisten als »Kommunisten« und von Kommunisten als »Handlanger der Kapitalisten« diffamiert. In den letzten 20 Jahren wurden allein in Kolumbien 50 Bischöfe, Priester und Ordensleute wegen ihres Engagements für die Armen ermordet – in Brasilien erhielten 2004 fast 200 Kirchenleute Morddrohungen aus demselben Grund. Noch immer gilt in den internationalen Institutionen der Weltwirtschaft: Freier Handel ist wichtiger als fairer Handel. Wenn aber die Handelnden so ungleiche Voraussetzungen haben wie zum Beispiel Menschen in den USA und Guatemala, dann stehen die Verlierer von vornherein fest. Es herrscht das Gesetz des Dschungels. Wenn die Agrarmultis, die Großgrundbesitzer, die Supermarktketten und die Kleinbäuerinnen als Teilnehmer am globalisierten Agrarhandel auftreten, ist klar, wer gewinnt und wer verliert. Auf ihren Miniparzellen bauen die Kleinbäuerinnen jetzt Gemüse für den Export an und müssen ihre Familien mit importiertem Reis und Mais ernähren. Nur ein neoliberaler Mythos kann behaupten, dass die Ernährung der Armen dadurch sicherer und reichhaltiger würde.

Nach dem Ende des Kalten Krieges haben Millionen Menschen auf eine »Friedensdividende« gehofft. In ihrem Sinne haben damals in Deutschland Willy Brandt (SPD) und Richard von Weizsäcker (CDU) gemeinsam vorgeschlagen, ein Drittel der frei werdenden Rüstungsgelder für Entwicklung zu verwenden. Aber die »Kriegsdividende« war wieder einmal wichtiger als eine wirkliche »Friedensdividende«. Vielleicht gelingt es uns aber jetzt – ähnlich wie beim Marshallplan nach dem Zweiten Weltkrieg –, eine Art »Tsunami-Dividende« über einen globalen Marshallplan zu organisieren.

Auch hier muss allerdings vor voreiligem und naivem Optimismus gewarnt werden. Ich habe als junger Fernsehreporter 1971 die verheerenden Auswirkungen einer Flutkatastrophe mit 500 000 Toten und Millionen Obdachloser in Bangladesch erlebt. Die übrige Welt hat das kaum interessiert. Auch als 1991 ein Tsunami in Bangladesch 138 000 Tote gefordert hatte, waren die internationalen Fernsehteams nur kurz vor Ort präsent.

Ähnlich gleichgültig verhielt sich die Welt danach bei großen Flutkatastrophen in China, Mosambik und Zentralamerika. Von internationaler Verantwortung war immer wenig zu spüren. Und die Tatsache, dass heute jeden Tag 26 000 Menschen verhungern oder an vermeidbaren Krankheiten und Wassermangel sterben – dieser größte Skandal unserer Zeit –, wird politisch kaum noch beachtet. Große Worte über »Solidarität in der einen Welt« ja, aber wehe, es kostet etwas! Großen Worten folgten bisher meist kleine Taten.

Die Kreditanstalt für Wiederaufbau hat zu diesem Verhalten treffend festgestellt: »Entwicklung kostet – keine Entwicklung kostet die Zukunft.« Doch die Sintflut der Vergesslichkeit hat politische Vernunft noch immer verdrängt. Seit 1970 versprechen die Industriestaaten, ihre Entwicklungshilfe zu verdoppeln. Aber seit 1980 haben sie ihre finanziellen Aufwendungen etwa halbiert. Im Februar 2005 lese ich, dass Präsident Bush zusätzlich zu den über 200 Milliarden Dollar, die seine Kriege im Irak und Afghanistan bereits verschlungen haben, weitere 86 Milliarden Dollar für seine lächerlichen und schrecklichen Militärspiele braucht. Ein Bruchteil dieses Geldes, über mehrere Jahre verteilt, würde ausreichen, die schlimmste Not zu überwinden. Es ist politisch nicht gewünscht; es fehlt nicht am Geld.

Franz Alt

Entwicklungspolitik ist Friedenspolitik

Wird aus dem Seebeben ein Weltbeben?

Warum aber soll die Nach-Tsunami-Zeit jetzt die Entwicklungswende bringen? Weil erstmals nach einer großen Naturkatastrophe die Weltgemeinschaft tief betroffen war und auch die Weltpresse und alle Fernsehstationen noch Monate danach berichteten wie nie zuvor.

Aus dem Seebeben war endlich ein Weltbeben geworden. Nach dem Tsunami hat die Welle der Emotionalität und Hilfsbereitschaft sämtliche Kontinente ergriffen. Es war wie ein Wunder inmitten der Flut – und die Fernsehbilder waren die Voraussetzung für dieses Wunder. Erstmals hat eine Katastrophe der »Dritten Welt« die ganze Welt wirklich erfasst. Das könnte ein Wendepunkt in der Weltpolitik werden. Endlich nehmen wir das Leid der Ärmsten ernst. Wir erleben: Die Welt ist klein und zerbrechlich und eins.

Es ist wunderbar und einmalig, dass die Hilfszusagen der Regierungen und die Gelder der Spender für die Tsunami-Opfer in Südasien für jede betroffene Familie über eintausend Dollar betragen. Damit kann zum Beispiel für jede betroffene Familie in Indien ein stabiles Steinhaus gebaut werden und für einige weitere hundert Dollar sogar mit einer Solaranlage. Nie wieder Strohhütten für die Ärmsten!

Aber darüber sollten wir nicht vergessen, dass in Schwarzafrika täglich Tausende verhungern, verdursten oder an Aids sterben, weil wir für sie keinen einzigen Cent zur Verfügung haben. Alle drei Sekunden stirbt ein Kind an den Folgen extremer Armut.

Es ist keine gute Voraussetzung für den Frieden, wenn eine Milliarde Menschen an Überfettung leiden und eine Milliarde an Unterernährung. Wir Journalisten müssen die Politiker immer wieder daran erinnern, dass sie im Jahr 2000 der Welt versprochen haben, bis 2015 die Zahl der Hungernden und Verhungernden zu halbieren, aber bis jetzt fast nichts zum Erreichen dieses Ziels getan haben. Journalisten, die in dieser Situation nicht für die Hungernden schreiben und schreien, haben ihren Beruf verfehlt.

Kofi Annan weiß, wovon er spricht: Er beschwört jetzt die Geberstaaten, ihre neue emotionale Hilfsbereitschaft zugunsten der Tsunami-Opfer nicht zulasten der Entwicklungsziele gehen zu lassen. Es wäre nicht das erste Mal, dass auch in Berlin Nothilfe aus dem Entwicklungshilfe-Etat entnommen wird. Geht die aktuelle Hilfe gar zulasten der Hilfe für Schwarzafrika?

Der Erfolg der kleinen Hilfsorganisationen wie Rupert Neudecks »Grünhelme« oder der Andheri-Hilfe Bonn liegt in ihrer Nähe zu Millionen Dorfbewohnern. Mit relativ wenig Geld und einem minimalen bürokratischen Aufwand erreichen sie sehr viel. Das Geheimnis ihres Erfolges ist, dass sie *mit* den Menschen vor Ort arbeiten und nicht nur *für* sie. Wenn die Betroffenen nicht eingebunden sind, kann Hilfe zur Selbsthilfe nicht funktionieren.

Ein Armutszeugnis für das reiche Deutschland

1970 haben sich die reichen Staaten erstmals verpflichtet, 0,7 Prozent ihres Bruttosozialproduktes für Entwicklungspolitik zu geben. Schweden und Dänemark sowie Luxemburg und die Niederlande haben als Einzige dieses Ziel erreicht oder leicht überschritten. Deutschland gibt zurzeit 0,28 Prozent – ein Armutszeugnis für unser reiches Land. Entwicklungspolitisch ist Deutschland immer noch unterentwickelt. Wenn alle Industriestaaten sich so danebenbenehmen wie Deutschland, kann die

UNO ihre Millenniumsziele, nämlich die Zahl der Hungernden und Verhungernden zu halbieren, nicht – wie beschlossen – bis 2015, sondern allenfalls bis 2115 erreichen. Indien, Thailand und Indonesien können sich allerdings bereits weit eher selbst helfen als Somalia, der Sudan oder der Kongo. Die Intensivstation unserer Erde liegt in Schwarzafrika.

Wie gut, dass wenigstens Horst Köhler Hilfe für Afrika zu seinem Herzensanliegen gemacht hat. Der Bundespräsident hat schon in seiner Antrittsrede gesagt, dass effiziente Entwicklungspolitik in Afrika der Lackmustest für die europäische Humanität sei.

Wir Journalisten könnten aus dem Tsunami-Desaster lernen, dass es auf dieser Welt Wichtigeres zu berichten gibt als die jahrelangen Diskussionen über Ladenschluss, Dosenpfand und Toll Collect. Der Nach-Tsunami-Journalismus braucht neue Prioritäten, ebenso wie die Politik.

Solange auch in Deutschland der Militärhaushalt über sechsmal höher ist als der Haushalt für Entwicklungspolitik, sind die Prioritäten noch immer falsch. Entwicklungspolitik ist Sicherheits- und Friedenspolitik.

Geradezu bezeichnend für die schizophrene Haltung einer deutschen Bundesregierung bei der Hilfe für die Armen war ein Eklat im April 2005 vor der UNO in New York. Zuvor hatten sowohl Bundeskanzler Schröder wie auch Außenminister Fischer versichert, dass Deutschland seine Entwicklungshilfe von derzeit 0,28 Prozent des Bruttosozialproduktes bis 2014 auf 0,7 Prozent erhöhen werde. Daraufhin hatte der deutsche Botschafter bei der UNO Gunter Pleuger präzisiert: »Deutschland wird den Anteil der Entwicklungshilfe am Bruttosozialprodukt im Jahr 2006 auf 0,35 Prozent steigern, auf 0,5 Prozent bis 2010 und bis 2014 die 0,7 Prozent erreichen.«

Exakt diesen Zeitplan hatte Außenminister Fischer drei Wochen zuvor öffentlich als »verbindlich« bezeichnet. Aber vor der

UNO stellte Finanzminister Eichel Fischers Zahlen wieder infrage, sprach von einem »Finanzierungsvorbehalt« und sagte schließlich: »Eine entsprechende Beschlusslage gibt es nicht.« UNO-Chef Kofi Annan war über die Deutschen wieder einmal irritiert und verlangte Aufklärung. Ist dieses Deutschland wirklich reif für einen ständigen Sitz im Sicherheitsrat der Vereinten Nationen? Deutschland entwickelt sich zurück!

Der Dalai Lama hat in meiner letzten Fernsehsendung gesagt: »Achtsamkeit gegenüber den Schwächsten und Ärmsten ist das wichtigste Gebot journalistischer Ethik.« Leider setzen auch viele Entwicklungsländer selbst völlig falsche Prioritäten. So kommen in Eritrea auf 1000 Einwohner 45 Soldaten, aber nur 0,05 Ärzte. Nicht nur die USA, China und Russland oder auch Deutschland, sondern auch einige der ärmsten Länder geben viel zu viel Geld für Militär und Rüstung aus.

Die große Soforthilfe für die Flutopfer in Südasien ist ein wichtiges Zeichen der Hoffnung. Aber noch wichtiger wird es sein, dass die psychischen Lernschritte weit genug gehen, um aus dieser globalen Tragödie einen historischen Lernprozess in Gang zu setzen.

Danach ist es nicht länger akzeptabel, dass die technisch längst möglichen Vorwarnsysteme für derartige Katastrophen in weiten Teilen der Dritten Welt fehlen. Es ist die primäre Lernaufgabe der Menschheit, sich künftig wirklich als *eine* Familie in *einer* Welt zu verstehen, in der alle Geschwister einander partnerschaftlich und gleichberechtigt helfen – und zwar nicht erst nach einer riesigen Katastrophe, sondern bereits vorher.

Der Tsunami-Lernprozess zeigt erstmals, dass eine »Demokratisierung der Entwicklungshilfe« (Bill Clinton) möglich ist. Jede und jeder kann nicht nur über seine Regierung, sondern auch persönlich helfen. Viele Regierungen haben erst und nur deshalb geholfen, weil Hunderttausende Bürgerinnen und Bürger geholfen haben.

Heute steht jedem Menschen statistisch zehnmal mehr Wohlstand zur Verfügung als vor hundert Jahren, aber dieser Wohlstand war noch nie so ungerecht verteilt wie in unserer Zeit. Und noch nie waren die ökologischen Grundlagen für uns alle so gefährdet wie heute.

Nach über 2500 Jahren der großen Weltreligionen und nach 300 Jahren Aufklärung ist es uns noch immer nicht gelungen, alle ethisch und humanistisch orientierten Menschen so miteinander zu vernetzen, dass *alle* Menschen friedlich und in sozialer Balance miteinander leben können. Aus der Sicht einer neutralen Beobachtersituation können Kriege, Hunger und Umweltzerstörung auf einem reichen Planeten nur als barbarisch, unreif und menschenunwürdig bezeichnet werden. Die Rechtfertigungen, die noch heute für das Aufrechterhalten des Status quo vorgebracht werden, sind objektiv gesehen lächerlich und für *alle* gefährlich. Nur menschenverachtender Zynismus und nicht mehr verantwortbare Ignoranz über die wahren Entwicklungschancen und technischen Fortschritte verhindern, dass alle Menschen in Wohlstand leben können.

Wir müssen Entwicklungshilfe und -politik auch als Hilfe für uns im noch reichen Norden verstehen. Spätestens der 11. September 2001 hätte alle Menschen erkennen lassen können, dass Frieden, Sicherheit, Arbeit, Wohlstand, Freiheit und Nachhaltigkeit nur möglich sind, wenn sie für *alle* Bürger dieser Erde ernst genommen werden. Erst wenn kein Kind mehr hungern und verhungern muss, wird es *allen* besser gehen.

Wenn zum Beispiel die Löhne in den heutigen Armutsregionen nicht steigen, dann müssen sie in den noch reichen Regionen sinken. Das ist ein Grundgesetz der nicht aufhaltbaren Globalisierung. Oder: Wenn die Regenwaldrodung nicht gestoppt werden kann, wird sich auch das Klima in Mitteleuropa, Japan und USA dramatisch verändern und den Wohlstand im Norden und Westen gefährden.

Es ist eine Ungeheuerlichkeit, dass jede Milchkuh in der EU mit 2 Euro pro Tag subventioniert wird, während mehr als eine Milliarde Menschen von weniger als einem Euro am Tag leben müssen. Aber die Innenminister Europas diskutieren lieber die Frage, wie in Nordafrika Auffanglager für afrikanische Flüchtlinge organisiert werden könnten, als dass sie überlegen, wie den Ursachen von Hunger und Flucht beizukommen sei.

Je früher und konsequenter wir diese Zusammenhänge verstehen und entsprechend handeln, desto besser für uns. Je länger wir unsere Ausreden und Bedenken pflegen, desto schlimmer und teurer auch für uns und für die Zukunft unserer Kinder.

Entwicklung und Wohlstand oder Status quo und Chaos?

Nach dem »Verelendungsprinzip« von Thomas Hobbes und vielen seiner zynischen Nachfolger bleibt auch der moderne Mensch dem Menschen ein Wolf und damit unfähig zur Solidarität und Entwicklung. Wir, die Autoren dieses Buches, sind jedoch nicht aufgrund von Theorien, sondern nach eigenen Erfahrungen der letzten Jahrzehnte fest davon überzeugt, dass Frieden und Entwicklung, Gerechtigkeit und Fortschritt möglich sind – nicht gewiss, aber möglich. Auch 2005 bleibt diese Frage offen: Ist der Tsunami-Effekt nur kurzfristiges Mitleid im Anblick der Katastrophe, oder entsteht daraus ein langfristiger Lerneffekt zugunsten von nachhaltiger Gerechtigkeit?

Entwicklung kostet Geld, liegt aber auch im wohlverstandenen Eigeninteresse der Wohlhabenden. Intelligente Egoisten wissen, dass es ihnen langfristig nur gut gehen kann, wenn es den Ärmsten nicht immer schlechter geht. Nur kurzsichtige und naive Egoisten können diesen fundamentalen Zusammenhang übersehen. Entwicklungspolitik ist mehr als ein frommes Anliegen, sondern auch für die Reichen kluge Selbstvorsorge. Und diese heißt auch, im weltweiten Kampf gegen den Terrorismus die Ursachen der Gewalt nicht auf gefährliche Weise zu übersehen, wie es George W. Bush tut. Seine Regierung gibt etwa 50-mal mehr für Kriege und Kriegsvorbereitung aus als für Entwicklungspolitik. Dabei ist längst erkennbar, dass Armut, Krankheit, Umweltzerstörung und Unterentwicklung die wahre »Achse des Bösen« sind. Ohne globale Gerechtigkeit kann es globale Sicherheit niemals geben. Der Satz der mittelalterlichen Moraltheologie bleibt gültig: »Frieden ist die Frucht der Gerechtigkeit.« Eine Welt, in der die meisten Menschen kein menschenwürdiges Leben führen können, ist auch dann nicht dauerhaft friedensfähig, wenn es keinen Krieg gibt.

Zunehmend werden die ungleiche Verteilung von Ressourcen und der ungleiche militärische Zugriff auf Ressourcen wie Öl und Gas zur wirklichen »Achse des Bösen« gezählt werden müssen. Das Worldwatch Institute in Washington hat errechnet, dass 2005 weltweit knapp eintausend Milliarden Dollar fürs Militär ausgegeben werden. Präventivstrategien im Sozial-, Umwelt- und Entwicklungsbereich würden weit weniger Geld, dafür aber mehr politische Gestaltungsfantasie und politischen Mut erfordern. Das Worldwatch Institute kommt zum Schluss, dass schon 7,4 Prozent der Rüstungsgelder in den reichen Ländern ausreichen würden, um die Millenniumsziele der UNO bis 2015 realisieren zu können.

Aber die zunehmende Abhängigkeit vom Öl schürt Kriege und Bürgerkriege. Die Wasserknappheit bedroht schon in den nächsten Jahren 434 Millionen Menschen, schätzt das Worldwatch Institute. Die Gefahr wächst, dass Landflucht, Umweltzerstörung und Klimawandel das Hungerproblem verschärfen. Schon heute haben zwei Milliarden Menschen weltweit nicht genügend zu essen. Wenn die Industriestaaten ihre Hilfe nicht mehr verstärken als seit dem Jahr 2000, dann werden die Millenniumsziele nicht in zehn Jahren, sondern vielleicht erst in hundert Jahren erreicht. Die Armut bleibt das Schlüsselproblem aller Friedens-, Entwicklungs- und Umweltprobleme.

Auch das Worldwatch Institute meint: »Die Tsunami-Verwüstung sollte als Katalysator dienen, um die Diskussion über die wichtigsten Voraussetzungen für ein sicheres Leben in eine neue Richtung zu lenken.« Das Institut ruft die Regierungen schließlich auf, mehr in erneuerbare Energien, Gesundheitsprogramme, Umweltschutz, Bildung und Armutsbekämpfung zu investieren.

Eine der entscheidenden politischen Fragen des 21. Jahrhunderts wird heißen: Krieg um Öl oder Frieden durch die Sonne? Und diese Frage muss in den nächsten Jahren beantwortet werden. Eine bessere Welt wird nicht durch Almosen möglich, sondern durch neue Rahmenbedingungen, also neue politische, ökonomische, soziale und ökologische Strukturen. Das liegt im gemeinsamen Lebens- und Überlebensinteresse von Nord und Süd, von Ost und West.

Die Deutschen, die nach der Tsunami-Katastrophe in einer einmaligen Welle der Hilfsbereitschaft 630 Millionen Euro gespendet haben, taten dies nicht aus falscher Sentimentalität, sondern weil diese Hilfe auch in unserem Interesse ist.

Es ist erst ein paar Jahrzehnte her, dass Milliarden Menschen erstmals ein Bild ihrer gemeinsamen Welt von außen sahen: ein blauer Edelstein, im Nichts schwebend, schön, zart, unschuldig und zerbrechlich, vor der Finsternis kosmischer Unendlichkeit. Und allmählich beginnen wir zu verstehen, dass alle Menschen auf diesem blauen Planeten Geschwister sind und sich in Notzeiten helfen können. Die Spendenbereitschaft in solchen Zeiten gehört schon zu den guten Traditionen unseres Landes. Es gibt also doch eine kontinentübergreifende solidarische Menschlichkeit der Tat.

Die Präambel der Vereinten Nationen beginnt mit den Worten »We are the people ...«, »Wir sind das Weltvolk ...«. Wenn die heute Lebenden diese Erkenntnis ernst nehmen, können wir eine bessere Welt schaffen, eine Welt, in der alle Kinder zur Schule gehen können und kein Kind mehr verhungern muss. Wir können den Rahmen einer ökosozialen Marktwirtschaft organisieren, mit deren Hilfe die Globalisierung sozial und ökologisch verträglich für alle gestaltet werden kann. Dies könnte nach dem Vorbild Ludwig Erhards heißen: Wohlstand und Arbeit für alle. Wenn der Marshallplan nach dem Zweiten Weltkrieg in Westeuropa und Deutschland beispielhaft funktioniert hat, warum sollte ein *globaler Marshallplan* künftig nicht weltweit möglich sein? Voraussetzung ist die richtige Antwort auf die Frage: Was lernen wir aus der Geschichte: Zerstörung oder Aufbau? Krieg oder Frieden? Kluge Hilfe zur Selbsthilfe oder den Sturz ins Chaos? Beide Antworten waren und sind immer möglich. Menschen machen Geschichte. So oder so! Es liegt an uns – die Armut liegt in unserer Hand, aber auch der mögliche Wohlstand für alle!

Übrigens: Dort, wo Menschen die Mangrovenwälder an den Küsten der vom letzten Tsunami betroffenen Gebiete gefällt hatten, gab es bis zu zehnmal mehr Tote als dort, wo die Wälder zum Schutz vor der Killerwelle noch standen. Tsunamis können wir auch in Zukunft nicht verhindern, wohl aber ihre schlimmsten Auswirkungen.

Geld ist wichtiger als Menschen

Mehrere Stunden Vorwarnzeit haben am 26. 12. 2004 nicht ausgereicht, um die vom Tsunami betroffenen Menschen zu warnen. Dagegen ist sichergestellt, dass schon auf kleinste Signale an allen Börsen der Welt zeitgleich reagiert werden kann. Geld regiert die Welt. Geld ist viel wichtiger als Menschenleben in der Dritten Welt. In einer so regierten Welt ist der Terror der Verdammten programmiert. Den jetzt empörten Leserinnen und

Lesern möchte ich eine schlichte Gegenfrage aus der Sicht der Betroffenen stellen: Wie würde es Ihnen ergehen, wenn Sie in einem Dritte-Welt-Land lebten und erleben müssten, wie Ihr Kind verhungert?

Die Verelendung und der anhaltende Hunger in vielen Staaten des Südens sowie die zunehmende ökologische Aggression des Nordens gegen den Süden in Verbindung mit Kriegen um die zu Ende gehenden Ressourcen bilden das größte Kriegs- und Aggressionspotenzial im 21. Jahrhundert. Aus sozialer Sicht heißt die dringlichste Frage der Zukunft: Wann und wie entwickelt sich der Süden? Aber aus ökologischer Sicht ist die Frage »Wann entwickelt sich der Norden?« mindestens genauso dringlich.

Die Alternative ist eine Öko- oder Ressourcen-Diktatur oder ein anderes totalitäres Regime. Der Neoliberalismus der USA, der immer mehr zum Brutalkapitalismus mutiert, wird so wenig Zukunft haben wie der alte Sozialismus der Sowjetunion, der immer unsozialer wurde. Die Umverlagerung der Einkommen von unten nach oben, die totale Ökonomisierung von Gesellschaft und Staat, das Dogma vom totalen Markt ohne soziale und ökologische Grenzen – all das bedroht nicht nur die Arbeiter, sondern auch die Mittelschichten. Der Mittelstand zahlt immer mehr Steuern, die Konzerne – auch in Deutschland – zahlen immer weniger. Wenn die Reichen immer reicher und die Armen immer ärmer werden, dann erodiert die demokratische Legitimation. Die Umverteilung von unten nach oben schafft Aggression und sozialen Sprengstoff gegen die neoliberale Marktreligion – auch in der noch reichen Bundesrepublik Deutschland. Die Vorstände deutscher Aktiengesellschaften haben ihre Bezüge zwischen 1997 und 2003 um knapp hundert Prozent erhöht – in derselben Zeit sind die Löhne und Gehälter in Deutschland für viele Millionen Menschen nur um 1,4 Prozent gestiegen. Das ist nicht mehr die soziale Marktwirtschaft von Ludwig Erhard mit dem Motto »Wohlstand für alle«, sondern die kalte Herrschaft des Kapitals mit der Folge »Armut für viele«.

Ist die Globalisierung am Auseinanderdriften von Arm und Reich schuld? Hat George W. Bush Recht, der behauptet, auch die armen Länder profitieren von der Globalisierung, oder haben die Kritiker von ATTAC Recht, die behaupten, durch die Globalisierung werden die Reichen reicher und die Armen ärmer?

Zwischen 1960 und 2000 hat sich nach einer Berechnung des UN-Entwicklungsprogrammes (UNDP) der Einkommensabstand zwischen der einen Milliarde Menschen in den reichen Industrieländern und der einen Milliarde der Ärmsten in den am wenigsten entwickelten Ländern im Süden etwa verdoppelt. In den letzten Jahrzehnten wurden also die ärmsten Länder immer mehr vom reichen Norden abgehängt. Diese fatale Entwicklung scheint die Kritik vieler Dritte-Welt-Gruppen an der Globalisierung zu rechtfertigen. Aber was ist mit den vier Milliarden Menschen zwischen den immer Ärmeren und den immer Reicheren?

Das Doppelgesicht der Globalisierung

Gegenüber der Pauschalkritik an der Globalisierung muss auch berücksichtigt werden, dass es viele Globalisierungsgewinner in ärmeren Ländern gibt. Und zwar hauptsächlich in den Schwellenländern wie Indien und China, Indonesien, Brasilien und Chile, Thailand, Malaysia und den Philippinen. Dazu gehören auch die »vier kleinen Tiger« in Ostasien: Taiwan, Hongkong, Südkorea und Singapur.

Längst nicht alle Menschen in diesen Ländern, aber doch Hunderte Millionen, wurden von der Entwicklung nicht abgehängt, sondern eher von ihr begünstigt. Das gilt erst recht für viele Millionen Menschen in den Erdöl exportierenden Staaten, sofern sie vom »Ölsegen« profitieren.

Die Globalisierung hat ein doppeltes Gesicht: ein menschliches und ein unmenschliches. Auch in einem armen Land wie Bangladesch habe ich in den letzten 35 Jahren ökonomische Fortschritte erlebt. Hauptsächlich deshalb ist in diesem »Armenhaus Asiens« die Geburtenrate pro Frau um etwa 50 Prozent gesunken. Weniger Armut führt weltweit zu weniger Geburten, wie auch am Beispiel des südwestindischen Bundesstaates Kerala schon ausgeführt wurde.

Auch die Politiker der großen Parteien hierzulande spüren bereits Legitimationsdefizite durch niedrigere Wahlbeteiligungen. Sie verschleiern die Konsequenzen des neoliberalistischen Kapitalismus mehr, als dass sie seine Auswirkungen erklären und für eine sozialökologische Alternative werben.

Um ökonomisch zu überleben, machen auch europäische Politiker zu viel Zugeständnisse an die fanatischen Globalisierer. Die Doppelstrategie müsste heißen: In einer neoliberalen, sich globalisierenden Welt müssen wir zwar Zugeständnisse machen, aber wir arbeiten an sozialökologischen, marktwirtschaftlichen Alternativen. Seit die »alten« Europäer Nein zum Irak-Krieg gesagt haben und sich erstmals wirklich von den USA emanzipierten, haben sich die Chancen eines alternativen Europa gegenüber dem neoliberalistischen Amerika verbessert.

Es bedurfte dringend dieses ersten wichtigen Neins zum alten Schutzpatron als Akt der Emanzipation. Der Marktfundamentalismus der USA ist ein ebensolcher Fehler wie der Irak-Krieg. Je mehr Allianzen Europa mit dem Süden schafft, desto mehr kommt der US-Neoliberalismus unter Druck.

Während der vier Wochen des Irak-Kriegs im Frühjahr 2003 war ich in China, Südkorea, Japan und Taiwan. Dort habe ich keinen einzigen Politiker, Journalisten oder »Mann auf der Straße« getroffen, der den Krieg der USA verteidigt hätte.

Südkorea und Japan haben den Irak-Krieg der USA offiziell unterstützt, aber nur mit großem inneren Widerstand. In diesen beiden Ländern wächst die Wut über die Abhängigkeit von den

USA – und Deutschland, das sich von seiner früheren Abhängigkeit zu emanzipieren beginnt, wird geradezu bewundert. Die Arroganz der Macht, welche die Bush-Regierung nachhaltig pflegt, provoziert die Wut der Ohnmächtigen und Abhängigen. Macht braucht Gegenmacht, wenn sie nicht allzu gefährlich werden soll.

Das eher pazifistisch gestimmte Europa war plötzlich Vorbild und Partner bei allen Zivilgesellschaften der Welt. In Berlin und Paris, in Peking und Moskau, in Tokio, Madrid, Rom und Warschau gingen damals 15 Millionen Menschen gegen den Krieg auf die Straße – ein Menschenbeben gegen die alte Politik. »Venus Europa« (Robert Kagan) war plötzlich attraktiver als der waffenstarrende »Mars Amerika«. Und auf der Weltfinanz-Bühne wurde der neue Euro rasch zur Konkurrenz des alten Dollar. Die einzig verbliebene Supermacht USA bekommt endlich das größer werdende Europa als gesundes – und vielleicht sogar heilsames – Gegengewicht.

Auch die im Jahr 2002 gegründete Afrikanische Union (AU) orientiert sich mit ihrem panafrikanischen Parlament, einer afrikanischen Zentralbank, einem Friedens- und Sicherheitsrat in ihrem Gründungsstatut an den Organisationsstrukturen der EU – mit allen Problemen freilich, die Afrika als am wenigsten entwickelter Kontinent noch immer hat. Die Staaten der EU sind heute ökologisch und entwicklungspolitisch weit stärker in der Welt engagiert als die USA. Europa ist der Hoffnungskontinent für Milliarden Menschen in den noch armen Ländern geworden.

Die immer stärker werdende Regionalisierung der Welt zeigt der »Supermacht USA« bereits ihre Grenzen. Wenn Globalisierung ein anderes Wort für Amerikanisierung ist, hat sie keine Zukunft. Jede ökonomische, politische, kulturelle oder religiöse Vormachtstellung provoziert regionale Gegenkräfte. Die Welt ist wie das Leben selbst nicht einfältig, sondern vielfältig.

Biologie und Ökologie lehren uns, dass nicht Monokulturen, sondern eher Polykulturen zukunftsfähig sind. Das erleben wir zurzeit zum Beispiel in der Entwicklung des Irak, wo weder die alten Anhänger Saddam Husseins noch die neuen Freunde der USA allein die künftige Richtung des Landes bestimmen können. Sie müssen sich zu Kompromissen durchringen. Auch im Irak von morgen wird Vielfalt und nicht Einfalt die Entwicklung bestimmen.

Überall auf der Welt provoziert der Globalisierungsdruck die Rückbesinnung auf das Eigene. Seit über hundert Jahren funktioniert die Weltwirtschaft nur mithilfe einer zugunsten der Reichen globalisierten Energiewirtschaft. Wenige Öl- und Gasquellen versorgten *alle* sich industrialisierenden Staaten. Jetzt aber kommt die Rückbesinnung auf heimische Rohstoffe, das heißt auf das Eigene: auf die heimische Sonne, den regionalen Wind, auf die überall wachsende Bioenergie sowie auf lokale Wasserkraft und regionale Erdwärme. Die Stärkung der Regionen durch Nutzung regionaler Rohstoffe wird zum neuen globalen Trend. Bislang fraß die alte Globalisierung ihre Kinder, aber die neue »regionale Globalisierung« ernährt immer mehr »Kinder«.

Reichtum verpflichtet – zu was?

Globalisierung ist kein Schicksal, sondern ökologisch, ökonomisch und sozial gestaltbar, wenn politisch gewollt. »Was politisch gewollt ist, kann auch politisch gestaltet werden« (Franz Nuscheler).* Unbestreitbar ist: Was dieser Planet uns bietet, reicht für jedermanns Bedürfnisse, aber nicht für jedermanns Habgier! Und für die heute Reichen gilt: Reichtum verpflichtet! Diese Erkenntnis gehört zum ehernen Bestand jeder Moral, so

* siehe Literaturangaben am Ende des Buches

wie der Satz »Eigentum verpflichtet« zu den unveränderlichen Grundsätzen der Verfassung der Bundesrepublik Deutschland gehört. Die starke Begründung im Artikel 14 des Grundgesetzes heißt: »Sein Gebrauch soll zugleich dem Wohle der Allgemeinheit dienen.« Diese Forderung von erhabener Schlichtheit ist keine Jugendsünde der Bundesrepublik Deutschland, sondern eine tragende Säule unseres Zusammenlebens.

Die *eine* Welt, von der alle Politiker so gerne reden, ist erst *eine* Welt, wenn verstanden wird, dass Massenarmut und Massenarbeitslosigkeit eine Massenwürdelosigkeit ist, die überwunden werden kann. Solange aber Millionen Arme einfach aus der Globalisierung ausgegrenzt werden, ist schon das Wort Globalisierung ein Schwindel. Bürgerinnen und Bürger der einen Welt brauchen Ausbildung und Auskommen, Gesundheitsvorsorge und eine halbwegs gesicherte Existenz. Solche Forderungen sind nicht unbillig, sie sind schlicht die Voraussetzung für Frieden und Freiheit, sie sind auch eine Forderung simplen Anstands. Die armen Gesellschaften brauchen endlich reale Entwicklungschancen. Mit formalen Versprechungen haben sie sich schon viel zu lange vertrösten lassen. Ein positives Beispiel aus Afrika: Allein der deutsche Schuldenerlass in Mosambik hat dazu geführt, dass in den letzten vier Jahren eine Million Kinder zusätzlich die Schule besuchen.

Der Global Player aus Nazareth

Die Globalisierung ist ein Jahrtausende alter Prozess. Jesus von Nazareth, der schon vor 2000 Jahren seinen Freunden empfohlen hatte, »hinaus in alle Welt« zu gehen, ist einer der ältesten Globalisierer – spirituell aber auch sozial. Karl Marx mit seinem Traum von der »Internationalisierung des Proletariats« war ein Globalisierer. Der Dalai Lama als Weltbotschafter des Buddhismus ist ebenso ein Globalisierer wie Hans Küng mit seinem Weltethos, aber auch wie Daimler Chrysler mit Autos auf der ganzen Welt und McDonalds mit »Fast Food« auf der ganzen Welt. Grundsätzlich gegen Globalisierung anzukämpfen macht so viel Sinn wie heute Nacht den Mond anzubellen oder gegen den Sonnenaufgang morgen früh zu demonstrieren. Und zu allem Überfluss kämpfen auch noch Gruppen gegen die Globalisierung, die sonst gerne von der »einen Welt« schwärmen. Das sind Widersprüche in sich, die einer sozialen und ökologischen Globalisierung oder einer »Globalisierung mit menschlichem Antlitz« nicht hilfreich sind. Nur eine gerechte Welt ist eine bessere Welt, und eine gerechtere Welt hat eine faire Globalisierung zur Voraussetzung.

Die Globalisierung ist eine Chance, wenn Menschenrechte und Demokratisierung, soziale Gerechtigkeit und ökologische Verträglichkeit bei aller ökonomischen Entwicklung wie selbstverständlich mitbedacht werden. Der Mensch ist mehr als eine Ware. Das heißt konkret und praktisch: Kampf gegen Kinderarbeit, Bildung für alle, Wohlstand für alle, entschieden mehr Geschlechtergerechtigkeit weltweit, Verdichtung der internationalen Kooperation und Kommunikation. Nur so entsteht ein Gegengewicht gegen die Brutalglobalisierer, die heute noch das Globalisierungsspiel beherrschen.

Das heißt aber auch: faire rechtliche Regel- und Vertragswerke zugunsten der Schwachen und nicht ein globaler Raubtierkapitalismus der heute noch ökonomisch Starken. Wenn das internationale Recht nicht gestärkt wird zugunsten der heute noch Schwachen, wird weltweit weiterhin das Recht des Stärkeren gelten.

Eine realistische Analyse der ökonomischen Globalisierung der letzten 15 Jahre sieht Gewinner und Verlierer. Grob unterteilt gehören die meisten Länder Afrikas und einige in Lateinamerika sowie die ehemals zur Sowjetunion gehörenden Randstaaten in Zentralasien und die kaukasischen Völker überwiegend zu den Verlierern, die zehn Asean-Staaten überwiegend sowie die Milliardenvölker Chinas und Indiens teilweise zu den Gewinnern der Globalisierung.* In Chile hat sich die Zahl der Armen seit 1990 halbiert, in Brasilien ging sie etwas zurück, nicht aber in Uruguay und Argentinien.

Wir können heute deutlich erkennen, dass Globalisierung Risiken, aber auch Chancen für die Entwicklung birgt. Die Globalisierung der Energiepolitik – Öl, Gas und Uran können überall eingesetzt werden, obwohl die Rohstoffe nur in wenigen Regionen vorhanden sind – zeigt deutlich die Chancen und die Risiken. Nur durch eine globale Energiepolitik war Industrialisierung in den reichen Staaten möglich. Aber zugleich sehen wir schon heute deutlich die Grenzen der Energie-Globalisierung: Wir verbrennen an einem Tag so viel Kohle, Gas und Öl, wie die Natur in 500 000 Tagen angesammelt hat. Das bedeutet: Treibhaus-Effekt und das absehbare Ende dieser Energiewirtschaft. Die Chance dieser Krise ist, dass wir den globalen Umstieg auf erneuerbare Energien schaffen, die überall und für alle Zeit preisgünstig und umweltfreundlich vorhanden sind. Erneuerbare Energien sind nicht alles, aber ohne erneuerbare Energien ist alles Gerede von Entwicklung bald Makulatur. Denn ohne Energie wird es keine Entwicklung geben.

Die künftige Energieversorgung auf der Basis von erneuerbaren Energien wird überall auf der Welt dezentral sein. Nur auf der Basis von erneuerbaren Energien ist die Welt erneuerbar. Diese erneuerbaren Energien gibt es in Hülle und Fülle – hauptsächlich in den heute noch armen Ländern des Südens.

Wenn Globalisierung, Demokratie, Menschenrechte, Freiheit und Geschwisterlichkeit und der freie Zugang zu erneuerbaren Energiequellen untrennbar zusammengehören, dann wird eine bessere und gerechtere Welt möglich. Die Geschichte der Bun-

* Gut und ausführlich hat Franz Nuscheler in seinem Klassiker *Lern- und Arbeitsbuch Entwicklungspolitik* die spannenden Hintergründe beschrieben.

desrepublik Deutschland in den letzten 60 Jahren und das Zusammenwachsen Europas zuerst im Westen und jetzt seit 1989 in ganz Europa zeigen, dass Entwicklung, Demokratisierung, mehr Freiheit und Wohlstand politisch gestaltet werden können. Eine ungezügelte Globalisierung würde jedoch zu gesellschaftlicher Desintegration, politischer Instabilität und ökonomischer Verwahrlosung führen. Daraus würde nicht mehr Freiheit für alle, sondern eher ein autoritäres 21. Jahrhundert erwachsen.

Die notwendigen Strukturreformen in den Ländern des Südens müssen von den Entwicklungsländern selbst organisiert werden. Aber für die längst fälligen Reformen der internationalen Finanz- und Handelspolitik sind primär die Industriestaaten verantwortlich, die bislang die Weltwirtschaft dominieren.

Kaum jemand könnte besser zum Ausdruck bringen, welch ein Segen für die gesamte Menschheit von positiven Reformen ausgehen kann, als Rosi Gollmann und Rupert Neudeck es im zweiten und dritten Teil dieses Buches tun.

Der Schlüssel heißt Freiheit

Wenn wir – das sind Politiker, Unternehmer, Journalisten, die Nichtregierungsorganisationen und jeder Leser dieses Buches, der sich verantwortlich fühlt –, wenn wir also wirklich an einer gerechteren Welt interessiert sind und dafür arbeiten wollen, dann müssen wir für sechs Reformen eintreten:

1. *Fairer Interessensausgleich zwischen Nord und Süd* durch eine Reform der Finanz- und Handelsbeziehungen.
2. *Eine globale ökosoziale Marktwirtschaft* ist Voraussetzung dafür, extreme kapitalistische Systeme ebenso zu überwinden, wie die ineffizienten »sozialistischen« Systeme in Osteuropa überwunden wurden.
3. *Mehr Frieden auf der Welt* bedeutet, dass Konfliktprävention

gestärkt und die klassischen Militärapparate abgebaut werden.

4. *Nur eine nachhaltige Umwelt- und Wirtschaftspolitik* kann im 21. Jahrhundert das globale ökologische Chaos noch verhindern. Voraussetzung einer erfolgreichen Wirtschaftspolitik ist, dass weltweit in den nächsten 50 Jahren der hundertprozentige Umstieg auf erneuerbare Energien organisiert wird. Andernfalls macht die globale Klimaerwärmung jeden sozialen Fortschritt wieder zunichte. Entwicklungssoziologen, Ökologen und Klimaforscher machen uns darauf aufmerksam, dass die Übertragung des heutigen westlichen Lebensstils auf die gesamte Menschheit den ökologischen Selbstmord der ganzen Menschheit zur Folge hätte. Die heutige westliche Zivilisation ist nicht nachhaltig – und was nicht nachhaltig ist, ist nicht vernünftig.
   Das Energieproblem ist heute noch ungelöst. Das heißt jedoch nicht, dass es nicht lösbar ist.

5. *Eine glaubwürdige Menschenrechtspolitik und mehr Demokratie weltweit* sind Voraussetzung für mehr Freiheit und Entwicklung, die diesen Namen auch verdienen.
   Auf den Punkt gebracht heißt Entwicklung ganz einfach: mehr Freiheit für alle.

- Freiheit von Armut und Elend
- Freiheit von Arbeitslosigkeit
- Freiheit der demokratischen Mitgestaltung
- Freiheit von Diskriminierung aufgrund von Geschlecht, Religion oder Rasse
- Freiheit von Ungerechtigkeit
- Freiheit auf geistige Bildung und zur Entfaltung neuer Lebenschancen
- Freiheit auf Leben und Menschenwürde

Das aber bedeutet: Entwicklung ist nicht nur ein Prozess der Entwicklungsländer. Auch die entwickelten Länder müssen sich weiter ent-wickeln. Auch hier sind viele Kräfte – zum Beispiel bei Millionen Arbeitslosen, bei Frauen und vielen benachteiligten Ausländerkindern – noch eingewickelt und noch lange nicht ausgewickelt. Das Menschenrecht auf immer mehr Freiheit wird nicht millionenfach, sondern milliardenfach auf der ganzen Welt nicht nur verletzt, sondern willentlich und wissentlich, bewusst und unbewusst nicht wahrgenommen. Es geht aber nicht primär darum, Menschen zu versorgen, sondern Voraussetzungen dafür zu schaffen, dass immer mehr Menschen sich selbst versorgen können. Freiheit ist der Schlüssel jeder humanen Entwicklung.
Den Zusammenhang und das Zusammengehören von Freiheit, Demokratie, Wohlstand und Menschenrechten hat die vom afrikanischen Politiker Julius Nyerere geleitete »Südkommission« 1990 beschrieben. Dieser Kontext ist das magische Viereck jeder Entwicklung, die diesen Namen verdient:

> Demokratische Institutionen und die Beteiligung des Volkes an den Entscheidungsprozessen sind deshalb unverzichtbar für die Entwicklung. Nur wenn wirklich politische Freiheit herrscht, können die Interessen der Menschen innerhalb der Nationen Vorrang bekommen. Die Menschen müssen ihr Regierungssystem bestimmen und entscheiden können, wer die Regierung bildet und welchen allgemeinen Kurs die Regierung in ihrem Namen und Auftrag verfolgt. Zu den Grundelementen eines demokratischen Gemeinwesens zählen die Respektierung der Menschenrechte, Rechtsstaatlichkeit und die Möglichkeit, auf friedlichem Wege einen Regierungswechsel herbeizuführen. (Nuscheler, S. 411)

Wir Menschen haben für unser Hiersein »nur einen großen Auftrag: glücklich zu sein« (Marc Aurel).

6. Die meisten Entwicklungsregionen brauchen *bessere politische und administrative Strukturen,* die erst Entwicklung ermöglichen. Ein Beispiel: Die Afrikanische Union hat gerade mal 300 Mitarbeiter, die Europäische Union 25 000. Afrika braucht Ökonomen und Experten, damit die Landflucht gestoppt wird und die Explosion der Städte aufhört. Afrika leidet an Wasserknappheit, obwohl es genügend Wasser gibt. Wasserexperten müssen es nur trinkbar und nutzbar machen. Nach Schätzungen des EU-Kommissars Louis Michel könnten 500 Millionen Euro für die Wasserversorgung in Afrika und 250 Millionen Euro für die Elektrifizierung in Afrika schon große Fortschritte bringen. In vielen Entwicklungsländern brauchen wir bessere Strukturen und mehr Staat. Der Staat ist dort oft die einzige Institution, die für einen besseren Schutz und für mehr Chancengleichheit sorgen kann.
Das heißt: Geld ist wichtig, aber auch Strukturverbesserungen in Entwicklungsländern und eine humanere und vernünftigere Politik in den Industriestaaten. Entwicklungspolitik braucht andere Prioritäten.

Ein Projekt der Hoffnung: der globale Marshallplan

Die derzeitigen globalen Rahmenbedingungen führen weder zu mehr Gerechtigkeit noch zu einem dauerhaften Frieden, noch zu einer nachhaltigen Wirtschaft.

In Frankfurt/Main trafen sich im März 2003 Repräsentanten von Nichtregierungsorganisationen wie dem Club of Rome, dem Club of Budapest, der Stiftung Weltethos, der Stiftung Weltvertrag, von Unternehmensgrün, Attac, BUND und dem ökosozialen Forum Europa. Sie beschlossen, gemeinsam eine Initiative für einen globalen Marshallplan auf der Basis einer weltweiten ökosozialen Marktwirtschaft zu starten. Der frühere österreichische Vizekanzler Josef Riegler und der Ulmer Professor Franz Radermacher hatten die intellektuelle Vorarbeit geleistet und das Ziel seit vielen Jahren thematisiert.

Als die neue *Globale Marshallplan-Initiative* im Oktober 2003 in Stuttgart der Öffentlichkeit vorgestellt wurde, erinnerte Ex-Außenminister Hans-Dietrich Genscher daran, dass auch der legendäre und für Westeuropa so hilfreiche Marshallplan 1947 ebenfalls in Stuttgart präsentiert worden war. Genscher schloss seine Rede mit den Worten:

> Möge es uns allen gelingen, ... mit dem, was die Stuttgarter Erklärung will, ein ganzes Meer von Solidarität in der Welt zu schaffen. Für eine menschenwürdigere Welt, in der nicht mehr die Zahl der gewonnenen Schlachten zählt, sondern in der alle Regionen dieser Welt die neue Ordnung als eine gerechte erkennen können, in der ihre Würde genauso geachtet wird wie die der anderen, wo es nicht das Recht des Stärkeren, aber die Pflicht zur Solidarität gibt.

Weitere prominente Vertreter aus Politik, Wirtschaft, Wissenschaft, den Medien und Nichtregierungsorganisationen schlossen sich dieser Initiative inzwischen an und arbeiten weltweit für sie. Zum Beispiel Exvizepräsident Al Gore in den USA; Außenminister Gordon Brown in England; Expräsident Michael Gorbatschow in Moskau; die Gründerin von »Fashion for Development«, Bibi Russell, in Bangladesch; UNO-Generalsekretär Kofi Annan; UNEP-Generalsekretär Klaus Töpfer in Nairobi; der Philosoph Professor Ram Adhar Mall in Indien; der Gründer der Grameen-Bank in Bangladesch, Muhammad Yunus; der Friedensforscher Professor Johann Galtung, Norwegen; Prinz El Hassan von Jordanien; der Präsident des Club of Budapest, Professor Erwin Laszlo; die TV-Moderatorin Sandra Maischberger;

der Umweltaktivist Reinhold Messner; die Theologen Hans Küng und Eugen Drewermann; die Unternehmer Karl-Ludwig Schweisfurth und Peter Hesse sowie der Finanzkünstler George Soros; die Bundestagsabgeordneten Hermann Scheer und Ernst Ulrich von Weizsäcker; der Ökonom Professor Lutz Wicke; der thüringische Ministerpräsident Dieter Althaus und der frühere CDU-Generalsekretär Heiner Geißler; die ehemalige Bundesministerin Irmgard Schwaetzer; die UNESCO-Botschafterin Ute-Henriette Ohoven und die frühere Eiskunstläuferin Marika Kilius; der Schauspieler Karl-Heinz Böhm und die Schauspielerin Senta Berger; der Physiker Professor Hans-Peter Dürr und viele andere, so auch ich selbst. Inzwischen haben sich Initiativkreise in anderen EU-Staaten gegründet, und immer mehr Abgeordnete des Europäischen Parlamentes und nationaler Parlamente unterstützen den globalen Marshallplan.

Schon das Spektrum der oben Genannten macht deutlich, dass hinter dem globalen Marshallplan ökonomische und ökologische Potenz, ein wissenschaftliches und ethisches Fundament und politische Power stecken. Die Initiatoren haben sich vorgenommen, viele Jahre und Jahrzehnte an der Umsetzung ihres Plans zu arbeiten. So heißt der Schlusssatz der Stuttgarter Erklärung zum globalen Marshallplan: »Wir sind daher entschlossen, diese Initiative so lange voranzubringen, bis sie zum gewünschten Erfolg geführt hat.« Für die Älteren wie mich heißt das: bis zu ihrem Lebensende! Das Ziel unseres Kampfes ist ein ganz einfaches: Wir wollen ein besseres Leben für *alle.*

Jede Leserin und jeder Leser ist eingeladen, sich an diesem Werk zu beteiligen – aus Liebe zum Leben. Buddha und Jesus wollten keine neue Religion, sondern werben für die Liebe zum Leben.

Schon jetzt haben die nationalen Parlamente in Brüssel und Paris parteiübergreifend Finanzierungsinstrumente für den globalen Marshallplan beschlossen, und Gerhard Schröder, Jacques

Chirac und Tony Blair haben im Februar 2005 auf dem Davoser Weltwirtschaftsforum weitere Finanzierungsinstrumente für eine gerechtere Welt zur Diskussion gestellt: vom Erheben einer Kerosinsteuer für Flugzeuge, die ökologisch und sozial geboten ist, bis zu einer Tobinsteuer auf Spekulationsgewinne, die auch zur Stabilisierung des Weltfinanzsystems beitragen könnte.

Die Flugbenzinsteuer kommt

15 Jahre lang galt eine »Tobinsteuer« (so genannt nach dem Nobelpreisträger und US-Ökonomen James Tobin) als Spinnerei von Gutmenschen. Jetzt endlich beschäftigen sich auch die europäischen Finanzminister mit diesem sinnvollen finanzpolitischen Instrument zur Armutsbekämpfung. Tobinsteuer ist ab jetzt hochoffizielles Politikziel.

Die Tobinsteuer – eine Steuer auf internationale Finanzspekulationen – gibt es noch nicht, aber sie wird kommen. Die Visionen von heute waren schon immer die Realitäten von morgen. Und manchmal geht es sogar schneller, als wir denken.

Ähnliches gilt für eine Flugbenzinsteuer oder eine Flugticket-Abgabe. Diese wären ökologisch so hilfreich, wie die Tobinsteuer eine Hilfe zur Stabilisierung des Weltfinanzsystems sein kann. Steuerfreiheit auf Kerosin für Flugzeuge ist nicht nur unökologisch, sie ist auch ungerecht und unsozial gegenüber allen Autofahrern, die viel Steuer für jeden Liter Benzin bezahlen müssen. Benzinsteuer wird nicht nur mit den Kosten für den Straßenbau, sondern auch mit Umweltfolgekosten begründet. Richtig – aber warum sollen Fluggäste nicht die Umweltfolgekosten des Fliegens bezahlen?

In Deutschland hatte Angela Merkel 1995 bereits eine Flugbenzinsteuer gefordert, als ich der damaligen deutschen Umweltministerin 750 000 Unterschriften im Rahmen der Aktion »Ökologischer Marshallplan« überreichte. Sie wurde damals von ihrem Chef Helmut Kohl zurückgepfiffen. Aber wer hindert heute eigentlich Angela Merkel daran, entsprechend aktiv zu werden? 2005 sagte Luxemburgs Ministerpräsident Jean-Claude Juncker: »Ich weiß, dass die meisten EU-Finanzminister eine Steuer auf Flugbenzin begrüßen, um die Entwicklungshilfe auszuweiten und zu finanzieren.«

Neben dem Gewaltmonopol beruht moderne Staatlichkeit im Wesentlichen auf der Fähigkeit, Steuern zu erheben; nur so kann das Gemeinwesen finanziert werden. Bislang gab es nur nationale Steuern, internationale Steuern sind historisch völlig neu. Aber sie sind die logische Folge der Globalisierung. Wer Globalisierung will, kann internationale Steuern nicht ablehnen. Durch internationale Steuern wie eine Kerosinsteuer oder Tobinsteuer kann ein Teil der globalisierungsbedingten Gewinne abgeschöpft und an die Verlierer der Globalisierung weitergegeben werden – zum Beispiel zur Finanzierung der Millenniumsziele oder der Ziele des globalen Marshallplans. Internationale Steuern bekommen eine wichtige Ordnungsfunktion im Rahmen einer ökosozialen Marktwirtschaft.

Bekanntlich durchläuft eine gute neue Idee fast immer drei Phasen: Am Anfang wird sie belächelt, dann mit allen juristischen Tricks und viel Geld bekämpft und schließlich umgesetzt. Anschließend sagen dann alle, sie seien schon immer dafür gewesen. Bei der Kerosin- und Tobinsteuer befinden wir uns zwischen Phase zwei und drei – also kurz vor der Einführung. Genau deshalb wird das Geschrei dagegen noch einmal kräftig anschwellen. Aber wir werden es erleben: Auch mit internationalen Steuern kann man politisch das tun, was mit nationalen Steuern schon lange geschieht: steuern.

Und wenn die USA, Japan und Australien nicht mitmachen? Egal, denn wichtig ist nicht, dass die Kerosinsteuer sofort weltweit eingeführt wird. Sie funktioniert auch regional. Das »alte« Europa sollte sich nicht scheuen, zum Vorreiter dieser modernen Steuerungsinstrumente einer Steuerpolitik zugunsten der

Umwelt und der Armutsbekämpfung zu werden. Gute Beispiele sind so ansteckend wie schlechte.

Im 20. Jahrhundert hat sich der materielle Wohlstand global verzehnfacht, obwohl sich die Weltbevölkerung gleichzeitig vervierfacht hat. Und nach dieser Erfahrung soll es im 21. Jahrhundert nicht möglich sein, den Hunger zu überwinden? Trotz der großen materiellen Erfolge gerät die Welt aus dem Gleichgewicht. Terrorismus, Kriege, Umweltzerstörung und Hunger nehmen zu, die Weltbevölkerung wächst noch weiter, und Aids breitet sich aus. Die Rahmenbedingungen für eine friedliche, gerechte und nachhaltige Welt müssen geändert werden. Eine Weltgesellschaft und Weltpolitik, die in der heutigen Situation nicht mehr von der Vision einer gerechten Welt geleitet wird, hat keine Zukunft.

Die *Global Marshall Plan Initiative* lebt von der Vorstellungskraft einer Welt ohne Armut, die reicher, sicherer, freier und lebenswerter für alle ist. Wir sind davon überzeugt, dass

- die unwürdige Armut überwunden werden und die Wirtschaft wachsen kann und gleichzeitig ökologische, soziale und demokratische Standards überall verbessert werden können;
- der internationale Terrorismus im Wesentlichen durch soziale Entwicklung überwunden werden kann
- und dass ein neues Weltwirtschaftswunder mithilfe von erneuerbaren Energien, weltweiter Energieeffizienz und Bildung für alle möglich ist.

Das Weltbruttosozialprodukt verzehnfachen

Wenn die Armut bis 2015 halbiert und der Hunger bis 2030 überwunden werden kann, dann könnte auch nach den Berechnungen von Franz Radermacher das Weltbruttosozialprodukt in 50 bis 100 Jahren verzehnfacht und gleichzeitig eine soziale Balance erreicht werden, wie wir sie heute etwa in Europa erreicht haben. Radermacher rechnet dabei mit einer Vervierfachung des Bruttoinlandsprodukts (BIP) in den Industrieländern und mit einer Erhöhung des BIP um den Faktor 34 in den Entwicklungsländern. Er geht davon aus, dass bei erhöhter Energie- und Ökoeffizienz (z. B. Ein-Liter-Autos, Solarhäuser etc.) und weitgehender Dematerialisierung der Produktionstechnik (z. B. durch Nanotechnik) ein umfassender Schutz der Umwelt, eine nachhaltige Wirtschaft und Entwicklung zugleich möglich sein werden.

Theoretisch hat sich die Weltgemeinschaft in einer ganzen Serie von internationalen Konferenzen infolge der großen Rio-Konferenz 1992 bereits über Ziele und Schritte für eine bessere, gerechtere und nachhaltige Welt geeinigt. Dass ein Wirtschaftswunder, wie es Westdeutschland nach 1949 erlebt hat, grundsätzlich auch weltweit möglich ist, wurde noch einmal beim Millenniumsgipfel im Jahr 2000 von 150 Staatsoberhäuptern und Regierungschefs einstimmig bekräftigt. Auf dieser UN-Konferenz sind die so genannten Millenniumsziele formuliert worden, die etwa beschreiben, was auch die Initiatoren des globalen Marshallplans in einer ersten Phase bis 2015 erreichen wollen. Rosi Gollmann geht im 2. Teil dieses Buches ausführlich darauf ein. Diese Ziele sind inzwischen von allen internationalen Organisationen akzeptiert: von der Welthandelsorganisation (WTO), von der Weltarbeitsorganisation (ILO), vom Umweltprogramm der Vereinten Nationen (UNEP), von der Weltbank (WB) und vom Internationalen Währungsfonds (IWF) – zumindest theoretisch.

Kein Mensch kann diese Ziele als Spinnerei oder Utopie abtun. Rosi Gollmann und Rupert Neudeck beweisen mit ihrer Arbeit seit Jahrzehnten, dass diese Ziele realisierbare Visionen sind. Nur durch mehr Gerechtigkeit werden auch die Reichen auf mittlere Sicht ihre eigene Haut retten können.

Der globale Marshallplan will dazu beitragen, dass die hehren Ziele auch Wirklichkeit werden, nicht mehr, aber auch nicht weniger.

Wir wissen:

- so wie im nachmaoistischen China der Hunger zurückgedrängt wurde,
- so wie in fast allen Asean-Staaten in Südostasien und im demokratischen Indien große Fortschritte bei der Bekämpfung von Hunger und Armut erreicht wurden,
- so wie in den kleinen asiatischen Tigerstaaten der Hunger sogar überwunden werden konnte,

so können auch Hunger und Verelendung bei den heute noch »Fußkranken der Weltwirtschaft« in Afrika, Lateinamerika, Osteuropa und Asien mittelfristig stark reduziert und langfristig überwunden werden. Alles andere ist Politikversagen der Mächtigen und Besitzenden in Nord und Süd, in Ost und West. Hunger und Krankheit sind kein unüberwindbares Schicksal.

Bei der Tsunami-Katastrophe am 26. Dezember 2004 kamen 300 000 Menschen ums Leben. Tsunamis sind auch in Zukunft unvermeidbar. Aber ein »stiller Tsunami« (Jeffrey Sachs) wie der Tod durch Malaria, an dem jeden Monat in Afrika 300 000 Kinder sterben, ist vermeidbar und beherrschbar. Eine ähnliche Hilfe gegen Malaria wie nach der Tsunami-Flutkatastrophe in Südasien könnte jedes Jahr eine Million Menschenleben in Afrika retten.

Die Zündfunken für den globalen Marshallplan und für ein Weltwirtschaftswunder kommen nicht von politischen Spinnern, sondern von Kofi Annan, der heute weltweit für die Milleniumsziele kämpft; von Michael Gorbatschow, der vor 20 Jahren schon einmal die Welt verändert hat; von Al Gore, der schon 1991 mit seinem Weltbestseller *Wege zum Gleichgewicht* –

ein Marshallplan für die Erde wichtige Impulse für die heutige Marshallplan-Initiative gab; von Hans Küng mit seinem »Weltethos«, von Jakob von Uexküll, dem Stifter des Alternativen Nobelpreises; von Maximilian Gege, dem Koordinator von Europas größtem Umweltverband der Wirtschaft. Die neue Initiative hat nicht nur Ziele formuliert, sondern auch Instrumente der Umsetzung und Finanzierung.

Natürlich sind die Forderungen der Marshallplan-Initiative nicht neu. Seit Jahrzehnten fordern Politiker auf allen internationalen Konferenzen dasselbe. Aber die vielen Konferenzbeschlüsse sind bisher das Papier nicht wert, auf dem sie stehen. Deshalb jetzt die Initiative von unten, aus der Mitte der Zivilgesellschaft.

Die Initiatoren des globalen Marshallplans arbeiten zurzeit daran, dass

- ab 2005 die Europäische Union auf allen globalen Konferenzen für einen globalen Marshallplan wirbt,
- ab 2007 auf der »Rio plus 15«-Konferenz der Marshallplan allen Regierungen der Welt bekannt gemacht wird und
- ab 2008 der globale Marshallplan umgesetzt wird, wobei die USA in der Zeit nach George W. Bush als Präsident mit ins Boot geholt werden sollen.
- 2015 sollen die Millenniumsziele erreicht sein, und
- 2030 soll auf unserem Planeten kein Kind mehr verhungern müssen.

Eine bessere Welt braucht einen Fahrplan. Wir wollen mit diesem Fahrplan mithelfen, dass durch eine »stille Revolution« (Kofi Annan) von unten auch die Regierungsapparate in Bewegung kommen: ein »Menschenbeben«, das der Politik Beine macht.

Arme Mütter sterben früher

Die Vereinten Nationen haben in ihrem Weltgesundheitsbericht 2005 errechnet, dass jedes Jahr 529 000 Mütter während der Schwangerschaft oder an den Folgen einer Geburt sterben, mehr als 99 Prozent von ihnen in den Entwicklungsländern. Das Risiko einer Afrikanerin, an einer Schwangerschaft oder Geburt zu sterben, ist gegenüber einer europäischen Frau 1:16.

Zudem erkranken viele Millionen arme Frauen in südlichen Ländern jährlich als Folge einer Geburt oder Schwangerschaft. Betroffen sind auch ihre Kinder. 10,6 Millionen Kinder südlich der Sahara erleben nicht ihren fünften Geburtstag. In Somalia, Niger, Liberia und Angola stirbt jedes vierte Kind vor seinem fünften Geburtstag, im westafrikanischen Sierra Leone sogar jedes dritte. 43 Länder der Welt haben in ihrem Kampf gegen die Kindersterblichkeit bislang keine Fortschritte erzielt, zum Teil sogar Rückschritte registrieren müssen. Die Millenniumsziele haben bisher fast nichts bewirkt.

Im WHO-Bericht steht der gut gemeinte Satz: »Jedes Kind und jede Mutter zählt.« Angesichts der Fakten muss man allerdings feststellen: Kinder und Mütter zählen wenig gegenüber der »Notwendigkeit«, Kriege und Bürgerkriege in Afrika zu führen und zu finanzieren. Weder die Weltgemeinschaft noch die betroffenen Staaten nehmen kranke und sterbende Mütter und Kinder ernst. Fromme Sprüche sind kein Ersatz für konkretes Handeln.

Dabei wären die meisten Todesfälle und Krankheiten leicht zu vermeiden, durch sauberes Wasser, Moskitonetze und Gesundheitsstationen, in denen Hebammen und Ärzte helfen, die Gefahren für Kleinkinder und Mütter zu mindern.

Die Weltgesundheitsorganisation WHO schätzt, dass mit zusätzlichen fünf Milliarden Dollar pro Jahr in etwa zehn Jahren die Kinder- und Müttersterblichkeit in 75 Ländern drastisch gesenkt werden könnte. Aber diese Hilfe ist politisch nicht wirklich gewollt. Auch in Deutschland wird die Entwicklungshilfe hauptsächlich in Presseankündigungen gesteigert. Nach der Tsunami-Katastrophe gab die rot-grüne Bundesregierung bekannt, dass der Anteil der Entwicklungshilfe bis 2010 auf 0,5 Prozent des Bruttosozialprodukts erhöht werden soll. Soll, wohlgemerkt! Das wären 0,5 Cent pro erwirtschaftetem Euro. Wenig genug. Aber selbst diese Ankündigung muss bezweifeln, wer weiß, dass die rot-grüne Bundesregierung in den vergangenen sechs Jahren die Hilfe von gerade mal 0,26 auf 0,28 Prozent erhöht hat. Und die Regierung Kohl hat in der Entwicklungspolitik ebenso versagt.

Wer an einer sicheren Welt mitarbeiten will, darf nicht nur Bundeswehrsoldaten und Lazarettschiffe in die Welt schicken, sondern muss primär mehr Geld in die Hand nehmen. Grünhelme sind wichtiger als Blauhelme.

Wer soll das bezahlen?

Die Gretchenfrage an die Initiatoren des globalen Marshallplans heißt natürlich: Was kostet die Entwicklung, die hier vorgeschlagen wird, und wie sollen die Kosten von wem bezahlt werden? Die Finanzierbarkeit ist die Nagelprobe für die Handlungsfähigkeit der Politik auf internationaler Ebene.

Die bisherige Phase der Verständigung auf globale Entwicklungsziele war relativ einfach. Weit schwieriger wird künftig die Phase der entschiedenen Umsetzung und Finanzierung. Erst wenn alle Beteiligten erkennen, dass globale Entwicklung auch einen Gewinn für *alle* Beteiligten bedeutet, wird die derzeitige Lähmung in der Entwicklungspolitik überwunden werden können.

Als Ludwig Erhard, der »Vater des deutschen Wirtschaftswunders«, 1957 im Bundestagswahlkampf »Wohlstand für alle« versprach, haben viele Intellektuelle in Deutschland über solche »Fantasterei« milde oder zynisch gelächelt. Aber 1957 war das einzige Mal in der bisherigen deutschen Nachkriegszeit, dass eine Partei mit einer Vision die absolute Mehrheit erringen konnte. Und danach hat die ganze Welt das deutsche Wirtschaftswunder bestaunt.

Aber natürlich ist »Wohlstand für alle« – nichts anderes meint der globale Marshallplan – auch global möglich. Wir leben auf einem reichen und gesegneten Planeten. Wir müssen nur lernen, die riesigen Angebote der Natur zu nutzen. Nehmen wir zum Beispiel die Energieangebote der Natur. Die Sonne schickt uns 15 000-mal mehr Energie, als zurzeit alle Menschen verbrauchen. Es kann auf unserem schönen Planeten gar keine Energiekrise geben, wenn wir uns richtig benehmen! Aber es gibt trotzdem unendlich viel Ignoranz und Angst, sich von der alten Energieversorgung zu lösen. Jede Verhaltensänderung stößt zunächst auf Ablehnung und Unsicherheit. So sind wir Menschen. Aber wenn eine gewisse Anzahl von Menschen etwas Neues erkannt und erforscht und selbst erprobt hat, dann ist das Neue noch nie aufzuhalten gewesen. Und besonders aufschlussreich ist die Beobachtung, dass *nach* jeder Änderung alle »schon immer dafür gewesen« sein wollen. Wenn zum Beispiel der letzte deutsche Atomreaktor geschlossen sein wird, dann werden plötzlich alle Deutschen »schon immer gegen Atomenergie« gewesen sein.

Was also kostet die Umsetzung des globalen Marshallplans? Zum Glück haben wir ja die historische Erfahrung mit dem Nachkriegs-Marshallplan. Damals haben die US-Amerikaner – auch nicht nur aus Nächstenliebe – vier Jahre lang pro Jahr mit 1,3 Prozent ihres Bruttoinlandsprodukts den Marshallplan für Westeuropa und besonders für das ökonomisch total vernichtete Deutschland finanziert.

Für den hier vorgeschlagenen globalen Marshallplan müssten ab 2008 jährlich 105 Milliarden Dollar von allen Industriestaaten zusammen aufgewendet werden – das wären lediglich

0,6 Prozent des Bruttoinlandsprodukts der Industrieländer, also knapp die Hälfte dessen, was die USA vor 60 Jahren bezahlten. Diese Zahlen haben Ökonomen für die Marshallplan-Initiative errechnet. Zu ähnlichen Ergebnissen kommt eine Studie, welche die englische Regierung in Auftrag gab.

Pro Jahr gibt die Welt heute mehr als das Fünfzehnfache für Rüstung und Militär aus. Kein ernst zu nehmender Mensch kann behaupten, Entwicklung sei nicht finanzierbar. Das Hauptproblem ist – wie schon beschrieben – der fehlende politische Wille. Rüstungsetats werden gestärkt, aber für Entwicklung bleiben nur ein paar Krümel übrig.

Zurzeit geben die Industrieländer knapp 0,3 Prozent ihres Inlandprodukts für Entwicklung aus, obwohl sie – wie gesagt – schon 1971 0,7 Prozent versprochen hatten. 0,6 Prozent würden aber ausreichen. Die Politiker der Industriestaaten müssten also nur tun, was sie seit Jahrzehnten versprechen. Ist das zu viel verlangt, wenn es um die Rettung des Planeten und um die Zukunft und Sicherheit der gesamten Menschheit geht? Dass eine bessere und gerechtere Welt möglich ist, bedeutet, eine realpolitische Position zu vertreten. Dass alles unbedingt so weitergehen muss, wie es am Beginn des 21. Jahrhunderts läuft, ist nichts anderes als eine lebensgefährliche Illusion und ein naiver Selbstbetrug.

Arme und Reiche müssen sich ent-wickeln

Ein globaler Marshallplan ist finanzierbar. Al Gore zu den Zielen des Globalen Marshallplans: »Wenn wir die Erhaltung der Erde nicht als unser neues Ordnungsprinzip anerkennen können, wird das bloße Überleben unserer Zivilisation infrage gestellt.«

Und Klaus Töpfer: »Das Ziel von UN-Generalsekretär Kofi Annan, bis zum Jahr 2015 die absolute Armut um 50 Prozent zu reduzieren, ist nur mit einer grundsätzlichen Haltung der Solidarität zwischen den Ländern des Nordens und des Südens zu realisieren.«

Im Januar 2005 wurde Kofi Annan der Bericht »Investing in Development: A Practical Plan to Achieve the Millennium Goals« (»Investitionen in die Entwicklung: ein praktischer Plan zur Erreichung der Millenniumsziele«) übergeben. Darin haben 250 Wissenschaftler unter Leitung des US-Ökonomen Jeffrey Sachs aufgezeigt, dass die Millenniumsziele, extreme Armut, Hunger und Krankheiten zu reduzieren, erreicht und finanziert werden können. Jeffrey Sachs schreibt:

> Der Schlüssel dazu liegt in den armen Ländern. Dort müssen die Investitionen in Menschen (Gesundheit, Ernährung, Bildung und Familienplanung), Umwelt (Wasser- und Abwassersysteme, Böden, Wälder und Artenvielfalt) sowie Infrastruktur (Straßen, Elektrizität und Häfen) erhöht werden. Arme Länder können sich diese Investitionen allein nicht leisten, daher müssen die Reichen helfend zur Seite stehen.
>
> Wenn höhere finanzielle Hilfe und gute Staatsführung zusammentreffen, können die Millenniums-Entwicklungsziele innerhalb der vorgesehenen Zeit erreicht werden. Kurz gesagt, unser Bericht ist ein Aufruf zu Aktionen. Reiche und arme Länder müssen sich zusammentun, um Armut, Krankheit und Hunger zu reduzieren.

Zum Beispiel Malaria: Zur Bekämpfung der Krankheit stehen uns bereits starke Instrumente zur Verfügung. In Afrika sind viele Millionen Menschen von Malaria bedroht. Aber die Zahl der Krankheits- und Todesfälle lässt sich durch die Anwendung von insektizidbehandelten Moskitonetzen und die Einnahme wirksamer Medikamente bei Ausbruch der Krankheit drastisch eindämmen. Die erfolgreiche Bekämpfung der Malaria würde pro Jahr nicht mehr als zwei bis drei Milliarden Dollar kosten. Das ist die Hälfte dessen, was die Weltgemeinschaft in wenigen Tagen an Hilfe für die Tsunami-Opfer aufgebracht hat. Auch die Erfolge beim Kampf gegen die Lepra in den letzten 25 Jahren zeigen, was möglich ist, wenn es wirklich gewollt ist. Lepra ist heute heilbar.

In den reichen Ländern leben etwa eine Milliarde Menschen. Jeder von ihnen müsste pro Jahr nur zwei bis drei Dollar aufbringen, um Afrika und Südasien von der Malariageißel zu befreien und jedes Jahr einer Million Kindern das Leben zu retten.

Der Jeffrey-Bericht zeigt mehrere Dutzend ähnliche mögliche Rettungsaktionen auf. So könnten zum Beispiel Investitionen in Bodenverbesserung und Wassersammelstellen afrikanischen, indischen und chinesischen Bauern helfen, ihre Nahrungsmittelerträge zu verdoppeln oder zu verdreifachen. Im indischen Bundesstaat Andra Pradesch habe ich Dutzende Beispiele dafür gesehen und gefilmt. Erfolgreiche einfache Wassermanagementsysteme haben mithilfe einiger tausend Euro dazu geführt, dass Tausende Bauern wieder eine neue Existenz aufbauen und aus den Slums, wohin sie geflüchtet waren und arbeitslos wurden, zurückkehren konnten. Sie betreiben jetzt ökologischen Landbau, haben die Bodenerosion gestoppt, der Grundwasserspiegel sinkt nicht mehr, sondern steigt wieder, und die Menschen sind glücklich, dass sie wieder Heimat haben. Gerechtigkeit und Arbeit führt zu Heimat. Ungerechtigkeit und Arbeitslosigkeit zu Heimatlosigkeit – überall auf der Welt.

Die Europäische Union kann eine entschlossene Vorreiterrolle für die schrittweise Umsetzung der Millenniumsziele und der Ziele des globalen Marshallplans übernehmen. Westeuropa entwickelte in den letzten Jahrzehnten eine erstaunliche demokratische Attraktivität. So schnell kann Brüssel gar nicht handeln, wie die Osteuropäer in die EU drängen. Nach 1989 erlebte die freiheitliche Demokratie einen Siegeszug in Osteuropa. Ein in Freiheit vereintes Haus Europa ist *das* Freiheitsprojekt des

21. Jahrhunderts. Ohne Selbstbestimmung, Demokratie und Menschenrechte auf der ganzen Welt wird es niemals wirklich Frieden auf der ganzen Welt geben können.

Deshalb bleiben die Demokratisierung Russlands und Chinas, der arabischen Welt, Afrikas und Zentralasiens ebenfalls wichtige Zukunftsprojekte. Freiheitsentwicklung muss klugerweise von Entwicklungspolitik begleitet werden, damit am Ende überall auf der Welt die Menschen vor den Wahllokalen Schlange stehen.

Ein globaler Marshallplan birgt die Vision einer sich globalisierenden Welt mit menschlichem Antlitz – eine Vision von einer Welt, in der alle ihren Platz haben und niemand mehr hungern oder verhungern muss. Dabei muss der Lebensstandard im reichen Norden nicht sinken, aber er muss sich ändern. 0,6 Prozent des Nationaleinkommens, das die entwickelten Länder zur Erreichung der Millenniumsziele aufwenden müssten, heißt, dass wir den Entwicklungsländern lediglich 0,6 Cent von jedem Euro unseres Nationaleinkommens abgeben müssten. Nicht als Almosen, sondern als bescheidenen Beitrag zu einer gerechteren Ordnung der Weltwirtschaft.

Was ist ökosoziale Marktwirtschaft?

Der Erfolg von Ludwig Erhard und Konrad Adenauer im Nachkriegsdeutschland geht auf das Konzept der sozialen Marktwirtschaft zurück. Zwischen den Extremen des Kapitalismus und des Sozialismus/Kommunismus bietet die soziale Marktwirtschaft einen sozialen ordnungspolitischen Rahmen für eine freie Marktwirtschaft. Eine soziale Marktwirtschaft will eine freie Wirtschaftsordnung innerhalb eines sozialen Rahmens, der einen gewissen Wohlstand für alle garantiert. Jedermanns Grundbedürfnisse nach Essen, Wohnen, Bildung, Kleidung und Gesundheit werden von der Gesellschaft, das heißt dem Staat, garantiert befriedigt.

Zu den sozialen Bedürfnissen kommen heute die ökologischen Notwendigkeiten hinzu. Deshalb muss die neue Ordnung für eine bessere Welt in einem ökosozialen Rahmen organisiert werden. Dabei geht es darum, die wirtschaftliche Konkurrenzfähigkeit zu sichern, ohne den sozialen Frieden und die Natur zu gefährden. Die alte soziale Marktwirtschaft muss also – nach den Erfordernissen des 21. Jahrhunderts – zu einer ökosozialen Marktwirtschaft weiterentwickelt werden, die auf diesen drei Säulen steht: Ökonomie, soziale Gerechtigkeit und Ökologie.

Als Vorbild für eine sozial-ökologische Marktwirtschaft kann das erfolgreiche Modell des EU-Erweiterungsprozesses dienen. Dieses Modell hat bislang auch die Kriege zwischen Mitgliedsstaaten überwunden, die Jahrhunderte lang zuvor eher die Regel als die Ausnahme waren. Ein Erfolg, den unsere Vorfahren für beinahe unmöglich hielten. Noch meinem Großvater konnten die deutschen Politiker vor 90 Jahren erzählen, er müsse Franzosen totschießen, weil sie unsere »Erbfeinde« seien. Er ging als Soldat in den Ersten Weltkrieg, so wie mein Vater 25 Jahre später in den Zweiten Weltkrieg. Junge Leute von heute können diesen Wahnsinn nicht mehr nachvollziehen. Welch ein Fortschritt in nur drei Generationen! Wenn Kriege überwunden werden können, dann können soziale Ungerechtigkeiten, autoritäre Strukturen und der Weltkrieg gegen die Natur ebenfalls überwunden werden.

Eine wettbewerbsfähige Wirtschaft, eine soziale Politik und die Sicherung der natürlichen Lebensgrundlagen bilden das strategische Dreieck einer neuen politischen Philosophie für das noch junge 21. Jahrhundert. Mithilfe eines leistungsfähigen Bildungssystems sowie durch Investitionen in Forschung und Bildung können die oben genannten Ziele erreicht werden. Dabei müssen Regierungen und Parlamente unfaire Marktmacht durch Monopole, Kartelle oder Global Players verhindern.

Der schwierigste Teil des jetzt anstehenden Umstiegs ist die Transformation einer Gesellschaft des Raubbaus in eine Zivilisation der Nachhaltigkeit. Unser derzeitiges Wirtschaftssystem ist nicht nachhaltig, es begünstigt die Naturzerstörung, zum Beispiel durch Kohlesubventionen oder Steuerbefreiung von Flug- und Schiffsbenzin. Preise, Kosten, Tarife und Steuern sprechen nicht die »ökologische Wahrheit« (Ernst Ulrich von Weizsäcker). Umweltkosten müssen in künftigen Preisen enthalten sein. Das Verursacherprinzip muss nach den Regeln der Marktwirtschaft endlich konsequent und strikt angewendet werden. Öko- und sozialbewusste Verbraucher sind eine starke Macht. Die Macht der Konsumenten kann die Macht der Konzerne zumindest begrenzen, doch ökosoziale Marktwirtschaft ist zunächst eine Forderung an die Politik.

Ein Liter Benzin verpestet zum Beispiel 10 000 Liter Luft. Diese Umweltbelastung ist auch in heutigen Benzinpreisen nicht annähernd mitberechnet. Hierfür muss die Politik den Rahmen setzen. In der bisherigen sozialen Marktwirtschaft war klar, dass jeder Arbeitnehmer und die Arbeitgeber soziale Abgaben bezahlen zur Finanzierung der Renten, der Arbeitslosigkeit, von Krankheiten und der Pflege im Alter. Sozialhilfe wurde und wird über Steuern finanziert.

In den künftigen sozial-ökologischen Marktwirtschaften muss bezahlen, wer viel verbraucht und viel emittiert. Arbeitskosten werden gesenkt. Unser heutiges Steuersystem, wonach bezahlen muss, wer arbeitet und produziert, ist überaltert. Künftig muss Ressourcenverbrauch mehr besteuert werden, damit sich Arbeit, Produktion und Leistung wieder eher lohnen. Dafür brauchen wir weltweit mehr Anreize. Nur dann wird der Traum vom bescheidenen Wohlstand für alle in einer lebenswerten Umwelt verwirklicht werden können.

Die sozial-ökologische Marktwirtschaft ist Europas Antwort auf die Einseitigkeit neoliberaler Wirtschaftspraxis, wie sie sich nach dem Fall der Berliner Mauer weltweit durchgesetzt hat. Der akute Neoliberalismus, der die Kapitalinteressen verabsolutiert, ist eher eine Bedrohung denn eine Lösung für künftige Probleme. Der real existierende Neoliberalismus selbst ist zum größten Problem des Planeten und seiner Bewohner geworden.

Entwicklung ist mehr als Ökonomie

Niemand hat sich global in den letzten 25 Jahren bei der Überwindung der Armut mehr eingesetzt als Papst Johannes Paul II. Niemand geißelte mehr die Geldgier und den Raubtierkapitalismus der neoliberalen Geldreligionen. Nur deshalb ist die für westliche Intellektuelle oft unverständliche Liebe und Zuneigung von Millionen Armen zum letzten Papst verständlich. Er war ein spiritueller Global Player *und* ein Anwalt der Armen.

Entwicklung ist natürlich mehr als Geld und ökonomische Hilfe. Entwicklung hat viel mit Kultur, Religion, Geschlechtergleichberechtigung und Geschichte zu tun. In Lateinamerika und in der Karibik werden andere Kriterien berücksichtigt werden müssen als in Schwarzafrika, in Südostasien, in Zentralasien oder in Kaukasien. Entwicklungspolitik in Indien und Pakistan muss sehr darauf achten, dass die beiden »Erbfeinde« sowohl Atommächte sind als auch Kulturkonflikte zwischen Islam und Hinduismus austragen. Hilfe zur Entwicklung des Irak ist ohne Verständnis der religiösen Auseinandersetzungen zwischen Schiiten, Sunniten und Kurden ebenso wenig möglich, wie eine Entwicklung Sri Lankas ohne Kenntnis der Probleme zwischen Tamilen und Singhalesen scheitern muss.

In den Erdöl exportierenden Ländern kann jeder Besucher erkennen, dass das »Ölsyndrom« zwar Reichtum für wenige, aber nur selten Entwicklung für alle heißt. Iran und Irak haben in den Achtzigerjahren des 20. Jahrhunderts ihre Ölmilliarden in jahrelangen Kriegen vergeudet. Wir lernen daraus: Ohne Demokratie und Mitsprache gibt es keine wirkliche Entwicklung und keine soziale Balance. Nur in einer Demokratie kann sich Selbstverantwortung frei entfalten, und Selbstverantwortung ist ebenso der Motor unseres Handelns wie der Motor für wirkliche Veränderung und jeden Fortschritt – ob arm oder reich.

Es ist die Tragik der US-Regierung unter George W. Bush, dass sie mit fundamentalistisch-religiösem Eifer und militärischer Gewalt Entwicklung und Demokratie voranbringen möchte und noch immer nicht spürt, dass sie meist exakt das Gegenteil bewirkt. Es ist der Fluch der bösen Tat, die scheinbar Gutes will, aber vor lauter Ölinteressen stets das Falsche tut, um anschließend in aller Unschuld zu fragen: »Warum hasst uns die Welt?«

Auch deshalb muss der Start für eine globale Entwicklung zu mehr Gerechtigkeit und Freiheit noch vor 2008, also noch vor dem Ende der Amtszeit des jetzigen US-Präsidenten, von Europa ausgehen. Danach sollte Europa versuchen, die USA mit ins Boot für eine humane Entwicklung zu holen. Je emanzipierter Europa bis dahin von den USA ist, desto eher wird dieses schwierige Unterfangen gelingen. Jeder Freund der USA weiß, dass es auch »das andere Amerika« gibt, dem Europa viel verdankt und das auch heute und morgen mit seinen geistigen und demokratischen Ressourcen der Welt viel Gutes bieten kann.

Kampfflieger statt Brot

Es gibt Meldungen, die wie ein Blitz die aktuelle Weltlage erhellen. Am 14. April 2005 meldete Südafrikas *Business Day*, dass Simbabwes Präsident Robert Mugawe sechs Kampfflugzeuge aus China gekauft hat, Stückpreis 20 Millionen US-Dollar. Die Menschen in Simbabwe hungern, Mugawe hat die weißen Siedler enteignet und vertrieben und durch seinen schwarzen Rassismus die Wirtschaft des Landes ins Chaos gestürzt. Aber Kampfflugzeuge müssen sein. So sichert sich ein 84-jähriger, starrköpfiger Tyrann seine Macht. Und China liefert.

Es wäre ja auch merkwürdig, wenn die Diktatoren in Peking einem Diktator in Schwarzafrika Waffen verweigerten, weil er die Menschenrechte verletzt. Menschenrechte zählen in dem kleinen Simbabwe so wenig wie im großen China. Wenn ein Land groß und reich und mächtig ist und zu allem Überfluss noch über Atomwaffen verfügt wie China, dann schließen ja auch westliche Demokraten die Augen vor offensichtlichen Menschenrechtsverletzungen.

China verübt einen »kulturellen Völkermord in Tibet«, sagte mir der Dalai Lama in einem Fernsehinterview. China bedroht Taiwan mit Krieg und verfolgt muslimische und christliche Minderheiten in seinem Riesenreich. Und wie reagiert das ach so demokratische und den Menschenrechten verpflichtete Deutschland? Bundeskanzler Gerhard Schröder war bereit, zusammen mit Jacques Chirac das EU-Waffenembargo gegenüber China aufzuheben. Eine Außenpolitik ohne jede Werteskrupel nach dem Motto: Erst kommt das Geschäft, dann die Moral. Wer will sich in dieser Situation darüber wundern, dass China seinerseits ohne Skrupel Waffengeschäfte mit einem afrikanischen Hungerland macht!

Eine andere Augen öffnende Meldung: Die Washingtoner »Forschungsgesellschaft für innere Sicherheit« hat errechnet, dass die Regierungen im Jahr 2005 weltweit über 191 Milliarden Dollar für den »Kampf gegen den Terrorismus« ausgeben. In den nächsten zehn Jahren werde sich diese Zahl noch mal verdreifachen. 44 Prozent aller Ausgaben – das sind für 2005 allein 84 Milliarden Dollar – entfallen auf die USA. Im Wesentlichen wird das Geld für militärische und polizeiliche Maßnahmen ausgegeben. Ob damit der Terrorismus überwunden wird, darf bezweifelt werden. Wahrscheinlicher ist, dass mit dieser Strategie neue Terrorakte provoziert werden. Aber dann können die Anti-Terror-Politiker noch mehr Milliarden für ihren »Kampf gegen den Terror« fordern.

Würden wir wenigstens mit der Hälfte des Geldes Hunger, Armut und Analphabetismus überwinden, wäre langfristig auch eine wirkliche Bekämpfung des Terrorismus möglich. Die Zahlen beweisen, dass es bei der Überwindung des Hungers nicht wirklich an Geld fehlt, wohl aber am politischen Willen. Anders ausgedrückt: Der Hunger ist politisch gewollt. Man muss blind sein, um die tiefe Kluft zwischen Lippenbekenntnissen zur Armutsbekämpfung und der tatsächlichen Armutsbekämpfung nicht zu sehen. Nur ein Bewusstseinswandel von unten oder eine Revolution gegen die angeblichen Terrorbekämpfer wird uns die Rettung bringen.

Die unheilige Nord-Süd-Allianz der Umweltverschmutzer

Entwicklung hat auch mit Geografie zu tun. Es ist kein Zufall, dass in China der schon seit über 15 Jahren boomende Speckgürtel zwischen Schanghai und Hongkong an der Pazifikküste liegt, während in Nord-, Mittel- und Westchinas Dörfern 800 Millionen Bauern noch ähnlich darben wie zu Mao Tsetungs Zeiten.

Diese »800-Millionen-Frage« wird und ist schon das größte soziale Problem für die Entwicklung im bevölkerungsreichsten Land der Welt. China hat schon heute einen beinahe unvorstellbaren wirtschaftlichen Reichtum erarbeitet, aber nur für ein Viertel seiner Bevölkerung an der Ostküste. Länder und Regionen ohne unmittelbaren Zugang zum Meer haben viel schwierigere Handels- und damit Entwicklungsvoraussetzungen. Das trifft zum Beispiel für Länder der »Vierten Welt« wie Laos und Ruanda, aber auch Nepal, Tschad, Burkina Faso oder Bolivien zu. Sie alle müssen sämtliche Importe und Exporte über weite Landwege transportieren, bevor sie den einfacheren Seeweg erreicht haben. Und die vielen kleinen Inselstaaten (»Small Island Countries«) sind vom klimabedingten Anstieg des Meeresspiegels weit früher und mehr bedroht als die großen Festlandsstaaten wie Indien, China, Brasilien oder Argentinien. Die kleinen Inselstaaten in der Karibik oder im Südpazifik oder auch die Malediven verlangen seit dem Rio-Gipfel von den Industriestaaten zu Recht mehr Klimaschutz. Diese Staaten verursachen am wenigsten Treibhausgase, sind aber die ersten Opfer des Treibhauseffekts.

Dazu eine kleine Beobachtung: Auf dem Klimagipfel in Berlin 1995 appellierte der Präsident der Malediven an die Industriestaaten, endlich die CO_2-Emissionen zu limitieren, denn er müsse bald die ersten Inseln wegen des ansteigenden Meeresspiegels evakuieren. Ähnliche Forderungen, gestützt auf eindringliche Fakten zum Klimawandel, stellte der Präsident des Inselstaates Tuvalu. Ich hörte daraufhin einen Vertreter der US-Regierung fragen: »Brauchen wir diese Inseln überhaupt?« »Wir« wohl nicht, aber die Menschheit schon!

Das Leben in Vielfalt ist schon immer die Voraussetzung des Lebens überhaupt. Die Einfältigen tun sich schwer, Naturgesetze zu verstehen. Aber auch sie können nur ernten, was sie säen. Tuvalu ist überall. Viele Bewohner in den kleinen pazifischen Inselstaaten stellen bereits Asylanträge in Australien und Neuseeland. Sie denken auf jeden Fall weiter, als die derzeitige US-Regierung überhaupt denken kann, die nicht einmal fähig und bereit ist, das harmlose Kioto-Protokoll zu unterzeichnen, obwohl die USA als größter Energieverschwender pro Kopf das größte Problem für die Umwelt und damit für die ganze Welt sind.

Der Entwicklungsexperte Franz Nuscheler sagt dazu: »Die Weigerung der Bush-Administration, dem Kioto-Protokoll beizutreten, war die Verweigerung einer globalen Umweltpartnerschaft.« Welch eine verheerende psychologische Wirkung auf die Länder der »Dritten Welt«. Die US-Regierung provoziert – in unheiliger Allianz mit den Erdöl exportierenden Ländern des Südens – einen ökologischen Nord-Süd-Konflikt, denn die Entwicklungsländer, die am wenigsten Treibhausgase produzieren, sind die ersten Opfer unseres Krieges gegen die Natur.

Die ökologische Aggression der Reichen

Klaus Töpfers UN-Umweltprogramm geht davon aus, dass in den Ländern des Südens die fortschreitende Versteppung und Verwüstung bereits 125 Millionen Menschen zu Umweltflüchtlingen gemacht und vertrieben hat. Der »Norden« macht sich gegenüber dem »Süden« einer ökologischen Aggression schuldig, die in den nächsten Jahrzehnten weitere Hunderte Millionen Menschen in den armen Ländern zu Umweltflüchtlingen machen wird. Der Dritte Weltkrieg gegen die Natur, den wir heute führen, ist zunächst ein ökologischer Weltkrieg gegen die Menschen in den tropischen und subtropischen Trockengebieten unseres gemeinsamen Planeten. Die Vorstellung, dass der reiche Norden langfristig von dieser ökologischen Aggression verschont bleiben könnte, ist naiv.

Auch hier gilt: Wir werden ernten, was wir säen. Es trifft spätestens unsere Kinder und Enkel. »Dritte Welt«, das heißt Naturzerstörung und Elend, ist dann überall. Die Kluft zwischen reicher Weltminderheit und armer Weltmehrheit wächst: ökonomisch, ökologisch, sozial und damit auch kulturell und psychologisch. Und das bedeutet zunehmende Hoffnungslosigkeit, Verteilungskämpfe um knapper werdende Ressourcen, immer mehr Konfliktpotenzial durch Verelendung sowie Friedensgefährdung.

Dieser sich anhäufende Sprengstoff könnte im 21. Jahrhundert zum größten Gemetzel der Menschheitsgeschichte führen – und das im Atomzeitalter! Schon Willy Brandt hat 1985 diese Gemengelage »organisierten Wahnsinn« genannt. Inzwischen hat der Wahnsinn Methode. Politiker mit neuen Versprechungen sind nicht hilfreich. Wir brauchen Politiker, welche die alten Versprechungen endlich einlösen. Volkswirtschaften können nur wachsen, wenn es den Völkern nicht mehr so schlecht geht. Und den Völkern geht es schlecht, wenn nur die Wirtschaft wächst, aber die Natur zerstört wird. Betrachten wir das Beispiel China.

Chinas Wirtschaftswunder geht zu Ende

Chinas Vizeumweltminister Pan Yue prophezeite im Frühjahr 2005 ein Ende des sensationellen chinesischen Wirtschaftswunders. In einem *Spiegel*-Gespräch sagte Pan: »Für die Produktion von Waren im Wert von 10 000 Dollar benötigen wir gut siebenmal so viele Ressourcen wie Japan, fast sechsmal so viel wie die USA und, besonders peinlich, fast dreimal so viel wie Indien.« Deshalb müsse das chinesische Wirtschaftswunder bald zu Ende gehen. »Die Umwelt hält nicht mehr mit.«

Der Reformpolitiker Pan hatte Monate zuvor spektakuläre Erfolge erzielt. Er setzte das Schließen von 19 Großkraftwerken durch, die nicht effizient arbeiten. Aber, sagte er jetzt, mindestens 40 weitere Großkraftwerke müssten aus ökologischen und sozialen Gründen geschlossen werden. Doch die Mehrheit der Partei sei leider noch nicht so weit, dass sie die Wichtigkeit der Ökologie verstehen könne. Pan sagte:

> Weil Luft und Wasser verschmutzt sind, verlieren wir zwischen acht und 15 Prozent des Bruttoinlandsprodukts. Nicht eingerechnet sind die Kosten für die Gesundheit. Hinzu kommt menschliches Leid. Allein in Peking sind 70 bis 80 Prozent aller tödlichen Krebserkrankungen umweltbedingt. Lungenkrebs ist mittlerweile die erste Todesursache. China werde bald 155 Millionen Öko-Flüchtlinge haben. Die westlichen Regionen und ökologisch belasteten Gebiete können schon jetzt ihre Bewohner nicht mehr verkraften.

Mutig forderte Pan in seinem *Spiegel*-Gespräch nicht nur ökologische Reformen, sondern auch mehr Demokratie im kommunistischen China. Er fügt hinzu: »Ich werde mich von meinem Weg nicht abbringen lassen.« Hirnströme statt Massenströme, also ressourceneffizienter wirtschaften, ist nicht nur eine der wichtigsten Voraussetzungen für den Erhalt und Ausbau des Wohlstandes in China, sondern in allen Industriestaaten. Die beklagten hohen Arbeitskosten in Deutschland können nur dann wirklich reduziert werden, wenn die Arbeitsstunden preiswerter, aber *Energie*- und aller Ressourcenverbrauch teurer werden. Also: Wir brauchen eine Ökosteuer.

Die Verantwortung des Südens für den Süden

Wer in Indien oder Bangladesch schon einmal Gast bei einer »Traumhochzeit« von Oberschichtkindern war und die Bettler vor dem Hoteleingang nicht übersehen hat, muss nachdenklich werden über die Begriffe »reicher Norden« und »armer Süden«. Eine ähnliche Entwicklung sozialer Ungleichheit durch geradezu perversen Reichtum und verhungernde Menschen direkt nebenan kann man inzwischen in China und schon lange in Lateinamerika und in der Karibik feststellen.

Eines der Hauptprobleme der Armut im Süden ist die ungleiche Verteilung der Güter. Kleine Minderheiten sind oft extrem reich, während die überwiegende Mehrheit oft extrem arm und nahe am Existenzminimum ist. Es gibt in Lateinamerika, Indien und China eine weit höhere Einkommenskonzentration als in Europa. Nicht nur in Lateinamerika, sondern inzwischen in Ansätzen auch in China können die Reichen in ihren Villen nur noch unter permanenter Bewachung leben. Und Nelson Mandela hat im Jahr 2000 in einer zornigen Rede darauf hingewiesen, dass die Staaten des Südens für ihre riesigen Probleme zunächst einmal selbst verantwortlich seien. Die Hauptschuld an der heutigen Misere Afrikas lastete der weltweit populärste Afrikaner den Tyrannen und räuberischen Eliten seines Kontinents an. Auch UN-Chef Kofi Annan aus Ghana liest seinen afrikanischen Politikkollegen immer wieder die Leviten. Mit diesen kritischen innerafrikanischen Stimmen wird freilich die historische Mitschuld des Kolonialismus am heutigen afrikanischen Elend nicht verharmlost.

Entscheidend für erfolgreiche Entwicklung ist nicht nur die Menge des Geldes, welches vom Norden in den Süden fließt, sondern sind immer auch Wille und Fähigkeit der Empfängerstaaten, es so zu investieren, dass Entwicklung für alle möglich wird.

Der Einwand vieler Menschen in den Industriestaaten, Entwicklungshilfe sei ein Fass ohne Boden, in dem Milliarden Dollar doch nur in den Taschen der korrupten Eliten verschwinde, ist richtig und falsch zugleich.

Er ist falsch, wenn er verallgemeinert wird.

Er ist richtig, wenn zum Beispiel diese Fragen gestellt werden:

- Braucht ein wohlhabendes Land wie Nigeria, das täglich zwei Millionen Tonnen Öl fördert, noch einen Schuldenerlass?
- Warum eigentlich soll Angola, das eine korrupte Regierung hat, die in Petrodollars schwimmt, noch mehr Entwicklungsgelder bekommen?
- Macht es Sinn, die Elfenbeinküste mit einem Marshallplan zu beglücken, da sie doch der weltgrößte Kakaoproduzent ist und sich selbst in einem fürchterlichen Bürgerkrieg zerstört?

Entwicklungshilfe ohne politische Auflagen und klare Forderungen wäre bei diesen und einigen anderen Ländern kontraproduktiv. Das wahre Problem vieler Staaten in Schwarzafrika ist die miserable Politik der korrupten herrschenden Klassen, die Beutewirtschaft einiger Staatschefs und ihrer unersättlichen Clans. Für die reichen Länder können auch diese Beispiele allerdings kein Anlass für faule Ausreden und Nichtstun sein, sondern nur ein Grund für differenzierte Strategien. Gerade in den genannten drei Negativbeispielen aus Schwarzafrika gibt es Millionen Hungernde und Bedürftige.

Entwicklung jetzt

Daneben freilich gibt es auch in Afrika viele Beispiele guter Regierungsarbeit, wo stärkere Hilfe ehrlich und effektiv genutzt werden kann. Dazu gehören Ghana, Senegal, Tansania, Kenia und Äthiopien und mit Einschränkungen auch Somaliland im Norden von Somalia. In diesen Ländern sollten wir unsere Bemühungen sofort beginnen. Hier sind rasche Investitionen unglaublich hilfreich, wichtig und effektiv. Bitte keine faulen Ausreden mehr! Hier kann unsere Devise nur lauten: Entwicklung jetzt!

Eine grundlegende Voraussetzung erfolgreicher Entwicklung ist ein gut funktionierender Staatsapparat, wie die erfolgreichen Entwicklungsmodelle Taiwan und Südkorea deutlich beweisen. In den »kleinen Tigerstaaten« Ostasiens gab es erfolgreiche Agrarreformen zugunsten sich entwickelnder Industriestrukturen, welche es in Lateinamerika erst in Ansätzen gibt. Mit Sicherheit hat auch die Tugendlehre von Konfuzius in Ostasien dazu beigetragen, dass die »kleinen Tiger« Taiwan, Südkorea, Singapur und Hongkong, aber inzwischen auch der ganz große Tiger China »große Sprünge nach vorn« machen konnten. Das war schon viel früher bei Japans Entwicklung zum modernen Industriestaat festzustellen. Entwicklung hat immer auch eine kulturelle und – wie im »christlichen Abendland« schon erkennbar war – auch eine religiös spirituelle Dimension. Das wird zum Beispiel auch im hinduistisch geprägten Bali deutlich, das in starkem Kontrast zum übrigen islamischen Indonesien steht.

Wegen der historischen, kulturellen und spirituellen Dimension von Entwicklung sind erfolgreiche Entwicklungsmodelle nicht einfach auf andere Regionen und Kulturen übertragbar. Das westdeutsche Wirtschaftswunder hat sich anders entwickelt als das japanische oder taiwanesische. Kultur macht sogar oft den entscheidenden Unterschied zwischen arm und reich. Oft ist ökonomische Entwicklung die *Folge* von kultureller Differenz.

Die Autoren dieses Buches mahnen in ihrer Arbeit vor Ort immer wieder die Eigenverantwortung der politischen und ökonomischen lokalen Führungsgruppen an. Wie oft habe ich erlebt, dass Rosi Gollmann auf die Frage einer Dorfgruppe: »Kann uns die Andheri-Hilfe hier einen Brunnen bauen?« mit der Gegenfrage antwortet: »Und was ist euer Beitrag?« Erst wenn die zweite Frage zufriedenstellend beantwortet ist, kann die Gruppe einen Projektantrag mit Aussicht auf Erfolg an die Andheri-Hilfe stellen. Partnerschaft und Kreativität – so meine Erfahrung – sind die Schlüsselwörter erfolgreicher Entwicklungshilfe. Andererseits habe ich gelernt, dass noch so gut gemeinte Entwicklung nicht funktioniert, wenn sie einfach von außen einem Land im Süden übergestülpt wird. In Somalia sah ich eine 30 Millionen Mark teure Trinkwasseraufbereitungsanlage, die vom Entwicklungshilfeministerium finanziert war. Ständig mussten Siemens-Techniker eingeflogen werden, weil die somalischen Techniker mit der Wartung überfordert waren. Schon nach wenigen Jahren war die teure Anlage Schrott. Nur hundert Kilometer entfernt baute »Cap Anamur« mit 500 000 Mark Spendengeldern eine gut und viele Jahre funktionierende Anlage, die Zehntausende Flüchtlinge mit Wasser versorgte. Somalische Techniker hatten keine Probleme mit dieser Anlage. Sie waren im Auftrag von »Cap Anamur« von deutschen Handwerkern partnerschaftlich angelernt worden.

Bei meinem letzten Besuch mit Rosi Gollmann in Indien Anfang 2005 legte sie großen Wert darauf, dass alle Leprakranken in den Dörfern der Andheri-Hilfe nicht mehr betteln. Auf meine

Frage: »Warum betteln Sie und üben keinen Beruf aus?« streckte mir ein Lepröser seine verstümmelten Hände entgegen und fragte mich »Was soll ich denn mit diesen Händen machen?« Seine Frage machte auch mich zunächst ratlos. Aber später empfahl Rosi Gollmann leprakranken Bettlern: »Hütet das Vieh eurer Nachbarn, lernt Rikschafahren, helft im Garten, in der Küche oder hütet eure Enkel«. Erst dabei wurde mir klar, dass Fantasie, Sympathie und wirkliche Zuneigung zu den Ärmsten tatsächlich wichtiger sind als unser westliches Geld, wenn Entwicklung gelingen soll. Oft müssen Arme in ihrer Lethargie ebenso gefordert wie gefördert werden. Die Projekte der Andheri-Hilfe wirken wohl deshalb auf die Fernsehzuschauer so attraktiv, weil es partnerschaftlich organisierte Projekte sind. Diese Entwicklungshilfe ist deshalb so nachhaltig, weil Entwicklung zwar von außen unterstützt wird, aber primär von den Betroffenen gestaltet werden muss: Hilfe zur Selbsthilfe. »Wer die Menschen liebt«, so Rosi Gollmann, »findet zusammen mit ihnen immer eine Lösung.«

Kurz danach besuchte ich mit ihr ein Behindertenzentrum, das die Andheri-Hilfe für 50 000 Euro im südindischen Bundesstaat Tamil Nadu gebaut hat. Dort werden 300 Behinderte auf einen Beruf vorbereitet. In den Projekten der Andheri-Hilfe werden Behinderte nicht als Behinderte, sondern als »Menschen mit anderen Fähigkeiten« betrachtet und behandelt. »Jeder kann etwas«, erklärte mir Professor Immanuel Prabakar, Partner der Andheri-Hilfe und ursprünglich erfolgreicher Physikprofessor. »1995 traf ich Rosi Gollmann und sah ihr Interesse für unsere Behinderten hier in Indien«, erzählte er mir. »Das war ›the golden day of my life‹. Seither bin ich glücklich.« Seit zehn Jahren arbeitet der Professor ausschließlich für und mit Behinderten. Seine Mitarbeiterinnen und Mitarbeiter und er haben bisher zusammen mit anderen Andheri-Hilfe-Partnern etwa 30 000 Behinderten ein selbstbestimmtes Leben ermöglicht. Voraussetzung ihres beinahe unglaublichen Erfolges ist die »community based rehabilitation«, die in Familie und Dorfgemeinschaft integrierte Behindertenarbeit.

Ein Beispiel, das mich besonders beeindruckt hat. Fünf behinderte junge Leute betreiben erfolgreich einen Straßenladen: Zwei geistig behinderte junge Frauen backen und verpacken Kekse für eine Schule, ein Blinder, ein geistig Behinderter und ein Taubstummer verkaufen das Gebäck während der Unterrichtspausen. Der Laden floriert, weil einer kann, was dem anderen fehlt. Partnerschaftliche Zusammenarbeit von Behinderten ermöglicht einen beinahe unglaublichen Erfolg. Nie werde ich die glücklichen Gesichter dieser fünf jungen Menschen vergessen, die uns vor der Fernsehkamera freudestrahlend ihren Erfolg schilderten – der Taubstumme in unnachahmlicher, aber eindeutiger Zeichensprache. Junge Leute mit Lust auf Zukunft und Freude an der Arbeit!

Danach habe ich mich gefragt: »Wer von diesen glücklichen Menschen ist eigentlich behindert?« Wie viel Frust und Jammerei hingegen in reichen Industrieländern über jedes Problemchen und jede kleine soziale Herausforderung! Was ist überhaupt Armut in dieser reichen Welt?

Die Kinder vieler Reicher haben einen Fernseher und CD-Player in ihrem Kinderzimmer, aber sie leiden oft an Bewegungsmangel und sind häufig falsch ernährt. Die Deutschen mussten 2004 über 75 Milliarden Euro für die Folgen falscher Ernährung ausgeben. Immer mehr Reiche verhungern vor vollen Tellern. Sie werden dick, sind aber nicht gesund und sterben viel zu früh, weil sie sich falsch ernährten.

Entwicklung als Lernprozess

Rupert Neudeck (64) und Rosi Gollmann (78) sagen mir übereinstimmend: »Das Aufregendste an unserer Arbeit mit den Menschen in Dritte-Welt-Ländern ist der Lernprozess. Nach

Jahrzehnten Entwicklungsarbeit lernen wir jeden Tag etwas Neues dazu.«

Rupert Neudeck und seine Frau hielten es 1979 vor dem Fernseher nicht mehr aus, als die Bilder von hilflosen Boat-People um die Welt gingen und niemand half. Sie kamen in die »Report«-Redaktion und meinten schlicht: »Wir müssen etwas tun.« »Aber für Flüchtlinge ist doch der UNO-Flüchtlingskommissar da«, entgegnete ich. »Aber dieser sagt nur, Flüchtlinge auf dem Meer sind in unseren Statuten nicht vorgesehen. Also können wir nichts tun. Für die sind wir nicht zuständig«, sagte mir Rupert Neudeck. Und zu sich selbst sagten die Neudecks: »Wenn sich keiner für zuständig erklärt, dann sind wir es.«

Die Rettung von Flüchtlingen auf dem Meer sei »nicht finanzierbar«, meinten zunächst meine skeptischen »Report«-Kollegen, als ich über Neudecks Pläne zur Rettung der Boat-People, die damals aus dem repressiven kommunistischen Vietnam aufs südchinesische Meer flüchteten, berichten wollte.

Doch die Neudecks nahmen eine Hypothek auf ihr Haus, bekamen einen Kredit von ihrer Bank, mieteten mit wenigen Helfern ein Frachtschiff und fuhren los. Sie haben dann zunächst in den Jahren 1979 und 1980 über zehntausend Menschen das Leben gerettet und später Hunderttausenden.

»Report Baden-Baden« berichtete vor etwa 10 Millionen Fernsehzuschauern über die geplante Aktion – das Einzige, was ich zunächst filmisch vorzeigen konnte, war ein Foto des Schiffs –, und die »Report«-Zuschauer spendeten beinahe zwei Millionen Mark. Rupert Neudeck hatte live den Zuschauern in dreieinhalb Minuten erzählt, was er vorhatte. Die Zuschauer hatten – entgegen aller Bedenkenträgerei meiner Fernsehobrigkeiten und einiger Kollegen – begriffen und gespendet. Die Erfolgsgeschichte von Cap Anamur war geboren und geht bis heute weiter, weil Zehntausende Bürgerinnen und Bürger dieses Landes solche Rettungs-, Nothilfe- und Entwicklungsarbeit in Dritte-Welt-Ländern wollen und finanzieren. Cap Anamur und Andheri-Hilfe, Grünhelme und die Kindernothilfe, aber natürlich auch viele weitere Dritte-Welt-Gruppen sind ein Ruhmesblatt in der deutschen Nachkriegsgeschichte. Sensible Politiker und Journalisten können davon etwas lernen und sich daran orientieren. Lange Zeit bedeutete Entwicklungshilfe im Kontext deutscher Politik: Großzügig, wie wir nun mal sind, helfen wir anderen. Die Reichen sind dabei immer das Subjekt. Die Armen das Objekt. Demgegenüber definiert Franz Nuscheler in Anlehnung an eine Formulierung von Immanuel Kant Entwicklung als ein »Sich-Entwickeln durch das Auswickeln der eigenen Fähigkeiten«.

Und wer Entwicklung immer auch in einem kulturellen, historischen und politischen Zusammenhang sieht, weiß, dass Entwicklungspolitik heute im kommunistisch-konfuzianischen China etwas anderes ist als im hinduistischen Indien und im oft christlich geprägten Südamerika wieder etwas anderes als im animistisch orientierten subsaharischen Afrika. Entwicklung hat sicher auch mit Geld zu tun, aber noch mehr mit einem neuen Verständnis der Wirklichkeit. Das Anerkennen der kulturellen und historischen Unterschiede auf diesem Globus bedeutet, den großen Reichtum unseres Planeten zu verstehen. Deshalb ist Entwicklungsarbeit immer auch Kulturarbeit. Der stellvertretende Generalsekretär des Goetheinstituts erzählte bei einer Podiumsdiskussion mit Trägern des Alternativen Nobelpreises dieses Beispiel: Mithilfe des Goetheinstituts in Südkorea konnte erstmals eine öffentliche Bibliothek im stalinistischen Nordkorea errichtet werden, zu der Nordkoreaner tatsächlich freien Zugang hätten. Er kenne nur ein Beispiel von Zensur: Die nordkoreanischen Behörden hätten verboten, dort den deutschen Film »Good-bye, Lenin« zu zeigen. Na ja!

Als die Umweltministerin einer ehemaligen zentralasiatischen Sowjetrepublik zehn Tage durch Deutschland gereist war, meinte sie: »Ich habe in diesem Land mit viel Wohlstand sehr viele unglückliche Menschen gesehen. Materiell sind die Menschen bei uns viel ärmer, aber entschieden glücklicher. Und außerdem sind unsere erhalten gebliebenen Naturschätze unser größter Reichtum. Wir haben noch richtige Urwälder.« Armes reiches Deutschland!

Als Mutter Teresa nach vielen Jahren Liebesarbeit mit den Armen, Entrechteten und sterbenden Bettlern in Indien wieder nach Europa kam, war sie entsetzt über die Lieblosigkeit in den materiell reichen Ländern. Auf einem wissenschaftlichen Kongress sprach sie von der »Armut an Liebe in den reichen Ländern« und sagte einen Satz, der vielen Wissenschaftlern wahrscheinlich sehr banal schien: »Die höchste Wissenschaft ist die Liebe.« Liebe ist die Hauptkraft jeder Entwicklung. Aber die Voraussetzung von Liebe ist die Achtsamkeit für die Not der anderen und der Armen. Jeder weiß es: Liebe ist mehr als ein Gefühl, sie ist ein Tun – eine Übung. Wenn wir unsere eigene Ent-wicklung üben, helfen wir anderen, ihre Fähigkeiten und Talente aus-wickeln zu können. Die größte Gefahr für unseren Planeten ist, dass er sterben kann aus Mangel an Liebe.

Als Horst Köhler noch Direktor des Internationalen Währungsfonds war und nicht deutscher Bundespräsident, hatte er formuliert, was die Basis für eine bessere Globalisierung sein könnte: »Markt allein genügt nicht. Deshalb brauchen wir einen weltumspannenden Ordnungsrahmen für die Globalisierung mit anerkannten Regeln und effizienten Institutionen ... Ohne Respekt für die menschliche Vielfalt ist die Globalisierung zum Scheitern verurteilt. Es kann kein Überleben des Globus geben ohne eine globale Ethik.«

Was ist eigentlich Armut?

Wie bereits mehrfach erwähnt: Über eine Milliarde Menschen im Süden haben heute ein Einkommen von weniger als einem Dollar pro Tag. Natürlich gab es schon immer Armut – auch in den heute reichen Ländern des Nordens. Aber wer von einem Dollar am Tag leben muss, wird in aller Regel auch hungern müssen, kaum Zugang haben zu medizinischer Versorgung und seine Kinder nur im Ausnahmefall in eine Schule schicken können. Und seine Lebenserwartung beträgt im Durchschnitt keine 50 Jahre. Entwicklung ist sicher mehr als Armutsbekämpfung, aber ohne Armutsbekämpfung wird es keine wirkliche Entwicklung geben können. Wer hungert, kann nie freudig arbeiten, und wer nicht freudig arbeiten kann, wer nicht für die Zukunft seiner Kinder sorgen kann, sieht auch für sich keine Zukunft. Arm ist in der Regel auch, wer keinen ausreichenden Zugang zu Trinkwasser hat. Das galt zur Jahrtausendwende für 43 Prozent der Menschen südlich der Sahara und für jeden vierten Bewohner Ostasiens – einschließlich China, für 16 Prozent der inzwischen über eine Milliarde Inder und für 22 Prozent der Menschen in Lateinamerika.

Meine langjährige vergleichende Beobachtung in reichen und armen Ländern ist, dass in materiell reichen Ländern oft viel psychische Armut und in materiell armen Ländern viel psychischer Reichtum spürbar ist. In materiell reichen Ländern sah und sehe ich zunehmend oft eine soziale Isolation, wie ich sie in materiell armen Ländern kaum jemals erlebt habe. In indischen Dörfern, in denen Frauen kommunalpolitisch eine Rolle spielen, sah ich manchmal reifere demokratische Entwicklungsprozesse als in deutschen Kommunen mit zunehmend niedriger Wahlbeteiligung.

Die wirtschaftlichen Fähigkeiten von emanzipierten Frauen in afrikanischen und asiatischen Kommunen habe ich bewundern gelernt, als deutsche Feministinnen noch darüber jammerten, dass man »in diesem Land als Frau einfach keine Karriere machen kann«.

Und am meisten dankbar bin ich für die Erkenntnis, dass menschliche Fähigkeiten sich überall dort entfalten können, wo Gesundheit, Bildung, sauberes Wasser und eine sichere Unterkunft vorhanden sind – ganz unabhängig von der Höhe des Einkommens und von der Geografie. Eine so schlichte Erkenntnis kann einen vor viel intellektuellem Wohlstandsfrust bewahren.

Armut ist relativ. Die meisten Armen hierzulande würden in fast allen Dritte-Welt-Ländern als relativ reich angesehen. Trotzdem gilt: Armut in einem reichen Land ist oft schwerer zu ertragen als Armut in einem armen Land. In reichen Ländern ist materielle Armut ein Minderheitenproblem, in armen Ländern ein Mehrheitsproblem. In reichen Ländern gibt es relative materielle Armut, aber in Entwicklungsländern meist totale Armut.

War der bisherige Kampf gegen Armut erfolglos – waren alle entwicklungspolitischen Ansätze und die relativ bescheidenen politischen Anstrengungen umsonst? Immerhin ist auch in den Neunzigerjahren der Anteil der »absolut Armen«, also derer, die mit unter einem Dollar pro Tag auskommen mussten, zurückgegangen.

Nach Berechnungen der Weltbank sehen die entsprechenden Zahlen so aus:

Absolut Arme (in Millionen)	*1990*	*2000*
Ostasien (mit China)	470	261
Südasien	466	432
Schwarzafrika	241	323
Lateinamerika/Karibik	48	56
Kaukasien/Zentralasien	6	20
Summe	**1231**	**1092**

Auch hier wird noch einmal deutlich, was wir schon bedacht haben: Die Fortschritte sind relativ. Sie sind beachtlich in Ostasien einschließlich China, noch erkennbar in Südasien (einschließlich Indien, wo die Fortschritte seit dem Jahr 2000 allerdings zunehmen), während im subsaharischen Schwarzafrika, in Kaukasien und Zentralasien die Armen tatsächlich immer ärmer werden. Aber selbst diese bescheidenen globalen statistischen Fortschritte machen deutlich, dass wir uns mit dem Status quo nicht abfinden müssen. Es ist ein unter Journalisten und westlichen Intellektuellen weit verbreitetes Vorurteil, dass »man ja doch nichts ändern kann«. Wer diesem Fatalismus verfällt, wird oft zum Zyniker. Zynismus ist heutzutage geradezu schick, aber bei näherem Hinsehen nichts anderes als eine Modekrankheit, die durch Fakten selten gestützt werden kann. Unmoralisch und arrogant gegenüber den Betroffenen ist der so saloppe Neozynismus ohnehin. Dieser ist auch ein Zeichen von Denkfaulheit und intellektueller Ratlosigkeit auf hohem Niveau.

Der weit verbreitete Neozynismus, verbunden mit ebenso denkfauler Bedenkenträgerei gegenüber möglichen Fortschritten – zum Beispiel bei erneuerbaren Energien oder in der ökologischen Verkehrswende –, ist eines der Strukturprobleme der deutschen Misere am Beginn des 21. Jahrhunderts. Näheres dazu habe ich in meinen Büchern *Das ökologische Wirtschaftswunder* und *Die Sonne schickt uns keine Rechnung* beschrieben.

Armut ist weiblich – Entwicklung ist weiblich

Stark ins Gewicht fällt der hohe Anteil der Frauen mit 70 Prozent unter den Ärmsten. Armut ist noch immer weiblich, sie ist nicht geschlechtsneutral. Allerdings zeigen die Erfahrungen der Andheri-Hilfe in Indien und Bangladesch, dass die Bildung von Frauengruppen mit dem Ziel der Entwicklung auch sehr erfolgreich sein kann.

Dieselbe Erfahrung machte Professor Muhammad Yunus mit

seiner Grameen-Bank (»Bank für die Armen«) in Bangladesh. Wer von dieser Bank einen Kredit bekommen will, muss arm sein. 95 Prozent der Kreditnehmer sind Frauen. Muhammads Erfahrung nach 30 Jahren Grameen-Bank: »Wenn du einer Frau einen Kredit gibst, unterstützt du eine ganze Familie. Frauen investieren in Kinder und Bildung, in ein Haus, in ein Geschäft oder in Haustiere, auf jeden Fall nachhaltig. Wenn du aber einem Mann einen Kredit gibst, dann investiert er meist in ein Moped, in Zigaretten oder Alkohol, aber nur selten nachhaltig.« Auch die Weltbank bezeichnet die Ausbildung von Frauen als »Investition mit den höchsten Erfolgsaussichten«. Kleine Kredite mit großer Wirkung.

Die persönliche Geschichte des erfolgreichen Bankgründers zeigt ein Stück positiver Entwicklungsgeschichte der letzten Jahrzehnte. Yunus hat in England Ökonomie studiert, kam in den Siebzigerjahren nach Bangladesch zurück, wurde Wirtschaftsprofessor und lehrte die klassische Ökonomie, bei der es im Wesentlichen um die Mehrung des Geldes der Reichen geht und in der Habenichtse nicht vorkommen. Eines Tages fragten ihn seine Studenten in Dacca, was seine ökonomischen Theorien, die er aus England nach Bangladesch mitgebracht hatte, mit der ökonomischen Situation der Slumbewohner in der Nähe der Universität eigentlich zu tun hätten. »Nichts«, musste der Professor erkennen, nachdem er mit seinen Studenten ein Semester lang in den Slums die ökonomischen Bedürfnisse der Ärmsten studiert und erkannt hatte, dass sie »Minikredite« brauchten, um sich aus dem Elend selbst zu befreien.

»50 Dollar würden oft schon ausreichen«, so seine Erkenntnis. Also baten seine Studenten und er die Banken in Bangladesch, ein Programm mit Kleinkrediten für die Ärmsten aufzulegen. »Aber die Banker winkten nur ab«, erzählte mir Muhammad Yunus später in einer Fernsehsendung. Ihre Begründung lautete: Arme sind nicht kreditwürdig. »Und diese Argumentation fand ich menschenunwürdig«, so der Ökonom. Er als Professor habe daraufhin alle Kredite beantragt, die er bekommen konnte, und gab sie zu normalen Zinssätzen an arme Bangladeschis weiter. Der Trick funktionierte. Die Besitzlosen haben das Vertrauen, das Muhammad Yunus in sie setzte, gerechtfertigt. Seine Kunden zahlten die Kredite mit allen Zinsen pünktlich zurück. Sie erwiesen sich als kreditwürdiger als viele Reiche. Heute hat Yunus als Chef der Grameen-Bank 15 Millionen Arme als Kunden. Seine Bank ist erfolgreiches Vorbild für viele Banken in über 50 Dritte-Welt-Ländern. Weltweit sind bis heute 50 Millionen Arme in den Genuss von Kleinstkrediten gekommen. Die meisten konnten in drei Jahren ihr Einkommen um das 2,5-Fache steigern. Entwicklungsexperten haben ausgerechnet, dass 50 Milliarden Dollar ausreichen würden, um eine halbe Milliarde Menschen über Minikredite aus der Armutsfalle herausfinden zu lassen. »Wie ist dieser früher von Ökonomen und Bankern für unmöglich gehaltene Erfolg möglich geworden?«, wollte ich von Muhammad Yunus wissen.

»Wenn Sie Vertrauen in die Fähigkeiten der Menschen haben, motivieren Sie diese Menschen. Ich vertraue den Menschen. Ich respektiere ihre Würde. Und so konnte ich ihre Motivation wecken. Jeder Mensch ist motiviert, für seine Kinder eine gute Zukunft zu schaffen und dafür zu arbeiten, hauptsächlich aber die Frauen. Vertrauen schafft Motivation. Das ist das ganze Geheimnis des Erfolgs der Grameen-Bank.«

Deutschland hat 200 Jahre Erfahrung mit Sparkassen sowie Raiffeisen- und Genossenschaftsbanken, die bewiesen haben, wie Millionen benachteiligte Menschen regional und dezentral erreicht werden können. Die Grameen-Banken sind die »Raiffeisenbanken des Südens«, die im Durchschnitt 50 US-Dollar gegen sieben bis acht Prozent Zins verleihen. Nach dem Vorbild der Grameen-Bank will die UNO bis Ende 2005 etwa 100 Millionen der ärmsten Familien erreichen. Muhammad Yunus:

»Wir müssen langfristig etwa 500 Millionen Menschen mit Kleinkrediten erreichen, dann ist der Hunger besiegt.« Wie lange kann das dauern, frage ich ihn in einem Fernsehinterview: »Bis 2030 können wir den Hunger ins Museum der Geschichte stellen.«

Warum ist dieser charismatische Banker so sicher, dass dieses Ziel erreicht werden kann? Seine Antwort kommt spontan: »Ich habe Erfahrung und Vertrauen.« Zur Menschenwürde gehört Kreditwürdigkeit. »Kredit hat mein Leben verändert«, erzählt mir eine Frau im indischen Bundesstaat Andhra Pradesh. Sie hatte jahrelang gebettelt, bis ihr Mitarbeiter einer Minikreditbank vorgeschlagen hatten, einen Kredit von 4000 Rupien (100 Dollar) aufzunehmen und eine selbstständige Erwerbsarbeit zu beginnen. Die Bettlerin war nie in einer Schule und hatte auch keinen Beruf erlernt.

Sie erinnerte sich aber, dass ihr Großvater einst durch die Dörfer gezogen war und Schreibwaren verkauft hatte. Dasselbe macht jetzt seine Enkelin. »Was mein Großvater konnte, kann ich auch«, hatte sie sich gesagt und ihren ersten Kredit aufgenommen. Keine normale Geschäftsbank hätte einer Bettlerin einen Kredit gegeben. Doch Mikrofinanzinstitute ermuntern die Ärmsten und die Bettler zum Aufbau einer beruflichen Existenz in Kleingewerben, im Handwerk oder bei Dienstleistungen.

Mikrokredite für hunderte Millionen Menschen mit heute noch unter einem Dollar Tageseinkommen können ganz wesentlich dazu beitragen, die Millenniumsziele bis 2015 zu erreichen. Die deutsche Entwicklungsbank KfW (Kreditanstalt für Wiederaufbau) fördert heute Mikrofinanzprojekte in 40 Ländern mit 464 Millionen Euro. Nach den Erfahrungen der KfW brauchen die Mikrofinanzinstitute in Drittweltländern lediglich in den ersten zwei bis drei Jahren Hilfe von außen. Danach arbeiten sie profitabel.

Deutschland ist bei der Unterstützung von Mikrokreditbanken weltweit führend. Das ist ein Ruhmesblatt der deutschen Entwicklungspolitik. Das Vorstandsmitglied der KfW Wolfgang Kroh: »Das zentrale Element jeder Armutsbekämpfung ist: Menschen einzubeziehen in gesellschaftliches Leben, in Wirtschaftskreisläufe und ihnen da eine Rolle und eine Stimme zu geben. Das setzt voraus, dass wir sie als Kunden betrachten und nicht als bedürftige Wesen.«

Inzwischen wurde der erfolgreiche Banker Muhammad Yunus von Bill und Hillary Clinton als Friedensnobelpreisträger vorgeschlagen. Er hat diesen Preis verdient. Als ich in Stuttgart Muhammad Yunus' Biografie vorstellte, meinte ein anwesender Bundestagsabgeordneter: »Dieser Mann hat mehr für sein Volk getan als die gesamte Regierung in Bangladesch in den letzten Jahren.« Auch und gerade gebildete Menschen meinen, alle Veränderungen müssten von oben kommen. Die positiven Veränderungen von unten werden freilich von uns Journalisten viel zu wenig beachtet und dokumentiert. Neues Denken und neues Handeln kommen meist von unten. Es sind überwiegend unsere alten Vorurteile, die uns daran hindern, die Welt neu und gerecht zu gestalten. »Vorurteile benutzen die blanke Unkenntnis als Waffe« (Sir Peter Ustinov, Mitbegründer der Marshallplan-Initiative). Dieses Buch will Unkenntnis über positive Veränderungen überwinden helfen.

Yunus hatte eine Vision für die Armen und blieb ihr über Jahrzehnte treu – ähnlich wie Rosi Gollmann oder Rupert und Christel Neudeck. Diese vier Menschen sind für mich lebendige Beispiele dafür, dass ein Mensch viel erreichen kann, wenn er beharrlich ein Ziel verfolgt, von dem er tief innen überzeugt ist. Professor Yunus hat mit seiner Grameen-Bank bewiesen, dass nicht Geldmangel das Hauptproblem für die Entwicklung in Dritte-Welt-Ländern ist, sondern die Verteilung und Verwendung des Kapitals.

Korrupte Führungseliten in Politik und Wirtschaft in vielen

Entwicklungsländern haben nicht das geringste Interesse an sozialer Balance in ihren Gesellschaften. Es gibt weder eine grundsätzliche Geldknappheit noch eine Landknappheit, noch eine Wasserknappheit auf unserer Erde. Es gibt aber eine asoziale Geldpolitik, Habgier von Großgrundbesitzern zum Beispiel in Lateinamerika und eine oft unvorstellbare Vergeudung der Ressource Wasser, weil korrupte Führungseliten zum Beispiel in Afrika lieber in ihr Militär als in desolate Wasserleitungssysteme investieren.

Es ist einfach nicht wahr, dass wir auf dieser Welt nichts verändern können. Armut und Elend, Wasserarmut und Landlosigkeit sind auf diesem reichen Planeten kein unentrinnbares Schicksal. Wenn es anders wäre, wären jede Entwicklungshilfe und Entwicklungspolitik sinnlos. Die in diesem Buch dargestellten Wege und Beispiele zeigen aber sehr deutlich, dass Entwicklung und eine gerechtere Welt möglich sind. Entwicklung setzt freilich Entwicklungsarbeit voraus. Und das heißt: auch den Willen zur Arbeit für Entwicklung.

Und eine weitere Beobachtung beeindruckt mich an diesen vier Menschen besonders: Keiner von ihnen fühlt sich als Held – aber alle sagen: »Ich bin glücklich mit meiner Arbeit. Was ich tue, tue ich immer auch für mich. Ich folge lediglich meinem Gewissen. Durch das, was ich tue, bin ich reich. Ich würde alles noch einmal so machen. Meine Arbeit macht Sinn.« Kluge Egoisten, die anderen helfen und dadurch selbst glücklich sind. Wer selbst motiviert ist, kann auch andere motivieren. Die Richtigkeit der uralten jüdisch-christlichen Erkenntnis bewahrheitet sich immer wieder aufs Neue: »Liebe deinen Nächsten wie dich selbst!«

Die Erfolge von Muhammad Yunus mit und für Frauen und die zum Teil spektakulär erfolgreichen Frauenprojekte der Andheri-Hilfe können die spezifischen Auswirkungen der Armut auf Frauen allerdings nicht verdecken.

- Zwei Drittel aller Analphabeten weltweit sind weiblich.
- 70 Prozent der Ärmsten sind weiblich.
- Sexuelle Ausbeutung ist in vielen Entwicklungsländern so alltäglich wie die Zwangsverheiratung junger Mädchen.
- Witwenverbrennungen in Indien tauchen ebenso wenig in den UNO-Statistiken auf wie die genitalen Verstümmelungen von Millionen junger Frauen hauptsächlich in Afrika.

Drei Erlebnisse in Indien und ein Beispiel aus Tansania mögen verdeutlichen, dass der Begriff »Feminisierung der Armut« und die publizierten Statistiken längst nicht das ganze Ausmaß der Diskriminierung von Frauen und Gewaltanwendung gegenüber Frauen aufzuzeigen vermögen.

Im Januar 2005 habe ich in Indien die Geschichte der 19-jährigen Kanumani gefilmt. Das Mädchen war geisteskrank, blind und taubstumm wie ihr acht Jahre älterer Bruder. Aber im Gegensatz zu ihrem Bruder wurde das Mädchen von seiner Familie abgelehnt und verstoßen. Es musste über 16 Jahre lang vor dem Haus seiner Eltern sitzen, war völlig nackt und erhielt gelegentlich von den Nachbarn etwas Reis und Wasser. Auch zum Schlafen durfte sie nie ins Haus. Kanumani war völlig verdreckt, hilflos und verwahrlost, als eine Helferin der Andheri-Hilfe begann, sich um das Mädchen zu kümmern. Das Mädchen lernte mühsam, sich zu waschen, zu kleiden, ja sogar sich zu schmücken. Als wir es filmten, sprach es die ersten Laute und lernte, Steine für den Straßen- und Hausbau zurechtzuklopfen. Eine Andheri-Mitarbeiterin hatte über zwei Jahre lang täglich vier Stunden mit dem armen Geschöpf gearbeitet, bis es für sich selbst sorgen und die ersten Handgriffe im Haushalt selbstständig ausführen konnte. Jetzt erst nahm die Familie das Mädchen ins Haus, auch weil Aussicht bestand, dass es in seinem Beruf bald eigenes Geld verdienen konnte.

Kanumanis älterer Bruder war genauso behindert; er war immer im Haus und wurde nie verstoßen. Kanumani aber war nur ein Mädchen. Übrigens: 99 Prozent aller Behinderten leben – unabhängig vom Geschlecht – in Dritte-Welt-Ländern.

Oder: Im südindischen Bundesstaat Tamil Nadu dokumentierte ich im Jahr 2001 die für uns beinahe unfassbare Tradition des »Mädchentötens«. Wir haben Schulklassen und Kindergärten gefilmt, in denen über 80 Prozent Jungen und weniger als 20 Prozent Mädchen waren. Frauengruppen schilderten uns vor laufender Fernsehkamera 14 verschiedene Methoden, neugeborene Mädchen zu töten: zum Beispiel durch Gift, durch Erwürgen, durch Verhungern- und Verdurstenlassen.

Lakschmi, Mutter eines Jungen und eines Mädchens, schilderte uns, wie sie zusammen mit ihrer Schwiegermutter zwei neugeborene Töchter »beseitigen« musste, weil es Mädchen waren: »Wie sollten wir denn für meine insgesamt drei Mädchen die Mitgift aufbringen? Es wäre unser wirtschaftlicher Ruin gewesen. Mein Mann ist Tagelöhner und verdient 35 Rupien (0,75 Euro) am Tag.« »Was hat Ihr Mann dazu gesagt?«, frage ich nach. »Er wollte, dass wir die Mädchen töten«, sagt die junge Frau unter Tränen. »Wie haben Sie die Mädchen getötet?« »Wir – meine Schwiegermutter und ich – haben ihnen Pflanzengift gegeben und gewartet, bis sie tot waren.« »Würden Sie es heute nochmals tun?« »Nein, ich habe auch Ja gesagt zu diesem Mädchen«, sagt sie uns und deutet stolz auf ihre einjährige Tochter auf ihrem Arm. Um ihre Situation zu erklären, sagt uns Lakschmi noch: »Ich musste immer nur gehorchen – mein Leben lang. Früher meinem Vater und später meinem Mann. Das hat sich erst geändert, seitdem ich in der Frauengruppe der Andheri-Hilfe aktiv wurde. Heute sind sich alle Frauen im Dorf einig, dass wir nie mehr ein Mädchen töten.«

In allen 35 Dörfern um die Millionenstadt Madurai, in denen heute die Frauengruppen der Andheri-Hilfe aktiv sind, hat sich das Bild total geändert. Für neugeborene Mädchen wird jetzt ein Fest gefeiert. Die Frauengruppen pflanzen für jedes neugeborene Mädchen zwei Kokospalmen. Die Mädchen sollen wachsen und gedeihen wie diese Bäume, und die Eltern der Mädchen können viele Jahre die Kokosnüsse verkaufen, das Geld auf einem Sparbuch anlegen und so die Mitgift finanzieren.

Jetzt werden keine Mädchen mehr getötet

Wir filmen das Fest der Geburt eines Mädchens. Die Chefin der Frauengruppe singt, während sie dem Baby symbolisch den Punkt als »drittes Auge« auf die Stirn drückt. »Du bist ein Geschenk Gottes und sollst mutig sein. Gott liebt dich – du bist so wunderbar – dein Haar ist so schön – du wirst eine wunderbare und starke Frau.«

Nach dieser ergreifenden und für die Frauen ermutigenden Situation erzählt mir die Vorsitzende: »Früher wurden hier im Dorf mehr als die Hälfte der Mädchen getötet. Wir Frauen hatten überhaupt keine Rechte. Wir durften unser Haus nur mit Erlaubnis unserer Männer verlassen. Heute gehen wir zur Bank, bekommen Kredite, und alle Mädchen gehen zur Schule. Unsere Männer haben dadurch mehr Respekt vor uns. Männer und Frauen sind heute glücklicher als früher.«

Die Nachbarin erzählt uns: »Wir haben heute mehr Geld zur Verfügung als unsere Männer. Die Zeiten haben sich geändert. Wir Frauen verändern die Welt. Die Männer erkennen unsere Erfolge an und freuen sich mit uns. Jetzt gehen wir in die umliegenden Dörfer, damit auch dort das Töten von Mädchen beendet wird. Mädchen müssen überall leben dürfen. Das ist unser Programm.«

Die verkauften Früchte der Kokospalmen wirken wie eine Sparkasse für die Mädchen. Viele dieser Frauen sind heute politisch aktiv. Am Anfang wollte die Andheri-Hilfe noch die Welt dieser Frauen verändern. Heute verändern die Frauen ihre Welt selbst. Nach den Erfolgen dieser Baumpflanzaktionen hat die Regierung das Programm für viele Regionen Indiens übernommen. Die Andheri-Hilfe und ihre Frauengruppen gaben den Anstoß.

Auch aus chinesischen Dörfern werden mir bis heute Beispiele des Mädchentötens berichtet.

Oder: In Tansania haben wir im Frühjahr 2000 diese Geschichte gefilmt: In der Hauptstadt Daressalam steht die neunjährige Saam an einer verkehrsreichen Straßenkreuzung und verkauft Teigtaschen. Saam ist in einem Slum von Daressalam aufgewachsen. Der Vater arbeitet als Tellerwäscher in einem Hotel. Ihre sechs Brüder gehen alle zur Schule. Doch für die Schulausbildung des einzigen Mädchens reicht das Geld der Familie nicht. Das Kind steht jeden Tag an derselben Straßenkreuzung mit seinen Teigtaschen, um das Familieneinkommen aufzubessern.

Die Armut in fast allen Dritte-Welt-Ländern ist primär weiblich und städtisch. Ohne Ausbildung und Schule gibt es für Hunderte Millionen Mädchen keine Chance für einen späteren Arbeitsplatz. Sie heiraten früh und bekommen hauptsächlich deshalb auch wieder viele Kinder.

Die alltägliche Diskriminierung von vielen hundert Millionen Frauen und Mädchen in den armen Ländern des Südens sieht freilich nicht in jedem Einzelfall so dramatisch aus wie in den geschilderten Beispielen. Aber auch der ganz normale Tagesablauf eines Mannes und einer Frau in einem Dritte-Welt-Land, wie ihn Franz Nuscheler aus dem Weltbevölkerungsbericht 1995 zusammengestellt hat, ist dramatisch genug. Gewisse Analogien zum Verhältnis Mann-Frau in Industriestaaten drängen sich natürlich nicht ganz zufällig auf.

Tagesablauf von Frauen und Männern

Der Tag einer Frau	*Der Tag eines Mannes*
Sie steht als Erste auf und macht Feuer	
Sie stillt das Baby	
Sie bereitet das Frühstück vor	Er steht auf, wenn das Frühstück bereitsteht
Sie wäscht die Kinder und zieht sie an	Er isst
Sie geht einen Kilometer zum Wasserholen und zurück	Er geht einen Kilometer zum Feld
Sie füttert und tränkt das Vieh, spült das Kochgeschirr usw.	Er arbeitet auf dem Feld
Sie geht wieder einen Kilometer zum Wasserholen und zurück	
Sie wäscht die Wäsche	
Sie stillt das Baby	
Sie geht einen Kilometer zum Feld, um ihrem Mann das Essen zu bringen	Er isst, nachdem sie mit dem Essen eingetroffen ist
Sie geht einen Kilometer nach Hause	
Sie geht zu ihrem Feld	
Sie jätet dort das Unkraut	
Sie stillt das Baby	Er arbeitet auf dem Feld
Sie sammelt Feuerholz	
Sie geht einen Kilometer nach Hause	

Sie stampft Mais	
Sie geht einen Kilometer zum Wasserholen und zurück	Er geht einen Kilometer nach Hause
Sie macht Feuer	Er ruht sich aus
Sie bereitet das Essen und isst	
Sie stillt das Baby	Er isst
Sie räumt auf	Er geht, um andere Männer zu treffen
Sie geht zuletzt ins Bett	Er geht ins Bett

Quelle: Weltbevölkerungsbericht 1995

Es gibt auch arabische Stimmen, die Entwicklung durch Frauen als Voraussetzung für Frieden betrachten. Die Muslimin Irshad Manji, Essayistin und Autorin, fordert deshalb Frauenkredite: »Das meiste Geld der Hilfsprogramme geht nach wie vor an Projekte, die kaum nützen. Ich plädiere dafür, die Hilfen für Frauen zu geben – sie organisieren die stärkste Wirtschaftskraft. Von ihren Umsätzen und Profiten können meist zehn Leute leben. Männer arbeiten nicht so profitabel. Frauen haben gerade von kleiner Ökonomie viel mehr Ahnung. Sie setzen nicht auf Prestige, nicht auf Protzerei, und das ist die Chance überhaupt, in den arabischen Ländern Frieden zu stiften. Wer für die eigene Existenz mit Krediten einstehen muss, bringt auch keine Selbstmordattentäter und Islamisten hervor.«

Mao Tse-tung hatte einst den Frauen die »Hälfte des Himmels« versprochen. Auch nur die Hälfte der Erde zu bekommen, bedarf es weltweit noch einer langen Entwicklung – von Männern und Frauen. Tatsächlich sind es aber heute überwiegend Frauen, welche die Entwicklung in den armen Ländern voranbringen. Ich halte es für eine unglaubliche Leistung, Tag für Tag dafür zu sorgen, dass – bei einem Einkommen von einem oder zwei Euro pro Tag – drei, vier oder fünf Kinder halbwegs satt werden, in die Schule gehen, später einen Beruf erlernen und selbst Familien gründen können. Viele »Leistungsträger« in unseren »Leistungsgesellschaften« verdienen bei weit weniger Leistung das Hundert- oder Tausendfache.

Die Kraft der Freiheit und die notwendige Verantwortung

Im Jahr 2005 erleben wir Freiheits- und Unabhängigkeitsbestrebungen im Libanon, Wahlreformen in Kairo und Saudi-Arabien, Demokratisierung in der Ukraine und in Kirgisien. Auch in Russland, China und Weißrussland gibt es zunehmend starke Reformgruppen. Überall sind dieselben Freiheitskräfte am Werk, die bereits das totalitäre Regime in der Sowjetunion und in Osteuropa zu Fall brachten. Freiheit ist keine amerikanische Erfindung, sondern jedem Menschen von Geburt an eingepflanzt. Religiös gesprochen: Das Streben nach Freiheit ist ein Geschenk Gottes an alle Menschen – auch an die Menschen, die heute noch in Diktaturen oder autoritären Regimen leben müssen. So wie die Sklaverei zum großen Teil überwunden wurde, kann auch staatliche Gewaltherrschaft überwunden werden. Auch der Terrorismus wird nicht durch Kriege, sondern nur durch Freiheit, Entwicklung und Demokratisierung überwunden.

Oft wird eingewendet: Für Entwicklungsländer oder für islamische Staaten seien Freiheit und Demokratie nicht das richtige Rezept. Ich habe in den letzten 40 Jahren auf der ganzen Welt – auch in China, Russland und in arabischen Ländern – Menschen getroffen, die von Freiheit und Mitbestimmung träumten. Nicht nur Unterdrückung und Angst, sondern auch Freiheit und Demokratie wirken ansteckend.

Nehmen wir das schreckliche Beispiel genitaler Verstümmelung von Millionen Mädchen, besonders in islamisch-afrikanischen Staaten. Das somalische Exmodel Waris Dirie schreibt in ihrem neuen Buch *Schmerzenskinder*:

Beschneidung ist keine Kultur und ist mit keiner Religion zu rechtfertigen. Sie ist ein schweres Verbrechen. Die zynischste Form von Kindesmisshandlung ...: Unter Muslimen in Deutschland werden jährlich etwa 24 000 Mädchen, in Frankreich sogar 70 000 beschnitten. Traditionelle Beschneiderinnen arbeiten ohne Betäubung mit Küchenmessern oder Skalpellen. Verschiedene Völker haben verschiedene Kulturen, aber die gleichen Rechte. Dazu gehört unabdingbar das Recht auf Leben und körperliche Unversehrtheit. Jede Form der Rechtfertigung von Beschneidung ist Rassismus. Bei jedem weißen Mädchen würde ein Schrei der Entrüstung durch das Land gehen.

Demokratische Regierungen können demokratische Bewegungen in diktatorisch regierten Ländern nicht durch Kriegsdrohungen, aber durch Pochen auf die Einhaltung der Menschenrechte unterstützen. Das ist die Lehre aus dem erfolgreichen Helsinki-Prozess in Europa zwischen 1973 und 1989. Wirtschaftliche Kooperation wurde flankiert durch Menschenrechtsforderungen. Darauf konnten sich die Bürgerrechtsbewegungen in Osteuropa berufen. Und 1989 brachen die osteuropäischen Diktaturen zusammen. Wenn George W. Bush sich auf diesen Erfolg vor dem Irak-Krieg besonnen und analog zum KSZE-Prozess einen KSZN-Prozess (Konferenz für Sicherheit und Zusammenarbeit im Nahen Osten) initiiert hätte (wozu Saddam Hussein bereit war), sähe es mit der Entwicklung im Irak heute wahrscheinlich besser aus. Aber der Irak-Krieg hat etwa 20 000 bis 30 000 Menschen das Leben gekostet, und heute – so ein UN-Bericht – sind weit mehr irakische Kinder unterernährt als vor dem Krieg. Kriege verhindern Entwicklung, statt sie zu fördern. Papst Johannes Paul II. hatte grundsätzlich Recht: »Ein Krieg ist immer ein Versagen der Politik.«

Meine langjährige Erfahrung in Dritte-Welt-Ländern ist, dass die Mehrheit der Armen dann kreativ wird, wenn sie sich – oft mit Hilfe von Entwicklungsorganisationen – die Freiheit dafür erkämpft und lediglich einen minimalen Kredit hat, um sich auch ökonomisch entfalten zu können. Die Armen sind im Durchschnitt viel eher motiviert, in Eigenverantwortung aktiv zu werden als zum Beispiel viele Arbeitslose im reichen Deutschland. Und Arme – so die Erfahrung der Grameen-Bank – zahlen ihre Schulden entschieden zuverlässiger zurück als die Reichen. Arme sind mehr motiviert und nehmen ihre Eigenverantwortung ernst. Deshalb müssen gerade auch in einem Riesenreich wie China die wirtschaftlichen Beziehungen mit der Menschenrechtsfrage gekoppelt werden.

Verantwortung ist das Schlüsselwort. Eigenverantwortung bedarf aber der Freiheit. Verantwortete Freiheit ist die Voraussetzung für eine bessere Welt, für eine Welt in geordneter Freiheit. Nach den Erkenntnissen der letzten Jahrzehnte bietet sich die sozialökologische Marktwirtschaft, wie wir sie in Ansätzen in EU-Ländern entwickelt haben, als Ordnungsrahmen für die ganze Welt an: Kein Brutalkapitalismus à la USA und kein Sozialismus à la Sowjetunion, sondern eine sozial und ökologisch orientierte Marktwirtschaft ist die Wirtschaftsform der Zukunft. Das höre ich immer mehr auch von aufgeklärten Intellektuellen in Dritte-Welt-Ländern.

Keine Entwicklung ohne solare Energien

Wenn diese Erde unsere Heimat bleiben soll, müssen wir lernen, nachhaltig zu wirtschaften. Voraussetzung für nachhaltiges Wirtschaften ist der 100%ige Umstieg auf erneuerbare Energien in den nächsten Jahrzehnten. Nachhaltigkeit ist ein anderes Wort für gerechte Entwicklung. Was gerecht ist, ist auch nachhaltig. Und was nicht nachhaltig ist, ist ungerecht gegenüber künftigen Generationen. Im Juli 2005 waren die Armut in Afrika und die globale Klimaerwärmung die beherrschenden Themen des G8-Gipfels in Schottland. Manche Leser werden sich fragen, was die beiden Themen miteinander zu tun haben?

In weiten Teilen Afrikas haben sich die Wasserkreisläufe in den letzten 25 Jahren wesentlich verändert. Bauern im Senegal haben mir einmal in einem Wüstengebiet gezeigt, dass sie dort, wo heute nichts mehr wächst, noch vor zehn Jahren reiche Ernte einfahren konnten. In äthiopischen Dörfern hing das Leben jahrhundertelang von zwei Ernten ab: eine während der kurzen Regenfälle im März und die Haupternte nach dem langen Regen in den Sommermonaten. In den letzten Jahren sind die kurzen Märzregen verschwunden, und die längeren Sommerregen werden immer unregelmäßiger. In ganz Schwarzafrika wird gehungert. In vielen Ländern ist die Hälfte der Kinder unterernährt.

In der Sahelzone regnet es seit 1980 immer weniger. In derselben Zeit stieg die Oberflächentemperatur im benachbarten Indischen Ozean stark an. 1997 zum Beispiel wurde der Indische Ozean in wenigen Wochen bis in Tiefen von 30 Metern um bis zu fünf Grad wärmer, berichteten mir Tauchlehrer. Korallen starben. Ein deutlicher Hinweis auf die globale Erwärmung, die aber nicht von den Menschen in Afrika, sondern von denen in den Industriestaaten verursacht wird. Die abnehmenden Regenfälle in Schwarzafrika und die zunehmende Klimaerwärmung hängen zusammen. Das bestätigen etwa 95 Prozent der Klimaforscher.

Der ausbleibende Regen verursacht aber nicht nur Hunger und Tod, sondern auch kriegerische Konflikte in Afrika. Das Morden in Darfur im Westsudan wird nur verständlich, wenn das Problem des dramatischen Wassermangels in der Region mitbedacht wird. Viele Konflikte entstehen heute und erst recht in der Zukunft, weil hungrige Menschen wegen knapper Lebensmittel und Wassermangel streiten.

Darfur braucht nicht nur Truppen von außen, um wieder befriedet zu werden, sondern zuallererst eine Entwicklungsstrategie zur Bekämpfung von Hunger und Dürre. Je mehr »Grünhelme« (die neue Hilfsorganisation von Rupert Neudeck) wir schicken, desto weniger militarisierte »Blauhelme« werden benötigt. Soldaten können unter hungernden Menschen kaum Frieden schaffen. Wasserarme Länder wie Äthiopien, Sudan, Somalia und Kenia brauchen neue Technologien wie Tröpfchenbewässerung, Regenwassernutzung, neue Anlagen zur Wasserspeicherung und effiziente Wasserleitungen sowie solar betriebene Tiefbrunnen, neue Technologien der Agroforstwirtschaft und viele Wiederaufforstungsprogramme, um die knappen Regenfälle besser als bisher nutzen zu können. Effizientere Bodenbearbeitungsprogramme und neue Wassermanagementsysteme können unterirdische Wasser führende Systeme wieder reaktivieren.

Die armen Länder Afrikas können diese not-wendenden Systeme allein weder finanzieren noch installieren. Sie brauchen die Hilfe der Reichen. Solche Hilfeleistungen wären nicht nur eine Art Wiedergutmachung für jahrhundertelange koloniale Ausbeutung, sondern auch eine teilweise Wiedergutmachung für die heutige »ökologische Aggression des Nordens gegen den Süden« (Klaus Töpfer). Es ist hohe Zeit, diese Hilfe nicht nur zu versprechen, sondern sie endlich zu leisten.

Auf dem G8-Gipfel im Sommer 2005 haben sich die sieben reichsten Länder und Russland auf einen sofortigen Schuldenerlass für die 18 ärmsten Länder geeinigt. In weiteren Schritten sollen 37 Ländern ihre Schulden erlassen werden, wenn sie zusagen, mit dem eingesparten Geld Sozialsysteme, Gesundheit und Bildung zu fördern. Diese Bedingungen sind richtig und wichtig.

Die ersten schuldenfreien Staaten in Afrika sind jetzt: Äthiopien, Benin, Burkina Faso, Ghana, Mali, Madagaskar, Mauretanien, Mosambik, Niger, Ruanda, Senegal, Tansania, Uganda und Sambia. In Südamerika sind nun Bolivien, Guyana, Honduras und Nicaragua schuldenfrei. Bis Ende 2005 dürften eventuell noch Kamerun, Tschad, die Demokratische Republik Kongo, Gambia und Sierra Leone dazukommen.

Die Finanzminister der G8-Staaten feierten ihren Beschluss, den kleineren armen Staaten die Schulden zu erlassen, als »historisch«. Doch die Reaktionen der nichtstaatlichen Entwicklungsorganisationen waren verhalten positiv bis skeptisch – zu Recht.

Unter den jetzt schuldenfreien Staaten sind auch einige – wie zum Beispiel Burkina Faso, Ruanda oder Uganda –, in denen Menschrechte massiv verletzt und Oppositionsparteien verfolgt und unterdrückt werden. Zumindest die drei genannten Länder haben noch keine »guten« Regierungen. Hier wäre ein stufenweiser Schuldenerlass – je nach demokratischem Fortschritt – sinnvoller gewesen. Zum anderen tut der »historische« Schuldenerlass kaum jemand weh. Deutschland zum Beispiel kostet dieser Erlass nur ein Almosen – jährlich etwa 40 Millionen Euro. Große arme Länder wie Bangladesch, Indonesien oder Nigeria wurden nicht berücksichtigt.

Die beste Entwicklungshilfe in Afrika ist die Bekämpfung des Klimawandels in den Industriestaaten. Keine Entwicklung ohne solare Energien! Auch dafür sind die Strategien längst bekannt, aber sie werden kaum genutzt. Und die USA sind noch nicht mal bereit, die äußerst harmlosen Minimalziele des Kioto-Protokolls umzusetzen. Wie bereits erwähnt: Die Industriestaaten verbrennen und verbrauchen zurzeit an *einem* Tag so viel Kohle, Gas und Öl, wie die Natur in 500 000 Tagen geschaffen hat. Ohne starke Reduktion von Treibhausgasen, das heißt ohne solare Energiewende und eine bessere Energieeffizienz, wird nicht einmal die Milderung der ökologischen Aggression gelingen.

Wir wissen, dass zunehmende Dürreperioden, zahlreichere und heftigere tropische Stürme, steigende Meeresspiegel sowie eine Ausbreitung von Tropenkrankheiten die logische Folge der globalen Erderwärmung sein werden. Darfur und Äthiopien, Somalia und viele zentralafrikanische Staaten lassen uns ahnen, was uns erwartet. Wer es wirklich wissen will, der erfährt es. Wir haben keine Erkenntnisprobleme, aber riesige Umsetzungsprobleme. Selbst der Chef des Atomstromkonzerns EnBW, Utz Claassen, hat erkannt: »Wir dürfen nicht so tun, als ob die Strompreise der nächsten fünf Jahre wichtiger seien als die ökologische Situation der nächsten 500 Millionen Jahre.« Und publikationsträchtig fügt Claassen hinzu: Die EnBW wolle »Vorreiter bei den erneuerbaren Energien werden«.

Die einzige Möglichkeit, die katastrophalen Auswirkungen des Klimawandels noch abzumildern, ist eine Reduktion der Treibhausgase um 80 Prozent bis 2050. Und dieses Ziel ist nur erreichbar durch die schon lange bekannte Dreifach-Strategie:

- den hundertprozentigen Umstieg auf erneuerbare Energien bis zur Mitte des Jahrhunderts;
- durch höhere Energieeffizienz um den Faktor zwei bis vier in Privathaushalten, bei der Güterproduktion und im Verkehr sowie schließlich
- durch enorme Energieeinsparungen in Häusern, Fabriken und Fahrzeugen.

Die Europäische Kommission geht in ihrem Energieszenario für 2050 davon aus, dass die Realisierung dieser solaren Energiewirtschaft in der EU bis zu fünf Millionen zukunftsfähige Arbeitsplätze schaffen würde.

Eine solide Gesamtstrategie wäre also gut für die Bekämpfung des Hungers, gut für die europäische Wirtschaft, gut für circa fünf Millionen neue Arbeitsplätze und natürlich gut für die Umwelt. Die solare Energiewende erspart uns außerdem viele Milliarden Folgekosten, die entstehen werden, wenn die fossil-atomare Energieversorgung nicht durch eine solare Weltwirtschaft abgelöst wird.

Energieszenario der EU für 2050

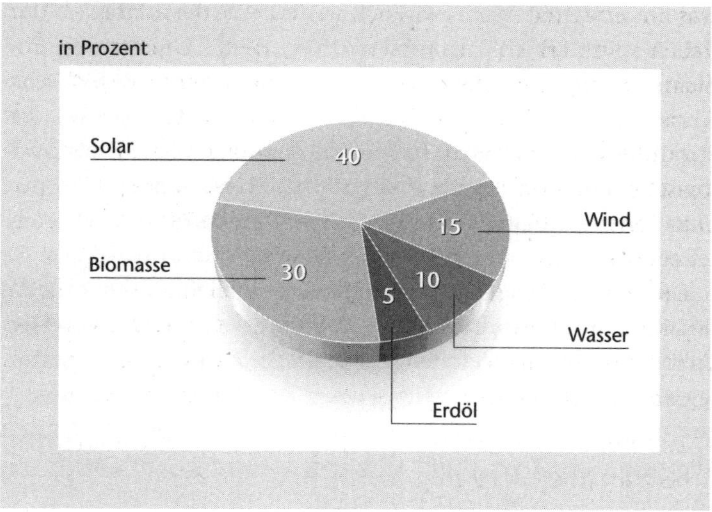

Quelle: Wuppertal-Institut

Die Energiefrage ist die Sicherheitsfrage jeder Gesellschaft und die Schlüsselfrage jeder Entwicklung. Die »Dritte Welt« wird vor allem deshalb immer mehr »Vierte Welt«, weil sie die immer höheren Ölpreise schon lange nicht mehr bezahlen kann. Eine Strategie »weg vom Öl« ist eine der Bedingungen jeder Entwicklung. Die solare Energiewende ist Voraussetzung für Frieden und Wohlstand, für Freiheit, Gerechtigkeit und die Überwindung des Hungers. Mit Bildung, Wasser und erneuerbaren Energien können wir tatsächlich erreichen, dass bis 2030 auf dieser Erde kein Kind mehr verhungern muss. Wenn wir dieses Ziel nicht erreichen, hat die heute verantwortliche Generation versagt. Alles liegt an uns. Die unheilige Allianz von »Big Oil« und »Big Money« muss erkannt und danach bekämpft werden.

Das hungernde Afrika wartet zu Recht auf unsere Hilfe. Die solare Energiewende, die ökologische Verkehrswende, die biologische Landbauwende und die ökologisch-energetische Bauwende sind Strategien, die Vorteile für die Industriestaaten und für die Dritte-Welt-Länder bedeuten. Viele Leser werden einwenden, dass die alten Energiekonzerne dabei nicht mitmachen. Das brauchen sie auch nicht. Es geht viel besser ohne sie. Am wichtigsten sind aufgeklärte Verbraucherinnen und Verbraucher und eine veränderungsbereite Gesellschaft. 200 Jahre nach Immanuel Kant sollten wir endlich den Mut haben, uns unseres »eigenen Verstandes« zu bedienen, um uns so aus der »selbstverschuldeten Unmündigkeit« zu befreien. Früher lag die Macht bei den Feudalherren – heute liegt sie bei den Energieherren. Das lässt sich ändern. Jede und jeder kann mithilfe von erneuerbaren Energien sein eigener Energieversorger werden – auf der ganzen Welt. Bürger zur Sonne, zur Freiheit! Wir können die heute selbst verschuldete Selbstzerstörung durch die fossil-atomare Energiewirtschaft beenden.

Wenn wir Europäer das oben aufgezeigte Energieszenario realisieren, werden die Dritte-Welt-Länder es uns nachmachen. Solange wir auf Öl- und Atomenergie setzen, wollen die armen Länder Öl verbrennen und Atomkraftwerke bauen. Wenn wir aber auf Sonne, Erdwärme, Windkraft, Wasserkraft und Bioenergie umsteigen, werden die armen Regionen dasselbe tun. Ihr großer Vorteil: Sie haben noch viel mehr Sonne als wir. Und allein die Sonne schickt uns täglich über 15 000-mal mehr Energie auf unseren Planeten, als alle Menschen zurzeit verbrauchen. Es gibt gar keine Energiekrise. Es gibt nur ein Brett vor der Sonne. Ein Hoffnungszeichen ist, dass in den Jahren 2005 und 2006 China und Taiwan, Indien und Brasilien das erfolgreiche deutsche Erneuerbare-Energien-Gesetz übernehmen wollen. Die Kommunistische Partei Chinas hat Anfang 2005 bereits einen entsprechenden Beschluss gefasst.

Aber: Ist Ökologie nicht sehr teuer? Muss in Zeiten knapper öffentlicher Kassen und wachsender Massenarbeitslosigkeit nicht der Ökonomie und der Arbeitsplatzgewinnung Vorrang eingeräumt werden?

Diese oft gestellten Fragen zeugen von Ignoranz über die wirklichen Zusammenhänge von Ökologie und Ökonomie. Nichts ist langfristig so teuer wie die Zerstörung unserer Lebensgrundlagen. Saubere Luft, reines Wasser und fruchtbare Böden sind nicht nur Fragen des Wohllebens, sondern des Überlebens. Die Ökologie wird im 21. Jahrhundert die intelligentere Ökonomie werden müssen, wenn es allen besser gehen soll.

Wenn die US-Regierung auf internationalen Konferenzen behauptet, Klimaschutz sei zu teuer, stellt Klaus Töpfer die realistische Gegenfrage: »Wie teuer wird es für alle, wenn wir das Klima nicht schützen?«

Diese Frage haben die Chefmathematiker der Münchner Rückversicherung beantwortet. Sie haben errechnet, dass sich in den letzten 40 Jahren weltweit die Naturkatastrophen verachtfacht haben. Diese Entwicklung haben sie in die Zukunft bis 2060 fortgeschrieben. Ergebnis: Wenn wir mit der heutigen Umweltzerstörung und Energiepolitik so weitermachen, dann wird in etwa 50 Jahren das gesamte Bruttosozialprodukt der Menschheit nicht mehr ausreichen, um auch nur noch die Naturschäden zu finanzieren. Die heutige umweltzerstörende Ökonomie ist am Ende. Nur wenn wir in der ganzen Welt, auch in den Entwicklungsländern, lernen, *mit* der Natur und nicht mehr gegen die Natur zu leben, zu arbeiten und zu wirtschaften, haben wir eine gute Zukunft.

Drei Beispiele belegen meine These: Die Firma Viebrockhaus in Harsefeld verkauft Niedrigenergiehäuser, die nur noch zwei Liter Heizöl pro Quadratmeter pro Jahr verbrauchen. Das ist etwa ein Viertel dessen, was sonstige Neubauten an Heizenergie in die Luft blasen. Die Käufer dieser Häuser sparen Geld und schonen die Umwelt. Diese Firma floriert, macht Jahr um Jahr höhere Umsätze und sucht ständig neue Mitarbeiter. Der Trend in der deutschen Baubranche, die überwiegend noch so baut wie vor 40 Jahren, ist genau umgekehrt: Es wird gejammert, es gibt Pleiten, und ständig werden Bauarbeiter entlassen. Wenn ich den Chef von Viebrockhaus, Andreas Viebrock, frage, ob er ökologisch bauen könne, weil es ihm ökonomisch gut geht, bekomme ich zur Antwort: »Es ist umgekehrt. Es geht uns gut, weil wir ökologisch bauen.«

In Japan war ich zu Vorträgen für eine große Baufirma unterwegs. Sie verkauft jedes Jahr 15 000 Häuser – davon die Hälfte Solarhäuser, also Häuser, die komplett mit erneuerbarer Energie versorgt werden. Die Manager sagen mir: »Wir machen gute Geschäfte, weil wir ökologische Produkte verkaufen.« Ähnliche Erfahrungen gibt es auch im sozialen Bereich.

Bei der Augsburger Pharmafirma Betapharm ist soziales Engagement Kern des Geschäftes. Die Firma spendet jedes Jahr zwei Millionen Euro für soziale Projekte. Das ist für einen Mittelständler mit 160 Millionen Euro Jahresumsatz eine ordentliche Summe. »Wir tun Gutes, weil es auch uns nützt«, sagt Geschäftsführer Peter Walter. Betapharm verzichtet auf sinnlose Reklame und spendet dafür die zwei Millionen jährlich. Betapharm macht Profit mit Non-Profit. Durch das soziale Engagement mache sein Unternehmen Profit, erzählt der Geschäftsführer. Nicht nur, weil sich gute Taten herumsprechen, sondern vor allem, weil Käufer und Kunden über das soziale Engagement motiviert und begeistert werden konnten.

Umfragen zeigen, dass zwei Drittel aller deutschen Arbeitnehmer bei ihrer Arbeit frustriert sind. Diese Probleme haben Firmen, die sich sozial und ökologisch engagieren, weit weniger. »Wir setzen auf ethisches Marketing«, beteuert Peter Walter. Die Mitarbeiter von Betapharm hören oft den Satz: »Euch muss es ja gut gehen, dass ihr euch so ein Engagement leisten könnt.« Es ist genau umgekehrt, wird mir versichert: »Uns geht es nur so gut, weil wir uns engagieren.«

Vollbeschäftigung ist möglich

Wer in Zeiten der Globalisierung Massenarbeitslosigkeit für eine Naturerscheinung oder eine Selbstverständlichkeit hält, übersieht, dass Länder wie England, die USA, Schweden und Dänemark die Zahl ihrer Arbeitslosen seit 1992 etwa halbiert haben, während vor allem Deutschland sie verdoppelt hat. Österreich hat etwa ein Drittel der deutschen Arbeitslosen und die Schweiz ungefähr ein Viertel. Massenarbeitslosigkeit ist Massenwürdelosigkeit und kein Naturphänomen. Die Natur kennt überhaupt keine Arbeitslosigkeit. Oder haben sie je einen arbeitslosen Frosch oder einen arbeitslosen Grashalm gesehen? Oder im Weltraum je einen arbeitslosen Sternenhaufen oder eine arbeitslose Galaxie? Homo sapiens ist die einzige Spezies, die zurzeit mit dem Problem der Arbeitslosigkeit nicht fertig wird, vor allem Homo sapiens germanicus. Dabei ist die Welt voller Arbeit – auch in Deutschland. Ökonomisch ist nichts so teuer, so unsinnig und so unmenschlich, wie Menschen dafür zu bezahlen, dass sie nicht arbeiten, obwohl das Land voller Arbeit ist. Vollbeschäftigung ist möglich, natürlich nicht von heute auf morgen. Aber sehr wohl in etwa zwei Jahrzehnten, wie viele wissenschaftliche Studien belegen.

Beispiele:

- 1,5 Millionen Arbeitsplätze könnten durch eine ökologische Steuerreform entstehen, hat Professor Bernd Meyer von der Universität Osnabrück ausgerechnet, wenn die Lohnnebenkosten in Deutschland durch eine ökologische Steuerreform endlich gesenkt und Energie-, Wasser- und Bodenverbräuche entsprechend teurer würden. Das wäre gut für die Umwelt, gut für die Arbeitsplätze und gut für das globale Klima.

- Eine Million zukunftsfähige Arbeitsplätze könnten geschaffen werden durch eine solare Energiewende, hat Eurosolar ausgerechnet – mit allen eben genannten Vorteilen.

- Eine weitere Million Arbeitsplätze könnten in Deutschland durch eine ökologische Verkehrswende, das heißt durch eine Verfünffachung des öffentlichen Verkehrs, entstehen. Vorteile siehe oben. Die Berechnung stammt vom Verkehrsplaner Professor Heiner Monheim an der Universität Trier.

- 500 000 neue Arbeitsplätze sind durch eine energetische Sanierung von über 16 Millionen Altbauten in Deutschland möglich, hat das Bundesbauministerium in Berlin ausgerechnet.

- Wenn Landwirte durch Produktion von Bioenergie Energiewirte werden und sich auf ökologischen Landbau umstellen, wird nicht nur das Bauernsterben gestoppt, sondern auch die Umwelt entlastet, und über 250 000 neue Arbeitsplätze werden in der deutschen Land- und Forstwirtschaft entstehen.

In der Altenbetreuung und bei der Bildung, beim Erlernen fremder Sprachen für die globalisierte Welt und im gesamten Dienstleistungsbereich brauchen wir künftig nicht weniger, sondern mehr Arbeitskräfte. Die heutige »Reform«-Debatte in den westeuropäischen Demokratien muss mehr werden als nur ein Streit um niedrigere Steuern. In vielen Konzernen gelten Massenentlassungen als unternehmerische Leistungen, weil sie die Aktien steigen lassen. Eine Perversion sozialer Marktwirtschaft.

Es ist einfach nicht wahr, dass es zur heutigen Massenarbeitslosigkeit keine Alternativen gibt. Auch hier gilt: Eine bessere Welt ist möglich. Und die ökologischen Vorteile sind Vorteile für die *ganze* Welt. Wenn künftig in den Industriestaaten Millionen neue Arbeitsplätze durch ökologische Produktion entstehen, werden auch in Dritte-Welt-Ländern durch nachhaltiges Wirtschaften Millionen neue Arbeitsplätze entstehen. Dezentrale Solar- und Windkraftwerke sind als sanfte Technologien gerade für die Dritte-Welt-Länder eher angebracht als zentralisierte

Großkraftwerke auf Kohle- oder Atombasis. Small ist nicht nur beautiful, sondern auch powerful. Solarpolitik ist moderne Sozialpolitik. Erneuerbare Energien werden auch in Dritte-Welt-Ländern wie Indien und China, Äthiopien und Brasilien immer populärer.

Entwicklung braucht Demokratie und Bildung

Eine Demokratie ist die beste Staatsform für eine gedeihliche Entwicklung von Wirtschaft und Gesellschaft. Es zeigt sich weltweit: Dort, wo »starke Männer« ohne ein gewähltes Parlament oder ohne Rücksicht auf Wähler herrschen, kann zwar auch – wie zum Beispiel in China – ökonomische Entwicklung stattfinden, aber dort, wo politische Entscheidungen diskutiert und begründet werden müssen – wie zum Beispiel in Indien –, kommen die ökonomischen Entwicklungen weit mehr Menschen zugute. Demokratie nützt Wirtschaft und Gesellschaft – auch wenn diese Erkenntnis vielen Marktfundamentalisten schwer fällt. Es ist seit etwa einem Jahrzehnt im neoliberalen Fieber geradezu schick, gegen den Staat und für noch mehr »Markt« zu sein. So etabliert sich immer offener eine demokratisch kaum noch legitimierte Technokratie, die im reinen Ökonomismus ohne jede Ordnungsvorstellung ihre neue Religion praktiziert und Entwicklungspolitik gar nicht ernst nimmt.

Das Schicksal der untergegangenen Sowjetunion hat gezeigt, dass ohne Demokratie langfristig auch die Wirtschaft nicht erfolgreich funktionieren kann. Am heute allseits gepriesenen Boomkontinent Asien könnte es sich als Nächstes erweisen, dass Demokratie auch der Wirtschaft nützt. Der große Vorteil Indiens gegenüber China ist seine gewachsene demokratische Kultur. Indien ist die größte Demokratie der Welt, China lediglich die größte Diktatur. Ausgerechnet die Neoliberalen verdrängen heute die langfristigen Vorteile einer liberalen Demokratie. Die größte Demokratie ist entwicklungsfähiger als die größte Diktatur.

In vielen Ländern in Nord und Süd, in Ost und West führt der neoliberale Marktdogmatismus zu einem Privatisierungsradikalismus, der Gemeinschafts- und Gemeindedemokratien schwächt. Die Privatisierung von Wasser in vielen Dritte-Welt-Ländern musste zum Glück für die betroffenen Länder – zum Beispiel in einigen Staaten Lateinamerikas – durch Druck von unten wieder korrigiert werden. Wasser, Luft und Wälder sind primär Gemeinschaftsgüter.

Ohne demokratische Strukturen kann der reine Ökonomismus rasch in Ineffizienz und Inkompetenz enden. Demokratie ist ein Standortvorteil und kein Standortnachteil. Lust und Sehnsucht nach Demokratie und Freiheit haben alle Menschen. Die Demokratisierung der Welt war mit dem Fall der Mauer 1989 nicht am Ende, sondern erst an ihrem Anfang.

2003 haben die Menschen in Georgien, 2004 die Ukrainer und 2005 die Menschen in Kirgisien die autoritären Regime in die Wüste geschickt, 2006 könnte in Kasachstan dasselbe passieren. Erstmals muss dort bei der Präsidentenwahl der Amtsinhaber die Opposition wirklich fürchten.

Freiheit und Demokratie sind weltweit auf dem Vormarsch. Früher befürchteten die USA den Dominoeffekt: Wenn ein Land kommunistisch wurde, bestand die Gefahr der kommunistischen Ansteckung bei anderen Ländern. Dieser Trend hat sich jetzt zugunsten der Freiheit und Demokratie umgekehrt. Demokratie und Freiheit erweisen sich als ansteckend. Allerdings: Viele Demokratien wollen sich in den Zeiten der Globalisierung von »sozialen Lasten« befreien und werfen dabei gleich den ganzen Sozialstaat weg. Die bisherige Stärke der Bundesrepublik Deutschland war die Balance zwischen wirtschaftlichem Erfolg und sozialem Ausgleich, die Chancengleichheit und die Balance zwischen Freiheit und Gerechtigkeit. Sozialer Ausgleich hat bei den Deutschen einen besonders hohen Stellenwert.

Chancengleichheit aber setzt einen starken Staat und eine funktionierende Demokratie voraus. Willy Brandts Vermächtnis: »Mehr Demokratie wagen« *und* Ludwig Erhards Traum vom »Wohlstand für alle« sind auch die Erfolgsgarantien künftiger sozial und demokratisch orientierter Gesellschaften – weltweit. Hinzu kommt heute freilich als dritte Säule die ökologische Dimension. Klaus Töpfer hat als erfolgreicher deutscher Umweltminister die Chancen einer ökosozialen Marktwirtschaft so vorgezeichnet: »Umweltschutz ist kein Arbeitsplatzkiller, sondern *der* Arbeitsplatzknüller im 21. Jahrhundert.« Die Krise der Massenarbeitslosigkeit und die ökologische Krise bieten dann eine Lösungschance, wenn beide Krisen zusammen in den Blick genommen werden. Nachhaltiges Wirtschaften ist künftig die Bedingung erfolgreichen Wirtschaftens und sozialen Ausgleichs. Die soziale Frage der Zukunft ist die ökologische Frage.

Was im kollektiven Gedächtnis Nachkriegsdeutschlands leider zu wenig verankert ist: Die Väter der sozialen Marktwirtschaft nach 1945, Walter Eucken, Ludwig Erhard, Franz Böhm und Wilhelm Röpke, waren werteorientiert. Es gab für sie Wichtigeres als schieres Wachstum und Vermehrung des Geldes. Sie wollten den Sozialstaat und nicht den Kapitalstaat. Der Ordoliberalismus der »Freiburger Schule« war inspiriert von der christlichen Sozialethik und der katholischen Soziallehre. Die »Freiburger Schule« stand seit 1941 im Widerstand zum Nationalsozialismus. Wirtschaft, Politik, Entwicklung und Freiheit gehörten untrennbar zusammen. Theologen der Bekennenden Kirche prägten die ordoliberale Schule um Walter Eucken mit.

Ökonomen, Juristen, Historiker und Theologen entwarfen während des Zweiten Weltkriegs die Philosophie der sozialen Marktwirtschaft. Inspiriert wurden sie von Widerstandskämpfern wie Dietrich Bonhoeffer und Carl Goerdeler und dem

Philosophen Edmund Husserl. Sie alle verstanden Marktwirtschaft in deutlicher Abgrenzung von der Herrschaft des Kapitals. Sie wollten einen starken Sozialstaat, der einen politischen Ordnungsrahmen für die Wirtschaft vorgab. Aber in der aktuellen »Geiz-ist-geil-Ära« kennen viele Menschen nur noch die Preise und vergessen die Werte.

Für unser Thema heißt das: Ohne sozialen und ökologischen Frieden keine wirkliche Freiheit. Eine sozial und ökologisch geordnete Marktwirtschaft bietet im noch jungen 21. Jahrhundert die humanste Vision für die Ent-wicklung der materiell heute noch armen Völker.

10 000 Schulen für Südafrika

Neben erneuerbaren Energien für die ökonomische Entwicklung und Demokratisierung zum Ausgestalten der gesellschaftlichen Freiheitsräume ist Bildung die dritte unerlässliche Säule jeder wirklichen Entwicklung. Der Hamburger Unternehmer Peter Krämer hat eine Vision. Er will bis 2009 im südlichen Afrika 10 000 Schulen bauen, »Lebensschulen«, sagt er. In Angola und Mosambik, in Ruanda und Simbabwe, in Südafrika und Malawi sollen zusätzlich Millionen Kinder Lesen, Schreiben und Rechnen, aber auch Aids-Prävention, gesunde Ernährung und Berufsvorbereitung lernen. Der reiche Reeder aus Hamburg hat sich von Nelson Mandelas Satz »Unsere tiefste Furcht ist, kraftvoll zu sein, jenseits aller Vorstellungen« anstecken lassen.

Peter Krämer will das scheinbar Unmögliche möglich machen und 50 Millionen US-Dollar sammeln. Er selbst spendet jährlich eine Million – das ist ein Ansporn für andere. Warum er das macht? »Man kann doch sein Leben nicht nur damit verbringen, immer noch mehr Geld zu verdienen.« Er macht es auch für sich selbst. Er hat einen Sinn für sein unternehmerisches Tun gesucht und gefunden. Der Mann hat Urvertrauen ins Leben und in den Erfolg seines Tuns.

Anfang 2004 hat Peter Krämer die »Hamburger Gesellschaft zur Förderung der Demokratie und des Völkerrechts e. V.« gegründet. Seine Schiffe nennt er »Nelson Mandela«, »Kofi Annan« und »Mahatma Gandhi«. Peter Krämer ist ein Global Player – er hat 33 Tanker auf allen Weltmeeren fahren. Jetzt arbeitet er nur noch vier Stunden pro Tag in seinem alten Beruf, acht Stunden für seine Schulen in Afrika (Infos: *www.schoolsforafrica.com*). Auch er ist überzeugt: Keine Entwicklung ohne Bildung.

Nicht nur Buddha und Jesus, Laotse und Mahatma Gandhi träumten von einer besseren Welt, sondern auch Marx und Rousseau, Kant und Adam Smith. Religion und Aufklärung, Mystik und Wissenschaft haben eine gerechtere Welt und einen lebensfreundlichen Umgang mit der Natur als Polarsterne der Geschichte gesehen.

Entwicklung in Afrika ist ebenso möglich wie ein eigener Palästinenserstaat oder Frieden zwischen Indien und China oder Freiheit für Tibet. (Drei der gefährlichsten Krisenherde unserer Zeit liegen im Einflussgebiet von Indien und China: Taiwan, Kaschmir und Korea.) Und mit den Erlösen aus arabischem Öl kann im Nahen Osten statt noch mehr Reichtum für die Scheichs Bildung, Entwicklung und Demokratie für die gesamte Region organisiert werden. Präsident Lula da Silva kann den Hunger in Brasilien überwinden, und eine solare Weltwirtschaft kann global das fossil-atomare Zeitalter ablösen. Und Gott wohlgefällig wäre das alles auch noch. Darauf könnten sich Christen und Atheisten, Humanisten, Juden und Moslems, Hindus und Buddhisten einigen. Wir haben weltweite Verantwortung füreinander.

Solarier aller Länder, vereinigt euch!

Die deutsche Politik muss entwicklungspolitisch ihre pubertäre Phase endlich verlassen und erwachsen werden. Das heißt: Sie muss endlich das einlösen, was seit 30 Jahren versprochen wird.

In der Bevölkerung gibt es dafür gute Voraussetzungen. Zwei Drittel aller Deutschen wollen keinen Brutalkapitalismus, der die Reichen immer reicher und die Armen immer ärmer macht. Die antikapitalistische Stimmung war im Frühjahr 2005 in Deutschland eindeutig – und zwar quer durch alle parteipolitischen Lager.

Zum Beispiel sagt der CDU-Bundestagsabgeordnete Gerald Weiß im Deutschen Bundestag: »Wenn Gier grenzenlos ist und die Rendite zum Goldenen Kalb wird, dann muss das angeprangert werden.« Oder der CSU-Bundestagsabgeordnete Horst Seehofer: »Die Kritik am neoliberalen Zeitgeist ist richtig. Die zentrale Frage ist: Gilt auch weiterhin das Ziel Wohlstand für alle, oder lautet das Motto künftig Armut für viele?«

Der SPD-Vorsitzende Franz Müntefering kritisiert das neoliberale Abstaubersystem: »Manche Finanzinvestoren verschwenden keinen Gedanken an die Menschen, deren Arbeitsplätze sie vernichten. Sie bleiben anonym, haben kein Gesicht, fallen wie Heuschreckenschwärme über Unternehmen her, grasen sie ab und ziehen weiter.« Norbert Blüm, 16 Jahre Arbeitsminister in der Regierungszeit von Helmut Kohl: »Wenn die Globalisierung zur Olympiade der Kostensenkung verkommt, dann können wir auch die Ausbeutung und die Kinderarbeit wieder einführen.«

Und alle diese Kritiker einer asozialen Globalisierung und asozialen Marktwirtschaft bekommen Recht von Papst Benedikt XVI: »Ich kündige hiermit das Bemühen aller Katholiken zur Zusammenarbeit an, um eine echte soziale Entwicklung auf der Welt zu erreichen, die die Würde des Einzelnen respektiert.« Alle Päpste der letzten 120 Jahre betonten den Vorrang der Arbeit vor dem Kapital. Am deutlichsten hat Johannes Paul II. diesen Vorrang in seiner Enzyklika »Laborem Exercens« klargestellt: »Die Würde des Menschen hat Vorrang vor dem Kapital. Die Arbeit soll dem Menschen dienen und nicht der Mensch der Arbeit.« Aber der real sich entwickelnde globale Kapitalismus gibt sich eher als ein Tanz um das Goldene Kalb der Aktienkurse. Und diese Kurse steigen umso rascher, je mehr ein Unternehmen Arbeiter entlässt und die Natur zerstört. Das ist Primitivkapitalismus, aber keine sozial-ökologische Marktwirtschaft.

Nach 15 Jahren Heilsversprechen der Globalisierer ist die Mehrheit der Deutschen nicht grundsätzlich gegen Globalisierung, aber für eine Globalisierung mit sozialem, ökologischem und menschlichem Gesicht. Unser Motto für eine bessere Welt könnte heißen: »Antikapitalisten aller Länder, vereinigt euch.«

Warum wehren sich auch weltweit immer mehr Menschen gegen den sich globalisierenden Kapitalismus? Der Kapitalismus total global gibt keine humane Antwort auf die Probleme unserer Zeit. Schon Erich Fromm hat in seinem Buch *Die Kunst des Liebens* darauf hingewiesen, dass der Verfall der Liebe auch eine Folge des kapitalistischen Wirtschaftssystems ist. Wenn Kapital über alles geht, dann entfernt sich der Mensch von sich selbst, von seinen Lieben und von der Natur. Zunehmende Angst, Einsamkeit und Unsicherheit sind die logischen Folgen einer immer liebloseren Wirtschaft und Gesellschaft. Kapitalismus wirft Menschen ebenso aus ihrer Balance wie Sozialismus, und Menschen ohne Balance verfehlen ihre Mitte. Wer aber seine Mitte nicht kennt, kann auch nicht lieben. Im April 2005 sagen bei einer Umfrage ein Drittel aller EU-Bürger, sie seien psychisch krank. Kosten der Psychoseuche: 360 Milliarden Euro pro Jahr.

Eine reife Liebe – politisch gesprochen: eine reife Solidarität mit den Schwachen und Armen – ist die Antwort auf die Probleme unserer Zeit. Das gilt im Privatleben, im Beruf, in der Gesellschaft wie in der politischen Gemeinschaft, selbstverständlich auch für die Weltgemeinschaft der *einen* Welt.

Der mittelalterliche Mystiker Meister Eckhart drückt das schlicht so aus: »Hast du dich selbst lieb, so hast du alle Menschen lieb wie dich selbst.« Und im Koran heißt dieselbe Erkenntnis: »Wenn du einem Menschen das Leben rettest, rettest du die ganze Welt.« Um diesen Zusammenhang von Selbstliebe und Nächstenliebe bis zur Feindesliebe bei Jesus zu verstehen, kann zum Beispiel die zen-buddhistische Praxis mit ihrer Übung der Achtsamkeit hilfreich sein, die auch der Dalai Lama bei seinen weltweiten Reisen immer wieder empfiehlt. Nur durch Achtsamkeit entgeht Liebe der Gleichgültigkeitsfalle. Das Gegenteil von Liebe ist nicht Hass, sondern Gleichgültigkeit. Hauptsächlich wegen unserer Gleichgültigkeit gibt es so viel Krankheit, Not und Elend in der Welt.

Das Geheimnis effizienter Liebe ist die Arbeit an ihrer Dynamik als einem Wachstumsprozess. Diese Liebe ist lernbar, und sie heilt – auch die heute noch vorhandenen Risse zwischen reicher und armer Welt. Denn Liebe ist die alles entscheidende Energiequelle – in uns und um uns.

Die Lieblosigkeit unserer Zeit ist so wenig ein Naturgesetz, wie Hunger und Armut es sind. Der Mut zur Liebe ist wohl die Voraussetzung jeder wirklichen Entwicklung. Mut zur Liebe ist in jedem von uns eingepflanzt. Die Frage bleibt, ob und wie wir diese Pflanze pflegen. Dieses Wissen und diese Erkenntnis befähigen uns, bis zum letzten Atemzug an einer besseren Welt zu arbeiten.

Die Zahl der Genießer und Gourmets in Industriestaaten und Schwellenländern wächst, aber ich habe in Afrika verhungernde Kinder gesehen, die nicht mehr die Kraft hatten, sich die Fliegen aus dem Gesicht zu wischen. Die Frage aller Fragen an eine bessere Welt heißt: Wie lässt sich Wohlstand organisieren, an dem *alle* teilhaben können? Oder auch: Wie lassen sich die Weltfinanzmärkte so kontrollieren, dass mit dem wachsenden Reichtum der einen den anderen nicht die Luft zum Atmen genommen wird? Schließlich ist das Recht auf Nahrung ein Menschenrecht seit 1966. Den internationalen Pakt über wirtschaftliche, soziale und kulturelle Rechte (»Sozialpakt«) haben 148 Staaten unterzeichnet, darunter Deutschland.

Hunger ist mehr als ein Entwicklungsproblem, er ist eine

Menschenrechtsverletzung. 840 Millionen Hungernde sind deshalb keine Bittsteller oder Almosenempfänger, sondern legitime Inhaber von Rechten.

Menschsein heißt, sich in Ungerechtigkeiten einzumischen. Mit der uns eingeborenen Kreativität können wir lernen, uns für eine bessere Welt einzusetzen. Kreativität ist das Göttliche in jeder und jedem von uns. Kreativität ist jene Kraft und Energie, die Gott und Mensch verbindet.

Man kann auch fragen, wie es die Attac-Aktivisten eindringlich tun: Wem gehört die Welt? Kümmern sich die internationalen Organisationen Weltbank, Internationaler Währungsfonds (IWF) und Welthandelsorganisation (WTO) ausreichend um Brot, Arbeit und Freiheit für alle? Oder schaden ihre Aktivitäten der Umwelt, den Frauen und der Jugend mehr, als sie ihnen nützen?

Tatsache ist,

- dass mit einer Milliarde Menschen noch nie so viele arbeitslos waren wie heute;
- dass 30 Millionen Aids-Infizierte von der internationalen Gemeinschaft beinahe abgeschrieben wurden;
- dass die modernen Kommunikationstechnologien durch digitale Gräben den Abstand zwischen Armen und Reichen zusätzlich vergrößern;
- dass die Weltwirtschaft seit 1980 um etwa 100 Prozent gewachsen ist, während in derselben Zeit die internationalen Aktienkurse um bis zu 1000 Prozent gestiegen sind. Das ist ökonomisch fauler Zauber und Ausbeutung zulasten von Hunderten Millionen Menschen.

Hinzu kommen Millionen Menschen, denen es materiell noch gut geht, die sich aber seelisch nicht gut fühlen, weil sie voller Angst und Sorge in die Zukunft blicken. Brauchen wir erst ein

Tschernobyl der Weltwirtschaft, um soziale und ökologische Rahmenbedingungen für eine sich weiter globalisierende Welt zu schaffen?

Weder die zehn Gebote noch die Bergpredigt noch die Aufklärung haben Auschwitz, Hiroshima oder Tschernobyl verhindert. Das alles war auch nicht Gottes, sondern unser menschliches Versagen. *Wir* müssen uns ändern, wenn es je eine bessere Welt geben soll. Alles andere ist Projektion, Verdrängen und Versagen. Wir haben seit der Aufklärung viel Wissen entwickelt, aber nur wenig Weisheit. Es gibt aber auch die andere Seite der Geschichte. Nur wenn wir uns Ziele setzen – wie zum Beispiel den globalen Marshallplan –, haben wir die Chance, diese Ziele auch zu erreichen. Auch hier gilt wieder der Satz, dass die Visionen von heute die Realitäten von morgen sein werden. Wir Menschen sind immer auf dem Weg der Menschwerdung:

- Als Jesus vor 2000 Jahren »Feindesliebe« als ein wichtiges politisches Programm predigte, wurde er dafür gekreuzigt. Heute orientieren sich Millionen von Menschen an diesem Programm und sind überzeugt, dass Pazifismus intelligenter ist als die alte Kriegspolitik.
- Noch vor 300 Jahren dachten die meisten Menschen, Sklaverei sei gottgegeben und unveränderbar – sie wurde überwunden.
- Noch vor 200 Jahren schienen Demokratie und Freiheit für die meisten Menschen ein unerfüllbarer Traum – die Hälfte der Menschheit ist ihm heute ein großes Stück näher gekommen.
- Noch vor 100 Jahren musste für das Frauenwahlrecht gekämpft und gestritten werden – heute ist es in den meisten Ländern selbstverständlich.
- Noch vor 70 Jahren konnte Franzosen und Deutschen einge-

trichtert werden: »Ihr seid Erbfeinde« und sie haben sich gegenseitig umgebracht – auch dieser Wahnsinn wurde besiegt.

- 1960 hat eine Frau in einem Dritte-Welt-Land im Durchschnitt sechs Kinder bekommen, heute drei.
- Noch vor 20 Jahren war man ein politischer Narr, wenn man die Spaltung Deutschlands für überwindbar hielt – wir haben sie überwunden.
- 1970 gab es erst 40 demokratisch gewählte Regierungen auf der Welt – heute sind es 120. Freiheit wirkt ansteckend. Die Bürger des wiedervereinigten Deutschland wissen diesen Fortschritt besonders zu schätzen.
- Als ich vor 15 Jahren in Fernsehsendungen und Büchern von der hundertprozentigen solaren Energiewende sprach, wurde ich ausgelacht. Heute propagieren sogar Ölkonzerne wie Shell und BP das Solarzeitalter. Es wird kommen. Und dadurch erhalten wir tatsächlich erstmals die Chance, den Hunger ins Museum der Geschichte zu verbannen.

So wie Gandhi im 20. Jahrhundert mit dem Symbol des Webstuhls und der Aufforderung »Kauft im eigenen Land, was ihr nicht vom Ausland kaufen müsst« die Freiheit Indiens gewaltfrei erkämpft hat, können im 21. Jahrhundert *alle* Menschen der Welt ihre Energie-Autarkie erkämpfen und die Fesseln der alten Energiewirtschaft sprengen. Energie-Autarkie und Energie-Autonomie sind die Bedingung für Freiheit, Frieden und Überwindung der Armut. Weg vom Öl und weg von der Atomenergie – hin zur Freiheit. Schluss mit der Herrschaft von Öl und Kapital – Solarier aller Länder, vereinigt euch!

Als im 19. Jahrhundert die Kinderarbeit abgeschafft und der Achtstundentag eingeführt werden sollte, wurde der Untergang des Abendlands beschworen. So ähnlich klingt es heute, wenn

Kohle-, Öl- und Atomlobbyisten den Durchbruch erneuerbarer Energien verhindern wollen. Klug beraten ist, wer sich rechtzeitig auf die Seite der Gewinner stellt – auf die Sonnenseite!

Als nächsten wichtigen Schritt auf dem Weg zur Menschwerdung des Menschen können und müssen wir weltweit Armut und Hunger überwinden. Dabei sind sowohl Entwicklungsländer wie auch Industriestaaten in der Pflicht. Die Bürger der reichen Länder werden in erster Linie dafür sorgen müssen, dass möglichst rasch die 0,7-Prozent-Versprechungen erfüllt werden, und die Bürger der Entwicklungsländer müssen dafür eintreten, dass in ihren Ländern Korruption wirkungsvoll bekämpft wird. Zudem müssen die Industriestaaten endlich Handelsschranken abbauen, hauptsächlich bei landwirtschaftlichen Produkten. Zwei Drittel der Ärmsten arbeiten in der Landwirtschaft. Aber die USA und die EU zerstören mit Milliardensubventionen für ihre landwirtschaftlichen Produkte die Lebensmittelmärkte in der Dritten Welt. Ländliche Entwicklung muss zum Zentrum aller Entwicklungspolitik werden.

Bisher haben die Regierungen in den knapp 200 Ländern unserer Welt zu wenig getan, um den Hunger zu beseitigen. Auf die falschen Versprechungen deutscher Regierungen wurde schon hingewiesen. Ähnliches gilt für die USA. Henry Kissinger hatte als US-Außenminister schon auf der Welternährungskonferenz 1974 erklärt: »In zehn Jahren wird kein Mann, keine Frau und kein Kind mehr hungrig zu Bett gehen.« Die UNO hat zwar Millenniumsziele erarbeitet, ist aber zu schwach, sie durchzusetzen. Wer also außer den Zivilgesellschaften sollte den Durchbruch schaffen?

Der Erfolg unseres Kampfes zur Überwindung des Hungers wird davon abhängen, ob wir uns selbst noch vorstellen können, was Hunger für einen Menschen bedeutet. Die Meditation über einen alten Text aus dem Alten Testament könnte dabei hilfreich sein: »Wenn man satt ist, soll man gleichwohl denken, dass man wieder hungern kann, und wenn man reich ist, soll man denken, dass man wieder arm werden kann« (Sirach 18, 25). Gott spricht in allen Religionen und Weisheitslehren und Kulturen zu uns.

Sind bei der Entwicklungshilfe wir, die Geberländer, wirklich die Gebenden? Seit langem haben wir den Armen das Tausendfache dessen genommen, was wir jetzt endlich – vielleicht – wieder zurückgeben. Nicht nur in der klassischen Kolonialzeit haben wir die Kolonien ökonomisch ausgebeutet. Wir erwirtschaften nach wie vor durch unsere den armen Ländern versperrten Landwirtschaftsmärkte Billionen Euro und Dollar an Superprofiten durch das Agrarbusiness. Menschen sterben nicht daran, dass sie zu wenig verdienen, sie sterben, weil sie keinen Zugang zu ihren eigenen Ressourcen haben.

Wenn in einem afrikanischen Dorf die Wasserqualität stimmt oder wenn in einem Himalajadorf die Bauern noch ihr eigenes Saatgut produzieren können, verhungert dort niemand. Die Bauern sterben aber, wenn sie privatisiertes Wasser von einem französischen Konzern für den zehnfachen Preis oder ihr Saatgut von einem US-Konzern kaufen müssen.

Wenn in Afrika ein Medikament plötzlich nicht mehr 200, sondern 2000 Dollar kostet, dann bedeutet diese Kostenexplosion zugunsten eines reichen Pharmakonzerns den Tod von Zehntausenden.

Zurzeit ziehen die reichen Industrieländer noch immer Jahr für Jahr etwa 500 Milliarden Dollar Gewinne aus dem armen Süden und Osten und »geben« zugleich etwa 50 Milliarden »Entwicklungshilfe«. Geberländer? »Die Armen finanzieren noch immer die Reichen«, sagt die Trägerin des Alternativen Nobelpreises, die Inderin Vandana Shiva. Wer will, dass Armut Geschichte wird, muss die Geschichte der Armut studieren. Vandana Shiva rechnet vor, dass zurzeit allein die indische Landwirtschaft pro Jahr 26 Milliarden Dollar durch Dumpingpreise und

Handelsliberalisierung verliert. Diese Art von Globalisierung ist brutal, unfair und ungerecht.

Man kann das Hungerproblem auch so benennen wie die Agrarwissenschaftlerin Elke Stumpf: »Wer keinen Hunger hat, hat viele Probleme. Wer Hunger hat, hat *ein* Problem.«

Die Zivilgesellschaften können und müssen weltweit zum Gewissen ihrer Regierungen werden. In der Geschichte konnten Veränderungen oben erreicht werden, wenn Menschen von unten dafür kämpften. Rosi Gollmann und Rupert Neudeck zeigen in den folgenden Kapiteln ganz konkret und praktisch, dass und wie die Vision »Wohlstand für alle« realisiert werden kann.

Rosi Gollmann

Praktische Entwicklungszusammenarbeit mit menschlichem Gesicht

»Aus dem Seebeben wurde ein Weltbeben« – den Katastrophen eine Zukunft abtrotzen

26. Dezember 2004: Ein Tsunami größten Ausmaßes sucht Südasien heim.

Wenige Tage danach war ich bei den so hart betroffenen Menschen an der Südostküste Indiens. In einem Bericht an unser Bonner Büro der Andheri-Hilfe gab ich meine tiefen, unvergesslichen Eindrücke wieder: *Ich war in der Hölle.*

2. Januar 2005: War es die 24., die 29. oder die 34. Indienreise während der mehr als 40 Jahre des Aufbaus und Bestehens der Andheri-Hilfe? Ich weiß es nicht, ich habe sie nicht gezählt. Das aber weiß ich sicher: Die Reise vom 22. Dezember 2004 bis zum 8. Januar 2005 war für mich die schwerste, die belastendste von allen. Sie wird tiefe Spuren in mir zurücklassen, die nie mehr zu verwischen sind.

Das Programm stand. Alles war bestens vorbereitet. Ich sollte zum fünften Mal innerhalb der letzten acht Jahre Franz Alt und sein TV-Team begleiten. Geplant war im Südosten Indiens (in Tamil Nadu) die filmische Dokumentation von CBR-Projekten (Community-Based Rehabilitation – auf Gemeinwesen basierende Rehabilitation von Menschen mit Behinderungen). Im Norden des Landes sollten die Situation von Leprakranken und ihre Hinführung zu einem neuen menschenwürdigen Leben im Rahmen von Andheri-Hilfe-Projekten gefilmt werden.

Ich war voller Freude und Erwartung. Aber alles kam anders: In der Frühe des 26. Dezember 2004 weckten uns in Bhubaneshwar (Hauptstadt des nordöstlichen Bundesstaates Orissa) heftige Erschütterungen aus dem Schlaf. Einige Stunden später erfuhren wir per Handy aus Deutschland von einem starken Seebeben, das Südasien heimgesucht habe, ahnten aber keineswegs dessen verheerende Ausmaße. Wir kürzten unseren Aufenthalt im Norden ab und waren einige Tage später am Ort des Geschehens.

Unbeschreibliche Zerstörung, Verwüstung an der sonst so friedlichen und zur Erholung einladenden Küste im Gebiet von Thanjavur im indischen Bundesstaat Tamil Nadu. Das Strandgebiet ist mit Schlamm überzogen. Hier und da lassen übrig gebliebene bunte Plastiktöpfe und Kleidungsfetzen ahnen, dass die Killerwelle hier ein ganzes Dorf begraben hat. Auf dem Mauerrest eines kleinen Tempels entdecken wir eine Uhr: Die Zeiger sind auf 8.55 Uhr stehen geblieben – dem Augenblick, da auch das Leben ungezählter Menschen »stehen blieb«.

Am Strand ist es einsam. Die Menschen, denen die Todeswelle das Leben ließ, sind geflohen. Wir sehen nur einige freiwillige Helfer, die sich der harten Aufgabe als Leichensammler stellen. Sie sind völlig erschöpft, physisch und psychisch. Heute, am fünften Tag nach der Katastrophe, haben sie wieder 29 Tote begraben, in einem Massengrab. Tief darf das Erdloch nicht sein: Das Wasser drängt von unten nach. Es muss schnell gehen, denn das Wasser hebt die Toten wieder an die Oberfläche. So schließen die Erdhügel nicht immer den ganzen Leichnam ein: Hier und da sehen wir Körperteile aus der aufgeworfenen Erde herausragen. Das Geräusch eines Baggers durchbricht die Stille. Man wälzt den Boden um – immer noch auf der Suche nach Vermissten. Der süßliche Leichengeruch dringt durch den Mundschutz, den wir der Infektionsgefahr wegen anlegen müssen.

Wir suchen das nächste Dorf auf, etwa hundert Meter von der Küste entfernt. Auch hier ist die Gewalt der Killerwelle unübersehbar. Einige Häuserreste sind übrig geblieben, aber die meisten Steine, ja ganze Wände, hat die Wucht des Wassers Hunderte von Metern weggeschleudert, wie von Geisterhand. Auch hier mehr Tod als Leben. Totenstille – buchstäblich – liegt über dem ehemaligen Dorf. Die Überlebenden haben die Flucht ergriffen – aus Angst vor dem Meer, das einst ihr Freund war, jetzt aber zu ihrem Feind wurde.

Wir treffen die Menschen in großen Auffanglagern. Hier hocken sie beieinander, Hunderte, Tausende. Sie gehören zu den 4000 Überlebenden von Vaillankanni, gleichzeitig aber zu den Trauernden um die 1000 Todesopfer des einst 5000 Einwohner zählenden, sowohl bei Christen wie Hindus beliebten Wallfahrtsortes. Was sie am Leibe tragen, ist ihr einziger Besitz. Zwar leisten die einheimischen Menschen von nah und fern, ungeachtet der Kaste und der Religion, erste Hilfe. Man schleppt und fährt Hilfsgüter an, stillt Hunger und Durst und sorgt für einen kleinen Platz zum Schlafen. Aber das Erlebte verfolgt die Betroffenen – bis in den Schlaf.

Wir sprechen mit den Menschen, die uns mit beredten Gesten ihre Geschichte erzählen, sich aus-sprechen wollen. Alle stehen noch unter dem Schock des Erlebten. »Das Meer, mit dem wir lebten, durch das wir lebten, rollte wie ein großes Ungeheuer auf uns zu, schneller als wir laufen konnten. Es hat viele unserer Familienangehörigen verschlungen, unsere ganze Habe vernichtet und damit gleichzeitig all unsere Hoffnung.« »Ich habe noch immer das furchtbare Rauschen dieser Welle in den Ohren. Nie mehr will ich zum Meer«, sagt uns eine Frau, deren Augen rot sind vom Weinen. Sie hat ihren Mann und eines ihrer Kinder verloren. Ein junger Mann hält sein neun Monate altes Baby fest umschlungen, als solle keine Macht der Welt ihm diesen letzten Besitz entreißen. Sechs seiner Angehörigen hat ihm der Tod geraubt. Seine Schwiegermutter konnte den Säugling noch halten, dem Vater in die Arme werfen und zurufen: »Lauf, rette ihn! Ich schaffe es nicht mehr!« Und er sah, wie die große Welle die gute Frau verschlang. Die sonst so viel Fröhlichkeit ausstrahlenden Kindergesichter sind unglaublich ernst. Ein kleines Mädchen von etwa vier Jahren ruft ständig nach seiner Mutter. Vergeblich: Sie ist tot.

Ich sitze mit Vertretern des Dorfes zusammen. Zwar ist die große Hilfsbereitschaft zur Sicherung des nackten Überlebens beispielhaft; aber wie soll es weitergehen? Die Menschen sind keine Bettler, und das Verteilen von Nahrung und Kleidung kann nur eine vorübergehende Maßnahme sein. Dann müssen sie selbst den Aufbau ihrer neuen Zukunft in die Hand nehmen. Und das wollen sie! Sie sind bereit, selbst alle Kräfte einzusetzen. Sie übernehmen es, ihre Ansprüche bei der indischen Regierung einzuklagen, zuallererst für ein neues Stück Land, einige hundert Meter vom jetzt so gefürchteten Meer entfernt. Dann – so versichere ich ihnen – werden die Andheri-Freunde an ihrer Seite stehen.

Laut schluchzend werfen sich vom Leid gezeichnete Frauen in meine Arme, eine sonst ungewöhnliche Geste – im krassen Gegensatz zu der noch wenige Tage vorher bei den Leprakranken erlebten Situation: Dort fiel man vor mir nieder und versuchte, meine Füße zu küssen. Schrecklich für mich – ich konnte gar nicht so schnell sein, sie wieder hochzuziehen, auf gleiche Augenhöhe mit mir. Am Ende unserer Besprechung beeindruckt mich die Aussage eines jungen Mannes: »Wir sind dankbar, dass ihr uns helfen wollt. Mehr aber noch danken wir, dass ihr unsere unendliche Trauer mit uns teilt. Das ist das größte Geschenk: Wir sind nicht allein.«

Aus den Erlebnissen und Gesprächen vor Ort erkenne ich als Herausforderung für die Menschen in Deutschland:

Unser Mitgefühl mit den so hart Betroffenen ruft uns auf zum Helfen und Teilen. Unser Respekt vor der Würde dieser Menschen fordert die Anerkennung ihrer Rechte, selbst Prioritäten zu setzen, ihre Pläne für ihre Zukunft und die ihrer Kinder selbst aufzustellen und umzusetzen. Unsere erfahrenen Partnerorganisationen vor Ort stehen ihnen dabei helfend und beratend zur Seite. Nur wenn alle einander die Hände reichen: die Überlebenden, die eigenen Landsleute, die indische Regierung und wir hier in Deutschland, nur dann gibt es ein Entrinnen aus dieser »Hölle«.

Die Welle der Hilfsbereitschaft

»Aus dem Seebeben wurde ein Weltbeben«, so kommentierte Franz Alt die in bisher unbekanntem Ausmaß einsetzende weltweite Hilfsbereitschaft. Allein die deutsche Bevölkerung spendete – trotz des »Geiz ist geil«-Slogans – mehr als 600 Millionen Euro, um den Tsunami-Opfern in den betroffenen südasiatischen Ländern zu helfen. Experten untersuchen dieses überraschende Phänomen, und auch mich lässt die Frage nach der Ursache für diese Hilfswelle nicht los:

Lag es an der Fülle der Medienberichte, welche die Katastrophensituation allgemein und die erschütternden Schicksale im Einzelnen in einer bisher nie da gewesenen Konzentration in Wort und Bild in unsere Wohnzimmer brachten? Waren es die ständig steigenden Zahlen der Todesopfer, die uns nach Barometermethode genannt wurden? Ob es 300 000 waren oder noch mehr – niemand kennt die Zahl genau! Hat der eine oder andere deutsche Spender – fernab von eigenen Sorgen, Problemen und Klagen – versucht, sich einmal in die Lage zu versetzen, *ihn* ganz persönlich hätte eine solche Killerwelle erreicht, er hätte selbst liebe Menschen, dazu sein Hab und Gut, tatsächlich alles verloren, er stehe vor dem absoluten Nichts? Oder wurde das Mitgefühl mit den Betroffenen vielleicht dadurch gefördert, dass auch westliche Touristen mitten in ihrem Urlaubsparadies dem Tsunami zum Opfer fielen (man sprach zu Anfang von ca. 1000, später von etwa 600 westlichen Opfern)?

Es wäre der Anbruch einer neuen Zeit, wenn durch diese jüngste furchtbare Katastrophe unsere Solidarität mit Menschen in allergrößter Existenznot gewachsen wäre: unsere Solidarität mit dem Ziel einer besseren gemeinsamen Welt. Oder existiert das Zwei-Klassen-Denken doch nach wie vor, wenn zum Beispiel in Peking und in anderen technisch hoch entwickelten Städten noch Wochen nach der Katastrophe Labors mit DNA-Analysen an »weißen« Todesopfern beschäftigt waren, die bis zu der drei Tage dauernden Untersuchung in Kühlhäusern aufbewahrt wurden? Es ging um die Feststellung der Identität der aufgefundenen Leichen – wohl verstanden, der Menschen aus westlichen Ländern, die beim Tsunami zu Tode kamen. Wer hätte kein Verständnis dafür, dass Familienangehörige in der Heimat Gewissheit über das Schicksal ihrer Vermissten haben wollen? Rechtliche und finanzielle Aspekte kommen hinzu: zum Beispiel im Todesfall in Kraft tretende Versicherungen, Renten- und Pensionssowie Erbschaftsansprüche für einige Hundert Touristen. Aber wie steht es um die Identifizierung der Hunderttausenden »farbiger« Toter, die für immer namenlos bleiben werden? Stehen nicht hinter *jedem* Todesopfer Menschen, denen es viel bedeutet, etwas über das Schicksal ihrer Angehörigen zu erfahren? Ich sah, wie Totengräber nicht zögerten, auch die entstelltesten Leichen noch zu fotografieren, bevor sie diese begruben oder verbrannten. Sie leisteten damit ihren schlichten Beitrag, um zahllosen unbekannten armen Tsunami-Opfern ihren Namen zurückzugeben. Vor den Fotos, die an den Innenwänden zentral gelegener Gebäude angebracht wurden, standen ständig Menschen, die ihre noch vermissten Angehörigen suchten.

Sind wir nicht doch noch weit entfernt von der einen Welt mit gleichen Rechten für *alle*? Und das vor dem unübersehbaren Hintergrund der Tatsache, dass die Flutwelle deshalb so unendlich viele Menschen in den Tod riss, so viel an Hab und Gut vernichtete, weil die weitaus größere Zahl der Opfer ihr schutzlos ausgeliefert war, ohne Frühwarnsystem und entsprechend zeitige Evakuierung, ohne Versicherungen oder gar Rücklagen –

stattdessen marginalisiert in armseligen Lebensumständen. Die am wenigsten besaßen, verloren am meisten: nämlich absolut alles.

Andheri-Hilfe unterstützt Tsunami-Opfer

Überall erlebten wir totale Hoffnungslosigkeit als Reaktion auf dieses Seebeben. Täglich gingen Notrufe bei uns ein, überwiegend seriöse, teils aber auch solche von »Trittbrettfahrern«, die sich vom großen Kuchen der Hilfsgelder ein Stück zu sichern versuchten. Andheri-Hilfe konzentriert sich mit ihren Hilfsmaßnahmen ausschließlich auf Partner und deren Dörfer, mit denen bereits eine Entwicklungszusammenarbeit besteht.

Die indische Regierung baut auf die einheimischen Organisationen, bespricht mit ihnen und mit den ausländischen Partnerorganisationen die Abdeckung der jeweiligen anstehenden Aufgaben. Hier sorgt der Staat für ein neues Grundstück – mehr landeinwärts und daher mehr Sicherheit versprechend –, dort übernimmt eine andere große ausländische Organisation den Hausbau, hier sagt Andheri-Hilfe schnelle Hilfe für Einkommen schaffende Maßnahmen zu, so zum Beispiel für die Wiederbeschaffung von Netzen und Booten. Auch hier gelten wieder gemeinsames Planen und flexibles Vorgehen: So wird etwa die Kapazität des Bootsbaues einer kleinen Werft durch eine Mittelzuweisung (teils als Zuschuss, teils als Darlehen) verdreifacht, damit die bootslosen Fischer bald wieder ihrer Tätigkeit zum Lebensunterhalt der Familie nachgehen können.

An anderen Stellen geht es besonders um Kinder und junge Menschen – obwohl wir formale Schulbildung in der Regel nicht zu unseren Aufgaben zählen. Zur Überwindung der Traumata müssen die Kinder – zusätzlich zu den besonderen Behandlungsmethoden gegen ihre Angst, ihre Schlaflosigkeit und schwerere Erscheinungsformen – bald wieder zu einem normalen Leben zurückfinden. Die berufliche Ausbildung junger Menschen muss weitergehen, damit die Jugendlichen nicht aufgeben und für immer zu ungelernten Hilfsarbeitern werden.

Hinzu kommen direkt nötige Gesundheitsmaßnahmen: zum Beispiel Untersuchung und Behandlung von 5000 Kindern. Die Killerwelle hat Fremdkörper wie Sand und Steine in ihren Ohren hinterlassen, die, nicht entfernt, Erkrankungen des Ohres, sogar lebenslange Hörschäden und selbst Taubheit bewirken können. Im Vertrauen auf unsere Andheri-Freunde, auf Gemeinden, Firmen und andere sammelnde Einrichtungen hier in Deutschland haben wir sogar den Wiederaufbau ganzer Dörfer – einschließlich Wasserversorgung, Schule usw. – in Aussicht gestellt.

Andheri-Hilfe eine Katastrophen-Hilfsorganisation?

Vom Grundsatz her nicht: Wir verstehen uns als Organisation der Entwicklungszusammenarbeit, wollen Menschen, die in Not und Armut leben, unter Hunger und Krankheit leiden, dazu ständig Ungerechtigkeit, Unterdrückung und Ausbeutung erfahren, in Solidarität die Hand reichen auf ihrem Weg in eine menschenwürdige Zukunft. Wenn wir uns diesen Menschen aber wirklich verbunden fühlen, können wir sie nach Katastrophen nicht allein lassen. Dies auch unter dem Gesichtspunkt, dass diese plötzlichen schweren Schicksalsschläge sie oft in ihrer gerade begonnenen Entwicklung wieder zurückwerfen, den erwarteten Erfolg der Armutsbekämpfung infrage stellen.

Die dringend notwendige Soforthilfe überlässt unsere Andheri-Hilfe in der Regel den dafür ausgerüsteten Katastrophen-Hilfsorganisationen, so die Versorgung mit Nahrungsmitteln und Medikamenten, die Errichtung von Notunterkünften usw., wie es zum Beispiel durch Rupert Neudeck mit seinem Team so spontan und unbürokratisch geschieht. Wenn sich solche Organisationen nach der von ihnen geleisteten wertvollen Arbeit wieder zurückziehen, dann setzt unsere mittel- und langfristige Hilfe ein. Wir sehen eine überaus wichtige Aufgabe darin, die

Menschen, die vier bis sechs Wochen von außen »versorgt« wurden, jetzt selbst aktiv einzubinden in den Aufbau ihrer Zukunft. Zu massive und zu lange währende Hilfsaktionen von außen stempeln die Betroffenen als Almosenempfänger ab, führen schnell zu einem »Hilfssyndrom«, das heißt, sie lähmen ihre eigenen Aktivitäten.

Eine ganze Liste von Katastrophen ließe sich aufstellen, von Überschwemmungen großen Ausmaßes, von Wirbelstürmen mit verheerender Wirkung oder von extremen Dürren, die in jüngster Zeit über unsere Partnerländer Indien und Bangladesch hereinbrachen. In jedem Fall haben wir mit unseren Partnerorganisationen vor Ort unverzüglich Planungen der mittel- und langfristigen Hilfe erstellt. Meistens ging es um die Wiederherstellung der verwüsteten Felder sowie um die Bereitstellung von Saatgut und Setzlingen zur Sicherung der nächsten Ernte. Gleichzeitig mussten Handwerkszeuge neu beschafft werden oder Fischerboote und Netze, um den betroffenen Menschen wieder zu Arbeit und Einkommen zu verhelfen.

In extremen Notfällen haben wir den Wiederaufbau zerstörter Häuser, mitunter ganzer Dörfer übernommen. So als im November 1977 eine verheerende Sturmflut in Südindien mehr als zwei Millionen Menschen obdachlos machte und 60 000 Todesopfer forderte. Unser SOS-Ruf an den damals noch kleinen Andheri-Spenderkreis erbrachte die hohe Summe von 400 000 DM. Sechs zerstörte Dörfer mit extrem armer Bevölkerung konnten wir wieder aufbauen.

Unvergesslich der Besuch eines dieser Dörfer in der Nähe von Kumbakonam: Manalmedu. Mit Zurückhaltung, ja fast ängstlich empfingen mich die Bewohner; vermutlich hatten sie nie zuvor einen Europäer gesehen, niemals hatten sich ihnen fremde Menschen in guter Absicht genähert. Seit Generationen wurden sie unterdrückt. Selbständiger Fischfang im nahen Fluss Cauvery war ihnen untersagt. Woher hätten sie auch das Geld nehmen sollen, die jährlich versteigerten Fischfangrechte zu erwerben? Die Rechte fielen immer nur den begüterten Landlords zu, in deren totale Abhängigkeit die Armen gerieten. Unsere erste »Katastrophenhilfe« für Manalmedu war die Ersteigerung von 16 km Fischfangrechten im Cauvery.

Ein Jahr später: Ich bin wieder in Manalmedu. Das Dorf ist nicht wiederzuerkennen. Auf beiden Seiten der neu angelegten Dorfstraße einfache, aber feste Steinhäuser, ringsum Gemüsegärten und Blumenschmuck. Überall sieht man Menschen bei der Arbeit: Die Männer fischen, die Frauen reparieren die Netze. Erstmalig in Manalmedu sitzen Kinder zum Unterricht zusammen. Mittel- und langfristige Katastrophenhilfe wird zur Entwicklungshilfe, zum Beginn neuen Lebens.

Juli 1979: Dieses Mal ist es eine extreme Dürre, die für die ohnedies arme Bevölkerung Bangladeschs durch Ernteausfall, Arbeitslosigkeit, Preisanstieg usw. eine ernste Lebensbedrohung bedeutet. Besonders Kinder und Frauen, alte und kranke Menschen sind von der Hungersnot bedroht. Stures Festhalten an aufgestellten Prinzipien einer Organisation wäre in einer solchen Situation unverantwortlich. Hier ist Flexibilität dringend gefragt, um ein so schreckliches Ausmaß an Opfern wie Jahre zuvor (1972) zu vermeiden: Damals überlebten nur 25 Prozent der Säuglinge die Katastrophe, und etwa 100 000 Kinder erblindeten infolge von Unterernährung und Vitaminmangel. Nach Absprache mit dem als überaus zuverlässig bekannten Partner »Caritas Bangladesch« bringt Andheri-Hilfe unverzüglich auf dem Luftweg 35 Tonnen speziell angeforderte Medikamente und auf dem Seeweg 75 Tonnen Baby- und Aufbaunahrung in die von Hunger und Epidemien bedrohten Gebiete Bangladeschs.

Ende Oktober 1999 tobt 30 Stunden lang ein in seiner Vernichtungskraft beispielloser Wirbelsturm über 14 Küstendistrikten des indischen Bundesstaates Orissa. Die westlichen Medien informieren nur kurz darüber. Die Kommunikation mit unseren Partnern vor Ort ist erst nach zwei Wochen wieder möglich. Die erste Anfrage: »Bitte, finanziert uns Kerosin!« – benötigt für die Verbrennung der mehr als 30 000 Todesopfer. Die Hilfe läuft nur schleppend und unkoordiniert an, obwohl acht Millionen Menschen Hab und Gut verloren haben. Unsere Andheri-Hilfe unterstützt gezielt ihre 161 betroffenen Partnerdörfer mit insgesamt 752 000 DM. Es geht vorwiegend darum, wieder Einkommensmöglichkeiten im landwirtschaftlichen und traditionell handwerklichen Bereich zu ermöglichen. Hinzu kommt die dringend notwendige Anleitung von Partnern und Dorfvertretern im Umgang mit dem Trauma, unter dem viele Menschen durch die erlebte 30 Stunden währende Todesangst leiden. Einer unserer Partner schreibt später in seinem Bericht von der »Sensibilität, mit der die Andheri-Hilfe auf die verheerende Notlage reagiert hat, und von beispielhaftem gemeinsamem Finden langfristiger Lösungen für die großen Probleme. Gleichzeitig wurde die wichtige Chance nicht aus den Augen verloren, die Menschen selbst intensiv einzubinden auf dem Weg in ein an Normalität grenzendes ›neues‹ Leben.«

Etwa ein Jahr später. Die teils schwer traumatisierten Menschen haben erkannt: Leben lohnt wieder! Sie führten mich zu ihren Feldern, auf denen es wieder grünt und blüht und Früchte wachsen. Auch die Kinder haben ihr Trauma weitgehend überwunden: Sie lachen wieder, Lähmungserscheinungen sind verschwunden, stumm gewordene Kinder haben ihre Sprache wiedergefunden.

2004: Wieder eine verheerende Flut in Bangladesch – Schicksal von fast kalendermäßiger Regelmäßigkeit für dieses Land, das zu den ärmsten der Welt gehört. Nach Absprache mit den Partnern vor Ort wird dieses Mal eine andere Form der Hilfe für 5000 besonders schwer betroffene Familien gewählt. Über die Partnerorganisationen stellt Andheri-Hilfe zinslose Darlehen zur Verfügung, um Arbeits- und Einkommensmöglichkeiten wieder aufzubauen. Nach vier Monaten beginnt für die Kreditnehmer die Rückzahlung, die nach einem Jahr abgeschlossen sein wird. Ein, wie sich abzeichnet, sehr erfolgreicher neuer Ansatz: Mit diesen Krediten können die Betroffenen ihren »Wiederaufbau« schnell selbst in die Hand nehmen. Sie werden nicht zu abhängigen Almosenempfängern. Die zurückgezahlten Darlehen stehen wieder für die Gemeinwesenarbeit zur Verfügung; ein Teil dient als Rücklage für sich wiederholende Katastrophen.

Wir haben gelernt: In Katastrophensituationen mit ihren verheerenden Auswirkungen gilt es, die Hoffnung nicht sterben zu lassen. Sie sind trotz ihrer Unausweichlichkeit und Härte gleichzeitig Chance und Aufforderung, durch gemeinsamen Einsatz den Katastrophen eine Zukunft abzutrotzen – hin zu einer besseren Welt.

Auf der Suche nach einer besseren Welt – ein Streifzug durch die Geschichte

Sie wachsen wie Pilze aus dem Boden – und das nicht nur nach Katastrophen –, die neu gegründeten Aktionsgruppen und Hilfsorganisationen, die das harte Leben der Armen verbessern wollen. Dazu Eine-Welt-Bewegungen mit konkreten Forderungen an die Politiker, teils sogar weltweit.

Eine der bekanntesten Gruppen ist der immer größer werdende Kreis um den globalen Marshallplan, der mit seinen weit reichenden Thesen zurzeit reges Interesse und Zustimmung findet.

Aber hat man etwa jetzt erst die dringende Notwendigkeit erkannt, sich aktiv, gezielt und umfassend für eine bessere Welt einzusetzen? Sind wir plötzlich bessere Menschen geworden, die verantwortlich an solche denken, die auf der Schattenseite des Lebens stehen? Oder spüren wir, dass es fünf Minuten vor zwölf ist, dass uns das Wasser bis zum Hals steht, dass es nur *eine* Welt oder keine Welt gibt?

Ohne Zweifel ist dieses Bemühen um eine bessere Welt nicht neu. Seit Jahrhunderten, ja Jahrtausenden, gibt es Versuche und Schritte in diese Richtung. Das zeigt ein Blick zurück in die Geschichte, der keineswegs als eine umfassende historische Studie gedacht ist, sondern nur einige bemerkenswerte Beispiele aufzeigen will – teils mit negativem, teils mit positivem Ausgang.

Schon in der europäischen Antike finden wir Vorstellungen von einem guten Gemeinwesen. Aber sie beziehen sich auf die eigene *Polis*, das eigene Staatswesen. Man schließt zwar die *Ökumene* (griechisch »die bewohnte Erde«) nicht aus, aber damit ist nur der Geltungsbereich der hellenistischen Zivilisation gemeint, später das *Imperium Romanum*. Die Fremden draußen, die *Barbaren*, zählt man nicht zur Ökumene, nicht zur Menschheit. Sie dürfen versklavt werden, haben sich den römischen »Weltbürgern« zu unterwerfen.

Bis etwa ins 18. Jahrhundert hinein gilt für die europäischen Kulturen, ebenso wie für die anderen Hochkulturen der Erde, zum Beispiel für das chinesische Reich: Welt ist lediglich die jeweilige eigene geschichtliche, sinngeordnete Welt, und die Weltordnung gilt nur für sie. Eine solche universal gemeinte und letztlich doch eingeschränkte Weltauffassung wird noch verstärkt durch die enge Verbindung der staatlichen Mächte zu den Weltreligionen der verschiedenen Reiche; zumal jede dieser Weltreligionen mit dem Anspruch auftritt, auch in Bezug auf die Ordnung des menschlichen Gemeinwesens die einzige, höchste und endgültige Wahrheit zu offenbaren. Das Christentum mit seiner Aufforderung zur umfassenden Liebe zu Freund und Feind nimmt hier sicher einen besonderen Platz ein.

Im 16. Jahrhundert erarbeitet der Engländer Thomas Morus das Ideal eines guten Gemeinwesens, das er bezeichnenderweise auf eine »Insel Nirgendwo« verlegt. Er greift damit die Idee Platons (4. Jh. vor Chr.) auf, der den tatsächlichen staatlichen Zuständen seiner Zeit in seiner *Politeia* das Ideal eines besseren Gemeinwesens gegenübergestellt hatte.

In der Folgezeit verirrt man sich bei der Suche nach einer besseren Welt immer wieder in sozialutopische Entwürfe. Weltendzeitstimmungen und später »rationale« Konzepte der Aufklärung finden ihre Fortsetzung in Prognosen des historischen Materialismus. Die künftige gerechtere Gesellschaftsordnung leitet man aus angeblich historischen Gesetzmäßigkeiten ab. Die Verwirklichung solcher Entwürfe für eine bessere Welt, zum Beispiel durch die Wiedertäuferbewegung oder den totalitären Kommunismus, hat schreckliche Auswüchse von Menschenverachtung zur Folge gehabt.

Das Zeitalter der Entdeckungen und die folgende Kolonialzeit stellen eine besondere Herausforderung für die Verwirklichung einer guten Weltordnung dar. Ein Beispiel: Wohl bei keiner anderen europäischen Kolonialmacht wurden die Richtlinien für eine gute globale Ordnung so lebhaft von Staatsrechtlern und Theologen diskutiert wie in Spanien. Aber um einen Rechtstitel für die kriegerische Unterwerfung der Indianer zu gewinnen, waren die Indianer zuvor verteufelt worden, hatte man ihnen sogar abgesprochen, menschliche Wesen zu sein. Diesen Tendenzen traten Theologen und 1537 auch Papst Paul III. strikt entgegen: Die Indianer seien »wirkliche Menschen« und könnten frei über sich und ihr Eigentum verfügen. Die Versklavung in so genannten »gerechten Kriegen« wurde eingestellt. Aber trotz einer für die damalige Zeit mustergültigen Rechtsordnung nahm die Kolonisation in Wirklichkeit einen schrecklichen Verlauf. So lebten etwa in Mexiko vor der Ankunft der Spanier ca. 25 Millionen Indianer, 1568 waren es nur noch ca. 3 Millionen.

Erst im 19. Jahrhundert kommt es durch die Emanzipationsbewegung der Industriearbeiterschaft und das Aufkommen der »sozialen Frage« zu den ersten nachhaltig erfolgreichen Bemühungen um eine gerechtere Gesellschaftsordnung. Die Arbeiterbewegung organisiert sich in Gewerkschaften und in sozialdemokratischen Parteien. So vereint, bewirkt sie wesentliche wirtschaftliche und gesellschaftliche Reformen. Seit dem 2. Vatikanischen Konzil öffnet sich auch die katholische Kirche in ihrer Soziallehre sehr bewusst dem interdisziplinären Dialog. Die gleiche Öffnung für soziale Fragen findet sich auf evangelischer Seite zum Beispiel in der Gründung der Inneren Mission (1848), der Vorläuferorganisation des Diakonischen Werkes. Dem sozial engagierten Liberalen Friedrich Naumann (1860–1919) kommt hier besondere Bedeutung zu.

Nach dem Zweiten Weltkrieg weitet sich die soziale Frage auf die ganze Menschheit aus. Einen wichtigen Schritt in Richtung auf eine friedliche Zusammenarbeit in der einen Welt bedeutet 1945 die Gründung der Vereinten Nationen. 1948 erkannten sie in ihrer *Allgemeinen Erklärung der Menschenrechte* »die angeborene Würde … aller Mitglieder der Gemeinschaft der Menschen« an (Präambel): Jeder habe Anspruch darauf, »in den Genuss der wirtschaftlichen, sozialen und kulturellen Rechte zu gelangen, die für seine Würde und die freie Entfaltung seiner Persönlichkeit unentbehrlich sind« (Art. 22). Zu den Menschenrechten zählen das Recht auf Arbeit (Art. 23), das Recht auf einen Lebensstandard, der jedem Menschen und seiner Familie Gesundheit und Wohl gewährleistet, einschließlich Nahrung, Kleidung, Wohnung, ärztlicher Versorgung und notwendiger sozialer Leistungen (Art. 25), sowie das Recht auf Bildung, die auf die volle Entfaltung der menschlichen Persönlichkeit gerichtet sein soll (Art. 26). Durch regionale und internationale Erklärungen (z. B. durch die Europäische Menschenrechtskonvention von 1950) wurden diese Proklamationen zu bindendem Recht.

Es war im Jahr 1981, als die Generalversammlung der Vereinten Nationen das »Recht auf Entwicklung« proklamierte, das die »Entfaltung der menschlichen Person im Einklang mit der Gemeinschaft« zum Gegenstand hat. Internationale Organisationen und entwicklungsorientierte Konventionen mühen sich um die verbindliche Umsetzung dieses Menschenrechts – mit mehr oder weniger Erfolg.

Mit den Sozialenzykliken Papst Johannes XXIII. »Mater et Magistra« (1961) und »Pacem in terris« (1963) sowie in den Dokumenten des 2. Vatikanischen Konzils wendet sich auch die katholische Kirche mit großer Entschiedenheit den zu ordnenden Problemen in der einen Welt zu. So heißt es in »Mater et Magistra«:

> Wenn nun die wechselseitigen Beziehungen der Menschen in allen Teilen der Welt heute so eng geworden sind, dass sie sich gleichsam als Bewohner ein und desselben Hauses vorkommen, dann dürfen die Völker, die mit Reichtum und Überfluss gesättigt sind, die Lage jener anderen Völker nicht vergessen, deren Angehörige mit so großen inneren Schwierigkeiten zu kämpfen haben, dass sie vor Elend und Hunger fast zugrunde gehen und nicht in angemessener Weise in den Genuss der wesentlichen Menschenrechte kommen.

Es ist beachtenswert, dass der Weltkirchenrat der protestantischen Kirchen 1958 erstmals einen Richtwert von einem Prozent des Volkseinkommens der Industriestaaten als Maß für deren finanzielle Hilfeleistung an die Entwicklungsländer empfiehlt.

Schon nach dem Ersten Weltkrieg entstanden in Industrieländern Gruppen und Organisationen, die sich der Nothilfe vor allem in kriegszerstörten Gebieten und in Armutsregionen widmeten (z. B. Caritas-Verbände). Diese Bewegung verstärkte sich ganz wesentlich nach dem Zweiten Weltkrieg (z. B. »CARE«). Bahnbrechend waren die großen kirchlichen Hilfswerke: in Deutschland auf katholischer Seite »Misereor« (1958), auf evangelischer Seite »Brot für die Welt« (1959), und das noch ehe staatliche Ressorts mit der Aufgabe der »Entwicklungshilfe« eingerichtet wurden, z. B. Gründung des deutschen Bundesministeriums für wirtschaftliche Zusammenarbeit (später: und Entwicklung) 1961.

Ende der Fünfziger- und in den Sechzigerjahren traten die entwicklungspolitischen Aktivitäten intensiv in den Brennpunkt: Eine Vielzahl so genannter Nichtregierungsorganisationen – NRO – (engl. NGO – »Non-Governmental Organisations«) entsteht, und zwar mit jeweils unterschiedlichen regionalen und sektoralen Schwerpunkten: zum Beispiel Welthungerhilfe, Deutsches Aussätzigen-Hilfswerk, Kindernothilfe, Terre des Hommes und 1967 auch die Andheri-Hilfe. In Zusammenarbeit mit ihren Partnerorganisationen in den Entwicklungsländern tragen sie entscheidend zur Mobilisierung von Eigeninitiative und Selbsthilfe armer und unterprivilegierter Bevölkerungsgruppen bei. Eine bedeutende weitere Aufgabe der NGOs ist die entwicklungspolitische Bildungsarbeit in der Bundesrepublik Deutschland: Sie wecken Verständnis für die Probleme der Entwicklungsländer, für die Aufgaben der Entwicklungszusammenarbeit und – ganz entscheidend – für notwendige Verhaltensänderungen bei uns.

Auch die politischen Stiftungen der deutschen Parteien leisten einen wesentlichen Beitrag durch die Förderung gesellschaftlicher Gruppierungen in den Entwicklungsländern mit dem Ziel der Bildung von demokratischen Strukturen.

Der Gründung von NGOs in den Industriestaaten entspricht in vielen Entwicklungsländern das Entstehen einer breiten Palette von Selbsthilfeorganisationen, und zwar von Basisgruppen über Netzwerke bis hin zu nationalen Zusammenschlüssen. Eine wichtige vielgliedrige Zivilgesellschaft entsteht. Neben den nationalen christlichen Kirchen nehmen sich zahlreiche regional oder fachlich spezialisierte Organisationen besonders der Anliegen armer und unterprivilegierter Bevölkerungsgruppen ihrer Heimatländer an und vertreten entschieden deren Interessen. Die NGOs des Nordens bieten diesen einheimischen NGOs des Südens ihre Hilfe an. Ohne diese Zusammenarbeit der Organisationen in den Industrieländern mit inländischen Projektträgern bzw. einheimischen Durchführungsorganisationen in den Entwicklungsländern wären die eigentlichen Zielgruppen, die Armen, nicht zu erreichen. Diese Kooperation trägt ferner wesentlich bei zu einem fruchtbaren arbeitsteiligen Miteinander von NGOs und Regierungen der Entwicklungsländer sowie von NGOs und ihren Regierungen in den Industriestaaten.

In den Sechzigerjahren kommt es zu einem weiteren Aufbruch: Die Auswirkungen der Umweltverschmutzung und die Grenzen natürlicher Rohstoffvorkommen sind nicht mehr zu übersehen und rücken auch die Wechselbeziehungen zwischen dem Menschen und seiner natürlichen Umwelt in den Blick. Dies bedeutet ein Abrücken von anthropozentrisch beschränkten Regeln hin zu einer Verantwortung für die Welt als Ganzes. Langsam wächst eine Art »Partnerschaft mit der Natur«. Als unumgänglich notwendiges Ziel geht es um wirksamen Ressourcen- und Umweltschutz.

Den neuesten Stand internationaler Konzepte für eine bessere Welt für alle stellen die »Millennium-Entwicklungsziele« der Vereinten Nationen dar. Sie wurden in den Neunzigerjahren auf internationalen Konferenzen erarbeitet und mit Organisationen wie der Weltbank, dem Internationalen Währungsfond, der OECD und den UN-Sonderorganisationen abgestimmt. Im September 2000 wurde diese »Millennium Declaration« durch alle Mitgliedsstaaten einstimmig beschlossen. Diese Ziele haben die entschiedene Reduzierung der Armut in jeder Form zum Inhalt. Bis zum Jahre 2015 sollen acht Oberziele (»goals«) erreicht werden. Ihnen sind 17 Unterziele (»targets«) zugeordnet und mit 48 Indikatoren (»indicators«) für ihre Verwirklichung versehen:

1. Extreme Armut und Hunger beseitigen
2. Grundschulausbildung für alle Kinder gewährleisten
3. Gleichstellung und größeren Einfluss der Frauen fördern
4. Die Kindersterblichkeit senken
5. Die Gesundheit der Mütter verbessern
6. HIV-Aids, Malaria und andere Krankheiten bekämpfen
7. Eine nachhaltige Umwelt gewährleisten
8. Eine globale Partnerschaft im Dienst der Entwicklung schaffen

Das letzte Ziel hat unter anderem auch ein offenes, nicht diskriminierendes Welthandels- und -finanzsystem sowie einen Schuldenerlass zum Inhalt.

Große Hoffnungen brechen auf, dass die konkrete Verwirklichung dieser Millenniumsziele auf breiter internationaler Ebene der Weg in eine bessere Welt sein wird. Manches ist zwar geschehen, aber von der Erreichung der aufgestellten Ziele sind wir leider noch sehr weit entfernt. Es fehlt die entscheidende Durchschlagskraft. Und an uns liegt es, die Verantwortlichen immer wieder in die Pflicht zu nehmen, uns dabei aber selbst nicht auszuschließen. Der verstorbene Papst Johannes Paul II. wurde wie kaum ein anderer nie müde, die Botschaft der weltweiten Verantwortung immer wieder zu verkünden und zu fordern, ob »gelegen oder ungelegen«.

Unser Blick in die Geschichte hat ohne Zweifel sowohl Fehlschritte wie Fortschritte auf dem Weg zu einer besseren Welt aufgezeigt. Heute wissen wir es alle, und keiner kommt mehr an dieser Tatsache vorbei: Die Welt ist kleiner und verletzlicher geworden. Brauchbare Entwürfe für die Verwirklichung einer besseren Welt für alle liegen vor. Entscheidend ist aber die Umsetzung – und die hängt von uns allen ab, von jedem Einzelnen.

Geben wir die Hoffnung nicht auf, denn »erst wo Hoffnung für die anderen mithofft, wo sie also unversehens die Gestalt und die Bewegung der Liebe ... annimmt, hört sie auf, klein und ängstlich zu sein und verheißungslos unseren Egoismus zu spiegeln« (»Unsere Hoffnung«, Beschluss der Gemeinsamen Synode, Würzburg 1975).

Der globale Marshallplan – ein Weg zu einer besseren Welt?

Ob es ein Datum ist, das später als Wendepunkt in die Weltgeschichte eingeht? Am 11. Oktober 2003 machte dieser Plan mit dem Ziel »einer neuen Art von Wirtschaftswunder für die ganze Welt« den offiziellen Schritt in die Öffentlichkeit in der so genannten »Stuttgarter Erklärung«. Inzwischen haben sich dieser Initiative zahlreiche Vertreter und Persönlichkeiten aus Wirtschaft, Politik und Wissenschaft sowie aus dem Medienbereich und aus den Reihen der Nichtregierungsorganisationen angeschlossen. Gemeinsam wollen sie sich »für die Umsetzung eines umfassenden und effektiven globalen ökosozialen Entwicklungsplanes einsetzen«. Da Franz Alt im ersten Teil dieses Buches die Entstehung und die Ziele des globalen Marshallplans schon dargestellt hat, möchte ich mich hier auf einige persönliche Erläuterungen und weiterführende Denkanstöße beschränken. Ziel des Plans ist es, weltweit Wirtschaft, Zivilgesellschaft und Politik für eine neue Ära der Zusammenarbeit zu gewinnen, die globale Sicherheit, Frieden und Wohlstand für alle Menschen schafft. Das erfolgreiche europäische Modell der »ökosozialen Marktwirtschaft« wird für einen besonders klugen und effizienten Weg zu einer weltweit sozial und ökologisch nachhaltigen Entwicklung gehalten. Dass diese Initiative zur globalen Förderung eines solchen Erfolgsmodells vorwiegend eine europäische ist, würde – davon geht man aus – ohne jeden Zweifel das Ansehen Europas auf Jahrzehnte hinaus stärken.

Als Verfechter dieses bahnbrechenden neuen »Marshallplans« für eine bessere Welt dürfen wir nicht vergessen, dass die Situation des historischen Marshallplans 1947 eine total andere war als heute: Deutschland lag zwar wirtschaftlich danieder, aber es ging um ein Volk mit wesentlich besseren Voraussetzungen für den Wiederaufbau – und das nicht nur im Hinblick auf die gesamte Struktur des Landes, das Bildungsniveau usw. Der globale Marshallplan dagegen wendet sich heute an Länder, an Menschen, denen diese Voraussetzungen weithin noch fehlen.

Auch auf eine andere Gefahr möchte ich hinweisen: Zwar ist Entwicklungspolitik gleichzeitig immer Innenpolitik. Die Welt ist nun einmal ein Ganzes, und immer mehr wirken sich Höhen und Tiefen, Erfolge und Misserfolge im Süden oder im Osten auf beide wirtschaftlich noch so ungleichen Weltteile aus. Wir müssen uns aber davor hüten, dass sich unter dem erklärten Ziel einer besseren Welt dennoch Eigeninteressen unserer Industrieländer verstecken – weil wir nun einmal die Initiatoren und dazu die Stärkeren sind. Nie zuvor hat unser materieller Wohlstand einen größeren Zuwachs erfahren als im vergangenen Jahrhundert (und das zum großen Teil zulasten der Länder des Südens). Wir klammern uns nun an diesen erreichten Lebensstandard. Deshalb macht sich bei uns in den letzten Jahren immer mehr die Angst vor der Zukunft breit: eine allgemeine Unsicherheit und Politikverdrossenheit, die Sorge um den Arbeitsplatz durch die Abwanderung großer Firmen bzw. die Verlagerung der Aufträge in Entwicklungsländer, wo man gern für geringen Lohn arbeitet. Das Gleiche gilt für die Beschäftigung billiger ausländischer Arbeitskräfte hier bei uns.

Unübersehbar aber ist: Unseren Ängsten stehen in vielen Ländern der Welt wesentlich schwierigere Bedingungen gegenüber. Weltweit gesehen sank das Wirtschaftswachstum von einem Wert von 3,6 Prozent, den es noch in den Sechzigerjahren hatte, auf unter 1,2 Prozent. Zurzeit müssen über zwei Milliarden Menschen von weniger als zwei Dollar pro Tag leben, die meisten von ihnen von nur einem Dollar! Immer wieder müssen wir uns diese Zahlen vor Augen führen, denn etwa 26 000 Menschen sterben *täglich* in den Entwicklungsländern an der Armut und ihren Folgen.

Ein globaler Marshallplan kann und darf daher nur eine bessere Welt für *alle* bringen, muss eine chancengleiche Welt zum Ziel haben, eine gerechtere, lebenswertere Welt für alle. Wir müssen uns vor der Gefahr hüten, einen zu erwartenden Nutzen des globalen Marshallplans in erster Linie etwa für uns selbst anzustreben.

Der Bedarf an finanziellen Mitteln für die Verwirklichung dieses Plans wurde auf rund 105 Milliarden Dollar für den Zeitraum eines Jahres berechnet. Wenn man berücksichtigt, dass der jährliche Militäretat allein der Vereinigten Staaten mehr als 400 Milliarden Dollar umfasst, erscheint der gesamte Finanzrahmen durchaus realisierbar. Geld ist wichtig, aber Geld allein kann die Welt nicht verändern. Als eine kleine Organisation der Entwicklungszusammenarbeit erleben wir Tag für Tag, was durch den Einsatz von verhältnismäßig geringen Mitteln möglich ist, wenn die Armen selbst zu fähigen Partnern werden.

Es geht um weit mehr als um die Finanzierung: Wichtig sind die Inhalte und ihre Umsetzung. Aus meiner mehr als vierzigjährigen Erfahrung in der entwicklungspolitischen Zusammenarbeit, speziell in Indien und Bangladesch erscheinen mir folgende Fragen und Anregungen zur Planung und Umsetzung des globalen Marshallplans bedenkenswert:

- Lässt die Bezeichnung »Plan« nicht befürchten, dass man *für* die Armen und Entrechteten oder gar *über* sie – also *ohne* sie – plant? Auf keinen Fall darf den Armen ein Plan übergestülpt werden, zu dem sie nicht befragt werden und an dem sie nicht mitgearbeitet haben. Wenn es um eine bessere Welt gehen soll, müssen sie als gleichwertige und gleichberechtigte Partner mit ins Boot genommen werden.

- Alle Kräfte müssen eingesetzt werden, damit die Armen die Chance haben, aktionsfähige Partner zu sein. Wenn das nicht geschieht, unterscheiden sich unsere noch so ernst gemeinten Bemühungen nicht von denen der Kolonialzeit, und es drohen Folgen, die den heute noch spürbaren Auswirkungen in den ehemaligen Kolonialländern entsprechen würden.

- Bei der Aufstellung der Beratungsgremien muss unbedingt gewährleistet sein, dass sich alle Akteure und Teile der Weltgesellschaft, auch die politisch und ökologisch schwächeren, darin konstruktiv wiederfinden. Es geht also nicht nur um die Einbeziehung der politischen Vertreter der Entwicklungsländer: Die Stimme der Armen selbst muss gehört werden. Sie kennen ihre Probleme am besten und wissen um erfolgversprechende Lösungsansätze. Ihre Vermittler können auch – wie es die globale Marshallplan-Initiative vorsieht – »Nichtregierungsorganisationen der globalen Zivilgesellschaft« sein.

- Es wirkt bedenklich, wenn im Zusammenhang mit den erstellten Plänen von »Geber-« und »Nehmerländern« die Rede ist. Friede und Wohlstand können weltweit nur gesichert werden, wenn wir uns und die Armen auf einer Stufe sehen, mit ihnen auf gleicher Augenhöhe.

- Dies aber bedeutet zweifellos, dass zuerst bei uns eine Umorientierung erfolgen muss – weg vom Schubladen-Denken »unten« und »oben«: Erforderlich ist die unbedingte Wertschätzung der Menschen, die ohne eigene Schuld auf der Schattenseite des Lebens stehen, vor allem Respekt vor der auch ihnen eigenen Würde.

- Dabei sollten die bisher geleisteten positiven Erfahrungen und Vorarbeiten von Zusammenschlüssen, Organisationen und Aktionen aller Art aufgegriffen und genutzt werden. Es kann nicht um einen einmal festgelegten Plan gehen, sondern bereits Begonnenes und Erreichtes muss offen und kontinuierlich fortentwickelt werden.

- Eine weitere unerlässliche Bedingung ist die Sicherung der rechtlichen Situation der Armen. Die besten Gesetze nützen nichts, wenn keine Garantie zu ihrer Durchführung und Einhaltung gegeben ist.

- Und nicht zuletzt geht es um Nachhaltigkeit. Zwar wurde dieser Begriff kürzlich als »Unwort des Jahres« vorgeschlagen, aber meines Erachtens kann er gar nicht oft genug genannt werden, wenn wir eine bessere Welt anstreben: Hilfe auf eine eigenständige Zukunft hin.

Diese Überlegungen sollen unterstreichen, dass es beim globalen Marshallplan um gleiche Rechte für alle gehen muss, um unbedingte Verringerung der immer noch zunehmenden Kluft zwischen Arm und Reich, zwischen Nord und Süd, aber auch innerhalb der Länder selbst. Das alles ist ohne eine demokratische Gesellschaftsordnung nicht erreichbar. Dass dabei der Bewahrung der Schöpfung, der Erhaltung einer lebensfähigen Welt für künftige Generationen durch verantwortliches, Ressourcen schonendes Wirtschaften bei uns allerhöchste Beachtung eingeräumt werden muss, steht außer Frage. Ökologie ist von Ökonomie nicht zu trennen.

Meine kritischen Gedanken stellen keineswegs infrage, dass ein weltweiter neuer Plan zur Verbesserung der globalen Welt, sagen wir lieber: ein *globaler Kontrakt*, dringend nötig ist. Ich selbst war eine der Ersten, die den globalen Marshallplan unterschrieben haben. Wer in jahrzehntelanger praktischer Entwicklungszusammenarbeit die unendliche Ungerechtigkeit der beiden Welten von Nord und Süd erfahren hat, kann keine Ruhe finden. Wer aber gleichzeitig im eigenen kleinen Leistungsrahmen erleben durfte, dass eine bessere Welt möglich ist, der kann nicht anders, als an der drängendsten aller Fragen mitzuarbeiten, und zwar ohne weitere Zeit zu verlieren. Wir haben nicht mehr viel Zeit, uns zu entscheiden: *Eine* Welt – oder *keine* Welt!

Ich möchte zum Schluss dieser Überlegungen den früheren Außenminister Hans-Dietrich Genscher zitieren, der zum globalen Marshallplan schreibt:

> Möge es uns gelingen, ein Meer von Solidarität in der ganzen Welt zu schaffen. Für eine menschenwürdige Welt, in der … alle Regionen dieser Welt die neue Ordnung als eine gerechte erkennen können, in der ihre Würde genauso geachtet wird wie die der anderen, wo es nicht das Recht des Stärkeren, aber die Pflicht der Solidarität gibt.

Geburtsstunde der Andheri-Hilfe – am Anfang stand das Mitleid

Es war im Jahre 1959. Die Redaktion der Illustrierten *Stern* hatte drei Reporter auf eine viermonatige Reise nach Indien geschickt. Das Ergebnis war eine Berichtserie mit dem Titel »Es ist höchste Zeit für Indien«. Das deutsche Generalkonsulat in Bombay machte das Team auf das Findelkinderheim in Andheri, einem Vorort von Bombay, aufmerksam. Zwölf Schwestern von der Kongregation der Töchter vom Heiligen Kreuz, an ihrer Spitze die deutsche Oberin Anna Huberta Roggendorf aus Mechernich in der Eifel, kämpften im *St. Catherine's Home* um das Überleben von damals 400 Kindern, die dort wie Strandgut menschlichen und sozialen Elends angeschwemmt wurden. Der Berichterstatter des *Stern* schrieb dazu: »Unser Beruf zwingt uns oft, das eigene Herz gegenüber starken Eindrücken zu verschließen … Aber was wir in Bombay sahen, hat uns das Herz berührt.« Viele deutsche Leser wurden ebenfalls tief angerührt – auch eine Kölner Berufsschülerin.

Am folgenden Tag brachte sie diesen Bericht mit in den Religionsunterricht. Sie konnte ihre Betroffenheit über die beschriebene Not, die geschilderte Sorge um die tägliche Hand voll Reis für die Findelkinder von Andheri nicht verbergen. Ihr Mitleid steckte die Mitschülerinnen und -schüler an, die fragten: »Können wir da nicht helfen?« Auch ich – ihre Religionslehrerin – war betroffen von den geschilderten Kinderschicksalen. Trotzdem war meine spontane Reaktion: »Wir können nicht alles tun!« Diese realistische Entscheidung resultierte aus der Tatsache, dass meine Klassen bereits eine Reihe sozialer Aufgaben im Stadtbereich von Köln übernommen hatten – angefangen von der Betreuung alter und kranker Menschen bis zum Kontakt zu jugendlichen Strafgefangenen im Kölner Gefängnis.

Fast ein Jahr noch ruhte der Bericht auf meinem Nachttisch, aber ich selbst fand keine Ruhe, bis ich bei der *Stern*-Redaktion die Anschrift des Waisenhauses von Andheri eingeholt hatte. Am 2. September 1960 ging der erste Brief dorthin mit der Frage nach konkreten Hilfsmöglichkeiten. Bereits am 28. September heißt es in der Antwort Schwester Anna Hubertas: »Ich weiß nun, Sie werden helfen, dass alle etwas zu essen bekommen und einen Platz zum Schlafen, dass wir jetzt nicht mehr allein sind …« Wahnwitz war für mich diese Aussage damals, heute wirkt sie wie eine Prophezeiung.

Im gleichen Jahr noch starteten wir die erste Hilfsaktion: Jede Schülerin, jeder Schüler packte und versandte für je eines der Heimkinder in Andheri ein eigenes Weihnachtspäckchen, nach Absprache mit der Heimleitung gefüllt mit dringend notwendigen Toilettenartikeln, also alle gleichen Inhalts, aber doch mit einer ganz persönlichen Note. Die bestätigende Nachricht aus Andheri, die so viel an Freude und Dankbarkeit ausdrückte, war für meine Schüler motivierend. Die Schwestern berichteten von dem unbeschreiblichen Glück der Kinder. Ein kleines Mädchen hatte nach den ersten Reinigungsversuchen mit der bisher unbekannten Seife erklärt: »Die brauche ich nicht täglich, denn dann wird sie immer kleiner.« Der Briefträger, der kaum wusste, wie er die etwa 400 deutschen Päckchen zum Heim transportieren sollte, erkundigte sich bei den Schwestern, ob denn alle Heimkinder Verwandte oder Freunde in Deutschland hätten. Im Folgejahr machten Schreib- und Malutensilien den Inhalt der deutschen Päckchen aus. Der Briefkontakt mit dem Heim wurde intensiver. Gleichzeitig kamen immer mehr Spender außerhalb der Schule als Helfer hinzu. Diese Hilfsaktionen für die Kinder in Andheri waren die vorbereitenden Schritte zur Vereinsgründung der »Andheri-Hilfe« im Jahre 1967.

Am Anfang der Andheri-Hilfe stand also das Mitleid.

Veranlassen diese Tatsache und die geschilderten kleinen Aktivitäten nicht zu einem verächtlichen Naserümpfen? Ging es da nicht lediglich um eine Gefühlsduselei oder gar um die persönliche Befriedigung, »ein guter Mensch zu sein«? Stehen wir nicht immer wieder kritisch solchen »Weltverbesserern« gegenüber, die das »Geschäft mit dem Mitleid« betreiben? Und das in der Regel recht erfolgreich, denn: Mitleid kostet nichts. Man bekommt genug davon, weil das Mitleid erzeugende »Material« nicht ausgeht, es also keine Lieferschwierigkeiten für die »Ware« Mitleid gibt. Doch was ist Mitleid, dass wir es gemeinhin so leicht abtun?

Bei einem Rückblick in die Geschichte begegnen wir den verschiedensten Bewertungen dieser menschlichen Reaktion. Einerseits wird Mitleid immer wieder als die Wurzel moralisch guten Verhaltens gesehen: Unverschuldetes Leid oder Not des Mitmenschen erweckt in uns *Sympatheia* (griechisch »Mitleiden«), und daraus entspringt das Bedürfnis zu helfen. Viele Religionen räumen dem Mitleid und der daraus erwachsenden »Mild-Tätigkeit« eine zentrale Stellung unter den menschlichen Tugenden ein. Auch unter den Philosophen der Antike finden wir bereits solche, die das Mitleid als positiven Wert einschätzen, sogar als eine Art moralischer Läuterung *(Katharsis)* bewerten. In der Neuzeit bezeichnet Arthur Schopenhauer das Mitleid als die einzige Triebfeder, die das Gute im Menschen wecken und ihn vor krassem Egoismus bewahren kann.

Dem stehen allerdings – ebenfalls bereits seit dem Altertum – kritische, sogar ablehnende Auffassungen von Mitleid gegenüber. Sie sehen im Mitleid nur einen Affekt, einen gleichsam automatischen Reflex ohne Wert und Bestand.

Für Philosophen der Aufklärung im 18. Jahrhundert war das Mitleid lediglich ein schwaches, dem Egoismus unterlegenes Gefühl. Ende des 19. Jahrhunderts war es dann Friedrich Nietzsche, der als einer der schärfsten Kritiker des menschlichen Mitleids auftrat. Er bezeichnete das Mitleid als Multiplikator des Elends und Konservator der Elenden, als Zeichen schwacher Naturen. So riet Nietzsche, die Schwachen und Missratenen zugrunde gehen zu lassen, weil nur das Gesunde und Starke Recht auf Leben habe. Die äußerste Konsequenz dieses Denkens war die Vernichtung »lebensunwerten Lebens« im Dritten Reich, das wohl grausamste Beispiel dafür, wie der Mensch zum Unmenschen wird, wenn er in sich die Regung des Mitleids gewaltsam tötet.

Eine kürzlich durchgeführte Befragung nach dem Lieblingsbuch der Deutschen ergab für die Bibel den zweiten Platz. Was sagt die Bibel zum Mitleid? Jesus lehnt das Mitleid als bloße Gefühlsaufwallung beim Anblick fremden Leidens entschieden ab. »Weinet nicht über mich, sondern über euch und eure Kinder« (Lukas 23, 28). Mit dem Gleichnis vom »barmherzigen Samariter« aber stellt er uns den »Nächsten« vor, der, vom Mitleid gerührt, helfend handelt. »Im tatkräftigen Einsatz für den Nächsten gibt sich der Mensch selbst, sein eigenes Ich, das er dem Notleidenden öffnet« (Papst Johannes Paul II.). Jesus selbst war oft »von Mitleid gerührt«, aber diesem seinem Mitleid folgte immer die Tat, die Gabe, bis zur totalen Hingabe seiner selbst.

Warum eine so lange Beschäftigung mit dem Thema Mitleid?

Weil das Mitleid am Anfang der Andheri-Hilfe stand, zwar vom Gefühl ausgelöst, aber keineswegs dabei stehen bleibend. Mitleid heißt Mit-Leiden, das Leid des anderen mitempfinden, am Leid des anderen leiden. Dieses An-der-Seite-des-Leidenden-Stehen drängt zur Tat, um sein Leiden und dessen Ursachen helfend anzugehen, zu reduzieren, zu überwinden. So wird Mitleid zum ethischen Wert und ist hoch einzuschätzen. Auch meinen Schülern und Schülerinnen ging es bereits 1960 um das zur Tat werdende Mit-Leiden, um den aktiven Einsatz, damit sich eine etwas »bessere Welt« öffne für die Not leidenden Kinder in Andheri, mit denen sie litten.

Wäre eine Welt ohne Mitleid, ohne Mit-Leiden, nicht eine kalte, kaum erträgliche Welt?

Auf dem Weg zum Menschen – der Schock des Augenscheins

Eine noch so intensive schriftliche Verbindung kann den persönlichen Kontakt zwischen Menschen nicht ersetzen, noch so ausführliche Berichte nicht den eigenen Augenschein. So machte ich mich im Mai 1962 auf meine erste große Reise nach Indien – per Schiff. 14 Tage benötigte die »Victoria« vom Lloyd Triestino für die Strecke von Neapel bis Bombay. Interessante Begegnungen und Gespräche mit Menschen aus aller Herren Länder, dazu das Naturerleben auf meist ruhiger, teils aber auch stürmischer See, und nicht zuletzt die innere Spannung auf das St. Catherine's Home und seine Bewohner in Andheri sowie auf das fremde Land Indien füllten diese Schiffsreise.

In ganz besonderer Weise aber war diese Fahrt für mich mein

Weg zum Menschen. In meinen Tagebuchaufzeichnungen habe ich einige Begegnungen festgehalten, die tiefe Spuren in mir zurückließen:

> 7. 6. 1962: Landaufenthalt in Aden, an der arabischen Küste. Einheimische Lastenträger kommen aufs Schiff. In meiner unmittelbaren Nähe bemüht sich einer von ihnen um Arbeit; umsonst, er schafft es nicht: Andere kommen ihm zuvor. Er hat mir den Rücken zugewandt. Ein junger Bursche – oder gar ein Kind, denke ich. Aber wie erschrecke ich, als er sich mir zuwendet: Die Haare sind dunkel-rostfarben und teils weiß, das Gesicht grau, richtig grau. Wie eine zum Leben erweckte Mumie sieht er aus. Der Körper armselig, ausgemergelt. Das Hemd zerrissen. Welch ein Mensch?
>
> 11. 6. 1962: Unser Schiff legt in Karachi an. Hunderte von Kulis stehen am Kai. Sie warten darauf, das Gepäck aussteigender Passagiere tragen zu dürfen – nein, sie stehen nicht, sondern kniend erwarten sie ihre Aufträge. Ich bin erschüttert: Was gilt der Mensch?

Erst recht begegnete mir im St. Catherine's Home die menschliche Not in jedem einzelnen Kind, jedes mit seiner eigenen tragischen Geschichte. Besonders schockierte mich das Schicksal der vierjährigen Sweety, wie man sie im Heim liebevoll nannte. In auswegloser Not – so erfuhr ich – haben die eigenen Eltern sie geblendet, mit glühendem Eisen, um sie so zum erfolgreichen Betteln herzurichten. Ihre Augenhöhlen sind leer, das Gesicht von Brandspuren gezeichnet – am schlimmsten aber: Bei der grausamen Prozedur wurde auch das kleine Gehirn verletzt. Sie stößt nur unartikulierte Laute aus und wird nie in den vollen Gebrauch ihrer geistigen Kräfte kommen.

Ich erlebe, wie verzweifelte Eltern ihre Kinder den Schwestern übergeben, selbst unfähig, sie aus eigenen Kräften am Leben zu erhalten. Oft ist es die Polizei, die kleine Findlinge ins Heim bringt, auf der Straße aufgelesen, im Müll gefunden, nach der Geburt irgendwo zurückgelassen. Wo ist der Mensch, der Mitmensch, die Menschlichkeit?

Auch der Besuch der Millionenstadt Bombay lenkt von der Frage nach dem Menschen nicht ab. Zwar zeugen die großzügigen Anlagen der Straßen und die pompösen Bauten aus der englischen Kolonialzeit, dazu die imposanten Tempel von der geschichtlichen Bedeutung dieser indischen Hafenstadt. Aber das alles kann nicht über das unvorstellbare menschliche Elend hinwegtäuschen.

Im dichten Verkehr der Altstadt erlebe ich eine junge bettelnde Frau. Die Passanten beachten die bittende Geste ihrer ausgestreckten Hände nicht, auch nicht das Weinen ihrer hungrigen Kinder. Kraftlos bricht sie mitten auf der Straße zusammen. Fußgänger gehen an ihr vorbei, Autos und Rikschas machen einen Bogen um sie. Nur ihre drei kleinen Kinder klammern sich schreiend an ihre am Boden liegende Mutter. Ich spreche einen Ladenbesitzer um Hilfe an: »Das passiert alle Tage!«, antwortet er uninteressiert. Ein Polizist meint: »Da kann man nichts machen!« Was kann ich anderes tun, als die Frau lediglich auf den Bürgersteig tragen, ihr einige sofort verzehrbare Lebensmittel kaufen. Aber vergessen kann ich sie und ihre hilflosen Kinder nicht.

Nur einige Beispiele meiner ersten Begegnungen mit direkter menschlicher Not in Indien. Solche Erlebnisse mit buchstäblich und im übertragenen Sinne am Boden liegenden Menschen lassen sich nicht verdrängen. Sie lassen Spuren zurück, oft tiefe nicht mehr zu verwischende Spuren, die zum Hinterfragen drängen: Ist nicht jeder Mensch ein Mensch und nicht der eine mehr, der andere weniger, der eine wertvoll, der andere unwert? Sind nicht alle in gleicher Weise nach dem Naturgesetz gezeugt, empfangen, geboren ... Aber warum verläuft ihr Leben wie in verschiedene Schubladen sortiert? Da sind die Menschen, die das Glück haben, zu den wertvollen, geachteten, studierten, begüterten zu gehören. Und im unteren Fach sind die abgeschobenen, denen man kaum zuerkennt, Mensch zu sein, die als wertlos gelten, ungebildet, missachtet wie Abschaum der Gesellschaft. Und das nicht nur in den Entwicklungsländern!

Es geht um den Menschen. Eine bessere Welt ist nur möglich, wenn jeder Mensch in seiner Gleich-Wertigkeit anerkannt, geschätzt und behandelt wird.

Das Übel an der Wurzel packen – der eigene Entwicklungsprozess beginnt

Dem St. Catherine's Home in Andheri galten nicht nur die ersten, vom Mitgefühl meiner Kölner Schüler und Schülerinnen ausgelösten Aktionen. Der 1967 gegründete eingetragene Verein »Andheri-Hilfe« stellte sich in seiner Satzung die Förderung dieses Kinderheimes als einzige Aufgabe.

Und es gab fürwahr viel zu »fördern« dort, wo sich die Zahl der Kinder in der Zwischenzeit auf mehr als 800 erhöht hatte. Mein erster Andheri-Besuch im Jahre 1962 führte nicht nur zu ersten Grundsätzen des Anpackens an der Wurzel; damit begann auch der Weg von rein karitativer Hilfestellung zu entwicklungspolitisch konzipierter Arbeit. Es konnte auf Dauer nicht damit getan sein, nur den Hunger der Kinder zu stillen – teils mit Essensresten, die Passagiere internationaler Flüge übrig ließen und die man am Airport »Santa Cruz« für die Kinder von Andheri sammelte. Gerade die oft kaum lebensfähigen Säuglinge, von der Polizei aufgelesen und ins Heim gebracht, brauchten aufbauende Nahrung. Bald bedeuteten eine eigene kleine Landwirtschaft und Viehhaltung eine Verbesserung der Ernährungssituation.

Drastische Maßnahmen waren nötig, um schnell um sich greifende Erkrankungen zu reduzieren, vor allem infektiöse Kinderkrankheiten, denn nicht nur Masern, Windpocken und Scharlach, sondern auch Gelbsucht, Tuberkulose und Typhus forderten bei den miserablen Lebensbedingungen ihre Opfer. Für bessere Hygiene war bald durch sauberes Trinkwasser und neue Toilettenanlagen gesorgt, dazu kamen Badeeinrichtungen für die damals fast 150 Säuglinge und Kleinkinder. In allen großen Räumen, die für je ca. 100 Kinder Aufenthalts-, Ess- und Schlafraum zugleich waren, musste dringend der Fußbodenbelag erneuert werden: Trotz täglicher mehrmaliger Säuberung barg der poröse Boden so viele Krankheitserreger, dass einer Untersuchung im Jahre 1970 zufolge 95 Prozent der Heimbewohner unter Wurmbefall litten. Die Andheri-Hilfe finanzierte 1971 eine Abwasseranlage im Heimgelände (mit mehr als 100 000 DM für den jungen Verein eine aufwändige Leistung). Durch die Verbesserung der Hygiene und vor allem durch diese Abwasseranlage waren bald Mäuse, Ratten und andere Bazillenträger, bis dahin ständige Mitbewohner des Heimes, in die Flucht geschlagen.

Für die Errichtung einer Schule hatte sich ein anderer Andheri-Verein eingesetzt. Sie steht heute für mehr als tausend Kinder offen und bietet somit auch den Kindern aus den nahen Slums eine einmalige Möglichkeit schulischer Bildung.

In den Folgejahren, also nach der Vereinsgründung 1967, hat sich unsere Andheri-Hilfe dem Notschrei nicht verschlossen, der uns bald auch aus anderen Heimen erreichte, vor allem aus dem Gebiet von Mangalore im indischen Bundesstaat Karnataka. Wir setzten Spendengelder ein, um die teils lebensbedrohenden Bedingungen von Kindern in 23 Heimen zu verbessern. Aber auch dort ging es um grundsätzliche Veränderungen, vor allem im Bereich Hygiene und Gesundheit. Darüber hinaus stand auf dem Programm, den Heimen durch Viehhaltung, landwirtschaftliche Erträge usw. eigene Einkommen zu ermöglichen, um sie auf Dauer von den weithin nicht berechenbaren Spenden von außen unabhängig zu machen.

Wir haben damit zweifellos gezielte Hilfe geleistet, die für viele Tausende Heimkinder zu wesentlichen Verbesserungen und damit zum Lebenserhalt und zu mehr Lebensqualität führte. Aber konnte es damit getan sein? Immer intensiver drängte sich mir die Frage auf: Sind Waisenhäuser die Lösung für solche Kinder, deren Eltern ihre Verantwortung abgeben, um die sich der Staat nicht kümmert? Schaffen Waisenhäuser nicht Waisenkinder? Genügt es, diese Kinder, auf der Straße aufgelesen oder von armen Eltern in Kinderheimen »abgeliefert«, mit dem Notwendigsten zu versorgen? Können die Probleme auf Dauer gelöst werden, wenn man nur die Symptome wie Hunger und Krankheit, aber nicht die Ursachen angeht? Muss gesundes Wachsen und Gedeihen nicht von der Wurzel ausgehen?

Gemeinsame Überlegungen mit den Heimleitungen führten dazu, dass jede einzelne Neuaufnahme, dazu auch die Notwendigkeit des Heimaufenthaltes der bereits in den Heimen lebenden Kinder kritisch hinterfragt wurde. Folglich reduzierte sich die Zahl der Kinder, die in Heimen leben mussten.

Damit war der künftige Weg unserer Andheri-Hilfe vorgezeichnet: Nicht Symptome des Elends wie Hunger und Krankheit angehen, sondern an der Wurzel, an den Ursachen der Not ansetzen, denn Wachsen und Gedeihen hängt immer von der Wurzel ab.

Entwicklung ist weiblich – von Waisenhaushilfe zur Frauenförderung

Das Erlebnis indischer Heimkinder war für mich eine reiche und gleichzeitig richtunggebende Erfahrung: Das beste Heim kann nicht die eigene Familie ersetzen (von Fällen gestörten Familienlebens abgesehen). So festigte sich immer mehr die Orientierung auf die »Wurzel« hin, zur Familie. Eine wichtige Aufgabe übernahmen die einheimischen Helferinnen, die in Dörfern und Slums den Hintergrund der Lage der Familien erkundeten. Bei meinen eigenen Besuchen und Gesprächen in den Dörfern wurde ich selbst immer wieder mit den extremen Notsituationen der Dorfbewohner konfrontiert. Unter einem Baum oder in einer Hütte traf ich mich mit den Frauen, saß mit ihnen auf dem Boden und hörte ihnen zu, oft stundenlang. Sie fassten Vertrauen und berichteten bald ohne Scheu von sich, von ihren Kindern und ihrem Familienleben, von ihren für uns kaum vorstellbaren Lebensbedingungen. Ich war erschüttert. Wer konnte es solchen Müttern verargen, wenn sie in aussichtsloser Lage – meist sogar in echter Sorge um die Zukunft ihrer Kinder – diese der Heimerziehung übergaben?

Der Entwicklungsprozess vom Kinderheim zur Familie war nicht leicht. Er konnte nur durch intensive Einbindung der Frauen erfolgen. Bei ersten Treffen mit den Frauen in den Dörfern folgte den Berichten über ihre konkrete harte Situation sehr bald die Analyse ihrer Lage. Warum solche Armut, warum Hunger und Krankheit? Hatten sie bisher alle Not und alles Leid als unabänderliche Gegebenheiten hingenommen, so wurde ihnen jetzt bewusst, dass Ausbeutung, Unterdrückung, Ungerechtigkeit und Rechtlosigkeit die Ursachen für ihr trostloses Dasein waren.

Zum nächsten Schritt war es dann nicht mehr weit: Es ging um die Motivation der Frauen, selbst tatkräftig mit anzupacken, um ihre untragbare Situation zu verändern. Da war keine, die – wenn auch zuerst noch zögernd – nicht die Hand hob als Zeichen der Bereitschaft mitzumachen. »Aber was kann ich schon tun, was als Einzelne allein ausrichten?«, kam die folgerichtige Frage. Was lag näher, als dass sich Frauen in gleicher Notlage, unter gleichen schweren Lebensbedingungen, zu Gruppen zusammenschlossen. Sie vereinbarten regelmäßige Treffen, um miteinander Lösungsansätze zu suchen und mit Veränderungen Ernst zu machen.

Leichter gesagt als getan: Die Frauen hatten nicht mit dem Widerstand ihrer Männer gerechnet: »Die Frau gehört ins Haus!«, die Männer aber auch nicht mit dem Durchsetzungsvermögen ihrer jetzt motivierten Frauen. Manche Frau nahm in Kauf, dass sie auf dem Weg zu den Versammlungen von Männern überfallen und geschlagen wurde (eine Frau kam dabei sogar zu Tode!). Umso fester hielten die Frauen nun zusammen.

Andheri-Hilfe unterstützte sie in ihrem bewundernswerten Bemühen. Projektpartner übernahmen die Betreuung der Gruppen und standen ihnen beratend zur Seite. Sie bildeten Frauen zur Übernahme von Leitungsfunktionen in ihren eigenen Dörfern aus. Animatoren mühten sich jeweils um die Frauengruppen in mehreren Dörfern und geschulte Koordinatoren um den Zusammenschluss sowie die Weiterbildung auf breiterer Ebene. Frauengruppen organisierten sich, wählten Verantwortliche aus ihren eigenen Reihen. In ihren gemeinsamen Überlegungen erkannten sie sehr bald die dringende Notwendigkeit, ihre finanzielle Situation zu verbessern. Und das nicht nur der ganzen Familie, sondern vor allem der Kinder wegen: Sie wurden vielmehr dadurch auch erstmals von ihren Männern unabhängig, mehr noch: Es verschaffte ihnen Respekt und Anerkennung der Männer sowie der ganzen Gesellschaft. Hinzu kam ein eigenes, bisher unbekanntes Selbstvertrauen.

Sie, die früher nie über Geld verfügen durften, nie Rechnen, Lesen und Schreiben gelernt hatten, wurden zu ihren eigenen »Bankern«. Ihr »Anfangskapital« brachten sie selbst ein. Zu Beginn war es oft nur eine Hand voll Reis, vom Mund abgespart, die sie mit zu ihren Versammlungen brachten. Viele Hände voll Reis zusammen ergaben einen Verkaufserlös, mit dem sich bereits arbeiten ließ. Schritt für Schritt schafften sie es, meist durch persönlichen Verzicht, kleinste Beträge einzubringen, sorgfältig in persönliche Sparbücher eingetragen. Die Andheri-Hilfe ermutigte sie mit entsprechenden Zuschüssen zum Weitermachen. So dauerte es meist nur ein bis zwei Jahre, bis die ersten Kredite an Frauen aus ihren eigenen Reihen ausgezahlt werden konnten, oft für die Überwindung von Notfällen wie zum Beispiel Krankheit. Meist aber ging es um Einkommen schaffende Maßnahmen. Ein paar Hühner, zwei Ziegen, eine Nähmaschine – das war oft ein verheißungsvoller Anfang, der sich »auszahlte«. Die Rückzahlungsmoral der motivierten Frauen in Bezug auf ihre Kredite erwies sich überall als so hoch, dass bald auch Banken bereit waren, den bisher kreditunwürdigen Frauen – welche Sicherheit konnten sie früher auch schon für ein Darlehen bieten? – Kredite zu gewähren.

Wenn sich dann Frauengruppen, bereits stabilisiert und bewährt, aus vielen Dörfern zu Föderationen zusammenschlossen, dann nahmen die Veränderungen noch größeres Ausmaß an. Frauen aus 200, 300 oder mehr Dörfern können nicht mehr übersehen werden, wenn sie, die früher scheu und ohne Rechte zurückgezogen in ihren Hütten lebten, nun emanzipiert auf die Straße gehen. Wer kann ihre Stimmen überhören, wenn sie in Demonstrationen und Protestmärschen bei den Verantwortlichen ihre Rechte einfordern? Da entstand »Power« durch die bisher absolut recht- und machtlosen Frauen.

Und es geht nicht nur um ihre eigenen Rechte. Immer mehr werden die Frauen zu den besten Anwälten für ihre Kinder. »Happy children in happy families!« ist das Motto. 40 000 Heimkinder konnten durch die Frauenförderung in ihre Familien zurückgeführt werden. Das bedeutete 40 000-mal Liebe und Zuwendung für ein einzelnes Kind – wenn auch nicht selten unter ärmlicheren Bedingungen als im Kinderheim.

Die Frauen erkannten, wie wichtig Schulbildung für die Zukunft ihrer Jungen *und* Mädchen ist, und das schon in so genannten *Balawadies*, einfachen Kindergärten. Frauen setzen sich ein für bessere Basis-Gesundheitsdienste. Auch Straßen als Zugang zu ihren Dörfern, oft sogar Busverbindungen, Elektrizität für ihre Häuser und sauberes Trinkwasser gehören zu den dringenden Notwendigkeiten, für die sie sich erfolgreich engagieren. Die Männer – nun von diesen Erfolgen der Frauen überzeugt – bringen sich mit ein. In vielen Fällen leistet vorerst noch die Andheri-Hilfe finanzielle Starthilfe, aber die Frauen verstehen es mehr und mehr, den Staat für sich in die Pflicht zu nehmen.

Mit Stolz schauen wir auf die vielen Tausende von Frauengruppen, die in Indien und auch in Bangladesch ihr Leben in die eigenen Hände genommen haben und ihren Weg in eine bessere Zukunft bald allein, ohne fremde Hilfe, schaffen werden. Wir stehen bewundernd vor den Leistungen dieser inzwischen fast einer Million organisierter, selbstbewusster Frauen.

Wir haben einmal gemeint, die Welt der Frauen verändern zu müssen. Aber die Frauen haben bewiesen: Sie selbst verändern ihre Welt.

Geboren um zu sterben? Kampf gegen Mädchentötung

Auf meinen Projektreisen durch Indien und Bangladesch habe ich viele Berichte gehört: hier die Sorgen von Menschen in Zeiten extremer Dürre, dort über notwendige Verbesserungen im Gesundheitsbereich; oder es waren die ersten Erfolgsmeldungen von bereits durchgeführten Projekten zur Förderung von Frauen, von Kindern oder Jugendlichen. Nie aber hat mich ein Bericht so betroffen gemacht wie der einer Frauengruppe im Gebiet von Madurai in Südindien.

In vielen Dörfern des indischen Bundesstaates Tamil Nadu ist »female infanticide«, Mädchentötung, eine weit verbreitete grausame Praxis. Bis zu 50 Prozent der neugeborenen Mädchen – in extremen Fällen schätzt man sogar 80 Prozent – werden getötet, nur weil sie Mädchen sind. Die später einmal an die Familie des Schwiegersohnes zu zahlende Mitgift – zumal wenn sie für mehrere Töchter zu leisten ist – erfüllt die Eltern mit Angst vor dem damit unausweichlich verbundenen finanziellen Ruin. Für viele besser gestellte Familien ist oft schon eine vorgeburtliche Geschlechtsbestimmung per Ultraschall ausschlaggebend für das Schicksal des Fötus: Die Jahresstatistik einer indischen Abtreibungsklinik wies unter 7000 Schwangerschaftsunterbrechungen nur 100 getötete Jungen aus; die übrigen 6900, denen man das Leben verwehrte, waren Mädchen.

Wir sitzen mit Leiterinnen von Frauengruppen zusammen. Sie wirken ermüdet, denn sie haben gerade eine Demonstration von mehr als 400 Frauen hinter sich. Trotz strömenden Regens zogen sie mit Transparenten durch die Straßen und bekräftigten deren Aufschriften durch laut hinausgeschriene Slogans: »Keine Mädchenmorde mehr!«, »Mädchenmord muss bestraft werden!«, »Mädchen sind Gold!«, »Mädchen brauchen Bildung und Zukunft!«

Bei ihrer anschließenden Jahreshauptversammlung bringen die selbstbewussten Frauen ihre Forderungen noch einmal gezielt vor, adressiert an die Öffentlichkeit, besonders an die anwesenden Vertreter der Regierung. Mütter treten vor und bekennen mutig – teils unter Tränen –, vor Jahren ihre eigenen weiblichen Babys getötet bzw. deren Tötung zugelassen zu haben. Jetzt setzen sie sich uneingeschränkt für das Lebensrecht von Mädchen ein. Auch Männergruppen haben sich inzwischen mit der gleichen Zielsetzung, dem Kampf gegen Mädchentötung, gebildet: Ihre Führer sitzen mit uns und den Spitzen der Frauengruppen zusammen. In erschütternden Berichten stellen sie uns 14 verschiedene Methoden der Mädchentötung vor: Man verweigert den Säuglingen jede Nahrung oder flößt ihnen statt der Muttermilch einen giftigen Pflanzenextrakt ein; man lässt sie durch kochend heiße Hühnerbrühe innerlich verbrennen oder – eingewickelt in eiskalte Tücher – erfrieren; Gift in die Ohren geträufelt oder in die noch zarte Kopfhaut eingerieben führt ebenfalls schnell zum Tode.

Durch das rastlose Bemühen der Partnerorganisation »Association for Rural Development« und die unermüdliche Überzeugungsarbeit der Koordinatoren und Animatoren hat das von der Andheri-Hilfe finanzierte Programm unglaubliche Früchte gebracht. In Hunderten von Dörfern rings um Madurai gibt es keine Mädchentötung mehr. Frauen, später auch Männer und Jugendliche, von der guten Sache »angesteckt«, sind zu aktiven Helfern geworden. Während der Schwangerschaft werden die Frauen »begleitet« und sie und ihre Familien motiviert, das erwartete Kind, gleich welchen Geschlechts, anzunehmen. Die Geburt eines Mädchens ist jetzt keine »Schande« mehr, sondern wird von den Frauen des Dorfes festlich begangen.

Wichtige Schritte wurden getan, um die Bildung von Mädchen zu sichern, angefangen von ihrer Aufnahme in *Balawadies*, den einfachen Kindergärten, in denen man früher fast nur kleine Jungen sah, bis zur Schul- und Berufsausbildung. Auch den Frauen wurden neue Chancen eröffnet: Durch Ausbildung in handwerklichen Fertigkeiten und im landwirtschaftlichen Bereich, in Feldbestellung und Viehhaltung wuchs nicht nur das Einkommen der Familien, sondern auch das Selbstwertgefühl der Frauen und ihre Anerkennung in Familie und Gesellschaft. Kürzlich haben sich einige Frauen zusammengetan zu einem »Post-Express-Service«. Ausgestattet mit Fahrrädern – sobald eine bestimmte Geldreserve angespart ist, sollen es Motorräder werden –, übernehmen die Frauen zum Erstaunen aller – vor allem der Männer – diesen Eilbotendienst.

Unser Partner, seine Mitarbeiter und die Bevölkerung haben es geschafft: Sie brachten das himmelschreiende Unrecht in die Öffentlichkeit. Mädchentötung war bald kein Tabuthema mehr. Immer häufiger berichten jetzt indische Medien über die unglaublichen Erfolge, die Hunderte von Dörfern und das Leben ungezählter Familien völlig verändert haben, die vor allem Mädchen das Recht auf Leben brachten. Nicht selten informieren sich Vertreter der Regierung bei unserem Partner über die eingesetzten Methoden im Kampf gegen Mädchentötung, die jedenfalls mehr Erfolg brachten als das staatliche Verbot von »female infanticide«, an das man sich ohnedies nicht hält. Die Regierung bietet jetzt für besondere Fördermaßnahmen auch finanzielle Hilfe an. Durch diese Zuwendungen und die Eigenleistungen der Gruppen konnte Andheri-Hilfe die meisten der erfassten Dörfer bereits aus der finanziellen Förderung entlassen. Nun kann die gleiche Arbeit in anderen Dörfern angegangen werden. Das »Wunder von Madurai« spricht sich herum: Immer wieder melden sich Organisationen aus anderen Regionen, holen sich Auskünfte und Ratschläge, um auch in ihrem Gebiet der Mädchentötung den Kampf anzusagen.

Ganz sicher war es ein Wagnis für unsere Andheri-Hilfe, vor einigen Jahren ein solch »heißes Eisen« wie das Tabuthema Mädchentötung anzupacken. Der Erfolg bestätigt, wie wichtig in der Entwicklungszusammenarbeit die Bereitschaft zur Innovation ist. Voraussetzung dafür ist selbstverständlich der intensive Dialog mit dem Partner und ständige Flexibilität anstatt starren Festhaltens an einmal aufgestellten Regeln. Gerade solche »gewagten« Schritte werden erfahrungsgemäß sehr oft zu »Pilotprogrammen«, die richtungweisend und beispielgebend wirken: auf ihr Umfeld, auf andere Partner und vor allem bis zur Regierungsebene. Dadurch werden zweifellos auch wesentliche strukturverändernde Wirkungen erzielt. Gemeinsam lassen sich eben auch schwierige Wege in eine bessere Welt finden und gehen!

»Man kann meinen Körper stehlen, nicht aber meine Seele!« Ein Ende der Tempelprostitution bahnt sich an

Mehr als 3000 Jahre ist es alt, das Ritual der »gottgeweihten Frauen«. Sie lebten in Tempeln, hatten das heilige Feuer zu hüten, waren gebildet und standen in hohem Ansehen. Und das in fast allen alten Kulturen, nicht nur im Devadasi-System des Hinduismus. Aus einer fehlgeleiteten Göttinnenverehrung entstand später ein Frauen entwürdigender Brauch, über den eine junge Inderin aus leidvoller Erfahrung wie folgt berichtet:

> Ich bin eine *Mathamma*, Opfer von jahrelanger Vergewaltigung und Missbrauch. Meine Geschichte ist eine Geschichte der Gewalt und des Leidens. Meine Mutter gebar drei Töchter. Aber wie sehr hatten sich meine Eltern einen Sohn erhofft, vor allem für ihre Alterssicherung, anstatt die Mitgift für drei Mädchen aufbringen zu müssen. So wurde ich in frühem Alter der Göttin Mathamma geweiht in der Erwartung, dass sie als Belohnung meinen Eltern den ersehnten Sohn schenke. Es war für mich zunächst eine Freude, tanzen zu lernen. Aber das änderte sich, als ich reif geworden war. Seitdem muss ich Tag für Tag vor Männern tanzen. Mein Körper gehört jedem, der ihn begehrt. Zu heiraten, eine eigene Familie zu haben, wird für mich unerfüllter Traum bleiben. Die Männer nehmen meinen Körper, oft mehrere Männer hintereinander, immer wieder. Ich habe mich zu fügen, und auch meine Eltern lassen sich durch meine Klagen nicht erweichen. Sie fürchten den Fluch der Göttin. Doch tief im Innern spüre ich: Sie stehlen mir immer wieder meinen Körper. Aber meine Seele, die zwar zutiefst getroffen ist und sehr leidet, können sie mir nicht nehmen. Das macht mich stark, lässt mich durchhalten und immer weiter hoffen, dass ich doch einmal »befreit« werde von diesem Schicksal der Tempelprostitution – damit dann auch mein Körper wieder mir gehört.

Niemand weiß, wie viele junge Mädchen und Frauen in Indien das gleiche Schicksal wie sie erleiden. Allein im indischen Bundesstaat Andhra Pradesh schätzt man die Zahl der Tempelprostituierten – obwohl gesetzlich verboten – auf 7000 bis 25 000.

Ich war bei diesen hübschen, meist noch sehr jungen Frauen

mit den ernsten Gesichtern. Sie erzählten mir ihre Geschichten, und keine von ihnen verbarg den Abscheu, die Scham über ihre Entwürdigung, nur Lustobjekt, Spielzeug der Männer zu sein.

»In einer Nacht haben mich einmal fünf Männer sexuell missbraucht. Es war schrecklich!«, erzählt eine von ihnen. Ich erfuhr auch von dem Leid, das diesen Frauen angetan wird, weil ihre Kinder missachtet, bespuckt und mit Steinen beworfen werden, weil ihnen sogar der Zugang zu öffentlichen Schulen verwehrt wird. Sie alle wollen dieses Leben der Entwürdigung hinter sich lassen, suchen die Chance für einen Ausbruch aus dem ihnen aufgezwungenen Schicksal, einen Aufbruch in eine bessere freie Welt.

Nune Vengaiah, ein Mann aus der Kaste, der auch die Mathammas angehören, wurde den Frauen vor etwa 15 Jahren zum engagierten Mitstreiter gegen die Tempelprostitution. Nune scheute keine Mühe, um die Bevölkerung über den unheiligen, verabscheuungswürdigen Brauch aufzuklären, der aus der traditionellen Verehrung einer Göttin entstanden ist. So zeigt zum Beispiel ein Poster einen doppelgesichtigen Mann, der auf der einen Seite im Tempel die Göttin anbetet, auf der anderen aber im Alltag Frauen missbraucht. Mit seinem Einsatz für die Mathammas zog sich Nune den Unwillen vieler Männer zu, die bislang von diesem System »profitiert« hatten. Aber er ging seinen Weg unbeirrt weiter, ließ sich auch nicht abschrecken, als man ihm sein Haus anzündete und das Trinkwasser seines Brunnens vergiftete und weitere Racheakte ersann. Unsere Andheri-Hilfe zahlt dem mutigen Mann gern sein Gehalt (35 Euro pro Monat) und finanziert seit Jahren die überaus erfolgreichen Maßnahmen, die er gemeinsam mit den Frauen zu ihrer Befreiung plant und durchführt. Inzwischen sind weit über tausend Mathammas befreit.

Vor einigen Jahren war ich Zeuge einer der ersten Mathamma-Hochzeiten, einer Massenhochzeit: 165 »Aussteigerinnen«

tauschten ihr früheres, menschenunwürdiges Leben gegen den Schutz durch einen Ehemann und die Anerkennung durch die Gesellschaft ein. Sie bleiben der Göttin Geweihte, und sie sind stolz darauf, aber der früher damit verbundene Zwang zur Prostitution gehört für sie endgültig der Vergangenheit an. Andheri-Hilfe setzt sich für ihre berufliche Ausbildung ein, ebenso für den Erwerb eines einfachen festen Hauses für ihre neue Familie. Bald können die Mathammas auch ihre Kinder wieder zu sich nehmen, die vorerst noch in gemeinsamen Unterkünften so erzogen und geschult werden, dass auch sie nicht mehr als Verfemte gelten, sondern Ansehen und damit auch Recht auf Schul- und Berufsausbildung besitzen.

Auf einem freien Platz außerhalb des Dorfes erlebe ich ein Treffen von mehr als 400 früheren Tempelprostituierten. Sie sind aus der ganzen Umgebung zusammengekommen, um ihre Befreiung zu feiern. Aber gleichzeitig planen sie, andere Frauen, noch im so genannten *Mathangi*-System gefangen, ebenfalls zur Freiheit zu führen. Eindrucksvolle Szenen von der Befreiung der Mathammas zeigt auch der Fernsehfilm von Franz Alt »Entwicklung ist weiblich«.

Die indische Regierung ist längst auf diese erfolgreiche Arbeit aufmerksam geworden. Sie leistet nicht nur finanzielle Hilfe zum Hausbau, für Einkommen schaffende Maßnahmen usw. für die ausgestiegenen Mathammas und ihre neuen Familien. Ihre Vertreter nehmen mitunter an ihren Treffen teil, unter ihnen sogar der zuständige Regierungspräsident. Der zwar verbotene, aber immer noch in großem Ausmaß praktizierte entwürdigende Brauch wird jetzt öffentlich angeprangert.

Die jüngste Nachricht ist eine Botschaft größter Hoffnung für die Frauen dieses Mathangi-Systems, für die Mathammas, *Joginis*, *Basivis* und *Devadasis* (so die unterschiedlichen Bezeichnungen): 69 einheimische Organisationen haben sich zur »Madiga Association Alliance« zusammengeschlossen, um *gemeinsam* die

Tempelprostituierten in die Freiheit zu führen, wo ihnen wieder Anerkennung ihrer Rechte und ihrer Würde zuteil wird – nach dem Vorbild der etwa tausend befreiten Mathammas im Projekt der Andheri-Hilfe.

Unser Partner wagte den Anfang – und ein Ende der frauenunwürdigen Praxis der Tempelprostitution ist jetzt abzusehen.

Kleinkredite für Frauen – einst waren sie missachtet, jetzt sind sie Banker

Das Jahr 2005 wurde von der UNO zum »Internationalen Jahr der Mikrokredite« erklärt. Wer begrüßt es nicht, dass damit weltweit die Aufmerksamkeit auf unterprivilegierte Menschen – vor allem Frauen in Entwicklungsländern – gelenkt und die Bedeutung von Kleinkrediten als wirksame Hilfe zur Armutsbekämpfung hervorgehoben wird? Aber nur *ein* Jahr der Kleinkredite? Es müsste eine Dekade, besser noch eine unbegrenzte Zeit der Anstrengung sein, bis Frauen in wirtschaftlicher Not die Armutsgrenze überwunden haben.

Für die Andheri-Hilfe sind Kleinkredite für Frauen schon seit vielen Jahren ein unverzichtbares Instrument im Kampf um deren Überleben. Es liegt fast 30 Jahre zurück: Ich sitze in Südindien mit Dorffrauen zusammen. Von ihren ernsten Gesichtern und den ausgemergelten Körpern ist die Not abzulesen, über die sie bereitwillig sprechen. Sie beschreiben die verschiedenen Ursachen für den Teufelskreis aus Armut, Krankheit, Analphabetentum, Arbeitslosigkeit usw., in dem sie sich schuldlos befinden. Und bei der Suche nach Lösungsansätzen sind es diese einfachen Frauen, die mir erklären: »Wir müssten Geld in Händen haben. Man müsste uns lehren, damit umzugehen und es effektiv einzusetzen.« Sie reden nicht nur, sie beginnen auch ganz praktisch damit, kleine und kleinste Ersparnisse zusammenzutragen – oft vom Munde abgespart. Aus diesen Sparbeträgen geben sie Kleinkredite an die Mitglieder ihrer Gruppe, ermutigt und gefördert von der Andheri-Hilfe: ein erstes dorfinternes Spar- und Kreditsystem von Frauen für Frauen!

Von diesem bescheidenen ersten Schritt bis zu genossenschaftlich organisierten Banken, z. B. der »People's Bank« mit 5500 Mitgliedern im Gebiet von Chennai (früher Madras), war es ein weiter Weg. Dort sind es arme Frauen aus 70 abgelegenen Dörfern bzw. aus städtischen Slums, die es unter Anleitung einer tüchtigen Partnerorganisation, des »Women Education and Development Trust«, zu diesem Organisationsgrad gebracht haben. In 373 Selbsthilfegruppen lernten sie, ihre Armut an den Wurzeln zu bekämpfen. Es sind meist *Dalits*, Kastenlose auf der untersten Stufe der sozialen Leiter, die nur geringste Dienste verrichten dürfen und denen dadurch jeder Aufstieg verwehrt war. Mit beachtlichem Erfolg haben sich diese Frauen Schritt für Schritt in ihren Gruppen gemeinsam für die Entwicklung ihrer Dörfer eingesetzt. Dadurch erreichten sie Respekt und eine gleichberechtigte Stellung in Familie und Gesellschaft.

Dass sie jetzt Träger einer Mikrokreditinstitution sind, der »Manidham Grameen Savings and Credit Services Ltd.«, verdient unsere volle Anerkennung. Dank dieser Einrichtung ist jetzt auch solchen Frauen eine Chance zum wirtschaftlichen Aufstieg geöffnet, die bislang keinen Zugang zu normalen Bankdarlehen hatten, weil sie als »Habenichtse« nicht kreditwürdig waren. In besonderen Bedarfsfällen – bei Krankheit, für den Kauf von Lernmitteln für ihre Kinder, aber auch für den Erwerb von Saatgut oder Dünger – blieb ihnen bisher nur der Weg zum privaten Geldverleiher. Die von diesen Geldgebern geforderten horrenden Zinsen – bis zu 120 Prozent jährlich – waren für die Armen meist nur mit größter Mühe aufzubringen. Der nicht zurückgezahlte Kredit aber machte die Frauen und in vielen Fällen ihre Kinder zu lebenslangen Leibeigenen der Kreditgeber.

Die neue Bank ist jetzt Mikrofinanzdienstleister für viele Tausende von Frauen. Die Kreditzinsen sind erschwinglich; sie richten sich nach dem sozialen Zweck des benötigten Betrages und liegen zwischen Zinsfreiheit bei einem Unfall und einem Höchstsatz von 20 Prozent bei Verwendung des Darlehens für den Konsum. Die Zinseinnahmen dienen zur Deckung der laufenden Kosten der Kreditanstalt, Überschüsse werden sozialen Aufgaben zugeführt. Gemäß ersten Erfahrungen liegt die Rückzahlungsquote bei 97 Prozent, ein Beweis für die starke Motivation der Frauen.

Nicht das Geld steht im Vordergrund. Vielmehr ist es – abgesehen von seiner Verwendung in besonderen Notfällen – Mittel zum Zweck für eine nachhaltige Entwicklung. So werden Einkommen schaffende Maßnahmen für Familien ermöglicht, die Bestellung der Felder wird gesichert, die Kosten der schulischen und beruflichen Bildung der Kinder werden gedeckt. Darüber hinaus werden Kredite in vielen Fällen auch für Gemeinschaftszwecke eingesetzt: für Verbesserungen, die allen Bewohnern des Dorfes zugute kommen.

Die Andheri-Hilfe steht der neuen gemeinnützigen Bank noch so lange helfend zur Seite, bis ihre Funktionsfähigkeit und damit die umfassende und nachhaltige Entwicklung der Armen in ihrem Wirkungsbereich hinreichend gesichert ist.

Aber auch kleinere Spargruppen von Frauen bedürfen weiterhin der Förderung. Durch enge Zusammenarbeit und erste »Gehversuche« im Kreditbereich mit ihren eigenen Ersparnissen, meist aufgestockt von der Andheri-Hilfe, erreichen diese Gruppen schließlich als entscheidenden Schritt ihre Registrierung und kommen damit in den Genuss von Kreditprogrammen der öffentlichen Banken: eine nicht zu unterschätzende Chance für erfolgreiche Kleinunternehmerinnen. Die Frauen betreiben nun Kleinviehhaltung, handeln mit landwirtschaftlichen Produkten oder stellen kleine Gebrauchsartikel für den Verkauf her.

Kleinkredite haben sich auch in Katastrophenfällen bewährt.

Nach der Flut des Jahres 2004 in Bangladesch konnten wir zum Beispiel mehr als 5000 besonders hart betroffene Familien aus ihrer existenziellen Notlage befreien. Sie erhielten über unsere Partnerorganisationen zinslose Darlehen, um Arbeits- und Einkommensmöglichkeiten wiederherzustellen. Die nach einem Jahr zurückgezahlten Beträge fließen nach festgelegten Plänen in andere langfristig angelegte Entwicklungsprojekte.

Nach dem Tsunami vom 26. Dezember 2004 berichteten uns Frauengruppen, mit unserer Hilfe vor Jahren in Südindien entstanden, voller Stolz: »Alle haben alles verloren! Das Einzige was geblieben ist, sind die Ersparnisse unserer Frauengruppen. Wir machen weiter. Und noch mehr Frauen werden sich uns anschließen.«

Ein Jahr der Kleinkredite! Für uns und erst recht für die von uns geförderten Frauengruppen in Indien und Bangladesch eine Bestätigung, dass der Zugang zu zuverlässigen und bedarfsnahen Finanzdienstleistungen ein wichtiger strategischer Ansatz der Armutsbekämpfung – besonders für Frauen – ist.

Erfolgreicher Bewusstseinswandel – neues Leben für indische Witwen

Immer, wenn ich in Indien mit Frauengruppen zu gemeinsamen Überlegungen, Planungen und Berichten zusammensaß, fielen mir unter ihnen solche im schlichten weißen Sari auf, ohne jeden Schmuck, sogar ohne die sonst bei indischen Frauen so beliebten Blumen im Haar. Auch auf der Straße begegneten mir weiß gekleidete Frauen, die sich von ihren Geschlechtsgenossinnen in farbenfrohen Gewändern deutlich abhoben. Dagegen vermisste ich »weiße Frauen« bei Dorffesten, die sich doch in der Regel niemand entgehen lässt.

Ich erfahre, dass es sich bei den »weißen Frauen« um Witwen handelt. Häufig gibt man ihnen auch heute noch gemäß indischer Tradition die Mitschuld am Tod ihres Mannes. Darum gilt auch ihr Leben als »beendet«, wenn ihr Mann stirbt. Am 40. Tag nach seinem Tod – so ist es weit verbreiteter Brauch – stellt sich die Witwe noch einmal festlich gekleidet, mit Schmuck und Blumen behangen, der Dorfgemeinschaft. Danach legt sie alles, was sie als Frau so geliebt hatte, endgültig ab: Sie darf künftig nie wieder Schmuck oder Blumen tragen. Und nur ein einfacher weißer Sari – weiß gilt als Farbe der Trauer – bleibt ihre Kleidung bis zu ihrem Lebensende. Sie darf an keiner Feierlichkeit mehr teilnehmen, nicht einmal an der Hochzeitsfeier ihrer Kinder. Man meidet sie, wo nur immer möglich, wechselt oft sogar die Straßenseite, wenn man ihr begegnet. Wen der Schatten einer Witwe trifft, dem droht Unglück, besagt ein alter Aberglaube, der noch keineswegs überwunden ist.

Welches Los für ungezählte indische Frauen! Oft sind es sehr junge Witwen, vor allem an den Küsten, wo viele Fischer vom Fang auf hoher See nicht zurückkehren. Wen wundert es da, dass heute noch immer manche Witwen *Sati*, ihre Selbstverbrennung bei der Totenzeremonie ihres Mannes, dem schrecklichen Dasein als Witwe vorziehen, und das, obwohl *Sati* gesetzlich seit langem verboten ist?

In den organisierten Gruppen analysieren die Frauen ihre Situation, ihr Leben, ihre Rechte. Sie beginnen überkommene Bräuche zu hinterfragen und wissen sehr bald wertvolle Traditionen von sinnlosen überlieferten Vorschriften zu unterscheiden, zumal wenn solche Regeln zu Unterdrückung und Ausgrenzung führen. So werden in den Frauengruppen auch die althergebrachten Vorschriften für Witwen und ihre damit verbundene Rechtlosigkeit zur Diskussion gestellt: Warum müssen Witwen außerhalb der Gesellschaft stehen? Warum sind sie gebrandmarkt durch den farblosen weißen Sari? Warum wird nicht anerkannt, dass jede Frau von Geburt an ein Recht hat, sich während ihres ganzen Lebens zu schmücken und nicht nur während der Zeit ihrer Ehe – etwa nur dem Mann zuliebe? Frauen erkennen: Traditionen verlieren dann ihren Sinn, wenn sie zu Unterdrückung und Ausgrenzung führen.

Es war am 15. August 1993, dem Tag der indischen Unabhängigkeit, der überall – in Stadt und Land – mit Freuden begangen wird. Dazu schmücken sich Männer, Frauen und Kinder, Jung und Alt. Ausgeschlossen sind – auch bei diesen Feiern – nur die Witwen. In diesem Jahr, in einem Dorf in Zentralindien, war es anders: Die Frauen der so genannten *Madhar Sangams*, der Frauengruppen, setzen das Ergebnis ihrer intensiven Überlegungen zum Witwenbrauchtum in die Tat um. Sie ermutigten die Witwen, ihre weißen Saris gegen farbige Gewänder zu tauschen, und halfen ihnen, Schmuck anzulegen und frische Blüten ins Haar zu stecken – wie vor vielen Jahren zum letzten Mal.

Die so geschmückten Witwen kamen zum Dorffest, erst noch zögernd, dann immer mutiger. Die Männer reagierten schockiert: »Das hat es noch nie gegeben!« Aber die Frauen wissen nun ihren Bruch mit der Tradition zu verteidigen, sie erklären, warum die alten Regeln ihren Sinn verloren haben und dass Witwen ein Recht auf Teilnahme am vollen Leben haben.

Und das Ergebnis dieser mutigen Demonstration: Die Dorfgemeinschaft akzeptiert schließlich diese früher absolut undenkbare Veränderung, sie räumt den Witwen für die Zukunft wieder ihren Platz in der Gemeinschaft ein. Wie ein Lauffeuer verbreitet sich diese Sensation. Und immer mehr Frauengruppen folgen dem mutigen Beispiel. So blüht vielerorts jetzt neues Leben für die einst ausgegrenzten Witwen.

Indiens Frauen brechen auf. Sie wissen um den hohen Stellenwert, den das weibliche Prinzip als ein unzerstörbarer Urquell des Lebens und als Mutter des Universums schon in der alten Hindu-Mythologie besaß. Sie sind gleichzeitig stolz darauf, dass indische Frauen heute führende Positionen in Politik, Wissenschaft und Wirtschaft einnehmen. Daher wehren sie sich auch immer häufiger und immer entschiedener gegen die vor etwa 2000 Jahren in dem bedeutenden Hindu-Gesetzbuch *Manu Smriti* aufgestellten Regeln: »In der Kindheit ihrem Vater untertan, in der Jugend ihrem Mann und – wenn dieser tot ist – ihren Söhnen, soll die Frau niemals unabhängig sein.«

Das Los indischer Straßenkinder – Kinder ohne Kindheit

September 1990: Weltkindergipfel in New York, ein historisches Ereignis: Zum ersten Mal in der Geschichte gelingt es Kindern – eigentlich ihren Nöten und Problemen – 72 Staatschefs aus aller Welt, außerdem Delegierte aus 86 weiteren Ländern zum bis dahin größten staatlichen Spitzentreffen der Vereinten Nationen zusammenzubringen. Im Hinblick auf die himmelschreiende Not der Kinder verweigerte kein Einziger der anwesenden Regierungsvertreter seine Unterschrift unter folgender Erklärung: »Wir verpflichten uns hiermit feierlich, die Rechte der Kinder in aller Welt zu stärken, ihr Überleben zu sichern und ihrem Schutz und ihrer Entwicklung hohe Priorität einzuräumen.«

Es bleibt anzuerkennen: Manches ist inzwischen zum Wohle der Kinder geschehen. Doch die Umsetzung des aufgestellten Aktionsplanes blieb weit hinter den gesteckten Zielen zurück: Die Reduzierung der Zahl von 150 Millionen Kinder, die voraussichtlich in den folgenden zehn Jahren sterben würden, auf »nur« 50 Millionen – so hatte man ausgerechnet – würde nur so viel kosten, wie damals weltweit an einem einzigen Tag für Rüstung ausgegeben wurde. Die traurige Wirklichkeit: Zwar hat sich das Schicksal der Kinder in vielen Ländern verbessert – aber meist nur unbedeutend und noch fern von den angepeilten quantitativen Zielen. In nicht wenigen Krisengebieten der Erde ist die Kindersterblichkeit immer noch gleich hoch, in manchen ist sie sogar wesentlich gestiegen. Im gleichen Zeitraum aber sind in sehr vielen Ländern – oft gerade in solchen, in denen Kinder geringe Lebenschancen haben – die Militärausgaben wesentlich erhöht statt reduziert worden. Waffenhandel gilt immer noch als einträgliches Geschäft. Unsinnige Kriege, hinter denen wahnsinniges Machtstreben und unbegrenzte Wirtschaftsinteressen stehen, gehen vor allem zulasten hilfloser Kinder. Nicht nur beim Einsatz der dringend notwendigen Finanzen wurden sie übersehen, sondern auch im Verantwortungsbewusstsein für die Kinder, die doch Zukunft sind, änderte sich kaum etwas.

Dürfen wir eine bessere Welt für Kinder allein den Großen der Welt überlassen? Wir werden die Politiker sicher nicht aus ihrer Pflicht entlassen, aber die feste Überzeugung der Andheri-Hilfe sowie ihrer Freunde und Spender ist: Wir alle müssen mit anpacken, jeder Einzelne von uns, um Kindern eine Zukunft zu geben.

Das gilt in besonderer Weise für Straßenkinder, die das Bild indischer Städte bestimmen. Die meisten von ihnen sind »Strandgut«, haben kein Zuhause, sind entwurzelt, völlig auf sich selbst gestellt. Andere sind von zu Hause geflohen, erfahrener Misshandlungen oder schlechter Schulnoten wegen. Wieder andere wurden von der Illusion eines herrlichen Lebens in der Stadt angezogen. Hier aber ist ihnen verwehrt, selbst einfachste Grundbedürfnisse zu decken: Sie schlafen am Straßenrand, in Parkanlagen, am Bahnhof oder beim Tempel. Sie leben vom Betteln oder von den Abfällen der Hotels. Sie waschen sich in Tümpeln, die nicht selten durch Exkremente von Tieren verunreinigt sind. Im Krankheits- oder Unglücksfall fehlt ihnen jede Hilfeleistung. Hinzu kommt die tägliche Bedrohung durch die Polizei: Straßenkinder können sich nicht ausweisen, haben niemanden, der für sie bürgt, und werden deshalb oft grundlos inhaftiert. Sie wirken wie Täter und sind doch Opfer – wehrlose Opfer ungerechter Strukturen und einer mitleidslosen Gesellschaft. Freigelassen führt ihr Weg sie zwangsläufig in die gleiche Situation zurück: auf die Straße. Wo sollen sie auch hin?

Viele Kinder versuchen, sich in kleinen Hotels für einfache Arbeiten zu verdingen. Andere halten sich als »Rag-pickers« (Müllsammler) über Wasser. Ich habe sie in stinkenden Müllhalden nach noch brauchbaren, verkaufbaren Resten wühlen sehen, dort wo sich außer ihnen nur Schweine und Ratten aufhalten. Oft nutzt man die Unwissenheit und Not dieser Kinder aus, um sich ihrer bei kriminellen Handlungen zu bedienen. Mit 20 bis 40 Cent am Tag schaffen es die Straßenkinder zu überleben. Verdienen sie an einem Tag mehr, können sie im Kino für einige Stunden ihre harte Wirklichkeit vergessen und von einer Welt träumen, die ihnen wohl für immer verschlossen bleibt.

In enger Zusammenarbeit mit engagierten Partnern vor Ort konnte die Andheri-Hilfe vielen Tausenden dieser Straßenkinder den Weg in eine andere, eine menschlichere Welt öffnen. Sie in geschlossenen Heimen unterzubringen konnte nicht die Lösung sein: Sie sind Freiheit gewöhnt und lieben ihre Ungebundenheit. Darum entstanden in einer Reihe von Städten offene Zentren. Hier haben sie am Abend ein Zuhause, können sich und ihre Kleidung waschen, erfahren ärztliche Betreuung und dazu das Angebot von Spiel und Sport als Freizeitausgleich. Vor allem aber wird langsam ein Vertrauensverhältnis zwischen den Kindern und ihren Betreuern aufgebaut, die sie auf der Straße ansprechen und ins Zentrum einladen. Die meisten Kinder bleiben, und mehr und mehr öffnen sie sich für Gespräche und Überlegungen über ihre Zukunft.

Mehr als 25 Prozent können nach Kontaktaufnahme mit den Eltern wieder in ihre Familien integriert werden. In einem »Follow-up« wird von den Mitarbeitern aber überwacht, ob die Wiedereingliederung in die Familie tatsächlich gelungen ist. Andere Straßenkinder, besonders die jüngeren unter ihnen, nehmen ihren abgebrochenen Schulbesuch wieder auf. Manche der älteren Kinder können zu Berufsausbildung und -arbeit geführt werden. Eine weitere Möglichkeit ist, ihren Arbeitgebern und Firmen annehmbarere Bedingungen für die jungen Menschen in ihrem bisherigen Arbeitsbereich abzuringen.

Auch in Bezug auf das Schicksal von Straßenkindern ist Prävention eine wichtige Strategie. »Street worker« nehmen sich an Busstationen und Bahnhöfen sofort der frisch aus den Dörfern ankommenden Kinder an, damit sie gar nicht erst in extreme Notsituation und in die Fänge von Kriminellen geraten.

Die Erfolge der Arbeit zugunsten der Straßenkinder sind verblüffend: Nicht nur Arbeitgeber, die den Kindern früher jedwede Rechte vorenthielten, wurden als Mithelfer gewonnen. Selbst für die Polizei sind diese Kinder jetzt kein Freiwild mehr: Sie stellt nicht selten den Kontakt zwischen »aufgelesenen« Kindern und unseren Projektmitarbeitern her.

Erste erfolgreiche Versuche wurden auch bereits mit der weitaus schwierigeren Rehabilitation von Mädchen gemacht, die auf den Straßen der Großstädte landeten. Sie sind besonders gefährdet und nicht selten willkommene Beute von Zuhältern für Missbrauch in der Prostitution.

Eine weitere überaus wichtige Erfahrung im Projektbereich »Straßenkinder«: Ihre nach Hilfe schreiende Situation erreicht neuerdings die Öffentlichkeit. Indische Tageszeitungen berichten von den erfolgreichen Programmen unserer einheimischen Partner, von der Andheri-Hilfe gefördert. Langsam verschließt man sich nicht länger dem Unrecht, das man Straßenkindern antut. Das Thema Straßenkinder ist nicht mehr tabu.

Das erfuhr ich in besonderer Weise im Dezember 1998 in Palayamkottai: Der 21-jährige Manikandam, früher Straßenjunge, inzwischen stolzer »Chefkoch« in einem Straßenrestaurant, heiratet. Seine Frau war früher Kinderarbeiterin in einer Streichholzfabrik. Beide fanden durch die Projektförderung der Andheri-Hilfe eine neue Lebensperspektive. Als Hochzeitsgäste haben sie Straßenkinder eingeladen. Aber auch die Oberbürgermeisterin ist gekommen und der Polizeipräsident, der einst Manikandam für drei Jahre ins Gefängnis gesteckt hatte – nur weil er Straßenkind war. Ein indischer Professor der Soziologie setzt zur Festrede an: Aber nach den ersten Worten versagt ihm die Stimme; er weint und kann nur noch sagen: »Ich schäme mich der Kinderarbeit in unserem Land!« Die indische Presse berichtet fortan ausführlich. Prominente Sportler und Schauspieler besuchen unsere Zentren und unterstützen die Arbeit finanziell. Auch hier gilt fortan: Straßenkinderdasein ist kein Tabu mehr!

Immer häufiger und intensiver setzen sich jetzt auch ehemalige Straßenkinder selbst mit ein. In überzeugenden Szenen machen sie in so genannten »Straßentheatern« auf ihr Los und das von Kinderarbeitern aufmerksam. Manche ehemals geknechteten und jetzt »befreiten« Kinder entscheiden sich für ihren Einsatz zugunsten von »Kindern ohne Kindheit« sogar als ihre Lebensaufgabe. In Hyderabad haben sich »befreite« Kinder zu einer registrierten Gruppe zusammengeschlossen. Sie geben eine Zeitschrift heraus und informieren auf ihre Weise immer mehr Menschen über das nicht zu akzeptierende Los vieler Kinder und motivieren sie zum Eingreifen. Und das alles nicht ohne Erfolg: Die Zahl der leidenden Kinder in Indien nimmt ab!

Straßenkinder und Kinderarbeiter: Ihre Situation war und ist eine besondere Herausforderung für unsere Andheri-Hilfe, die sich Entwicklung auf der Grundlage von Menschenrechten und Menschenwürde zur Aufgabe gestellt hat – so lange, bis alle Kinder kindgerecht in einer besseren Welt leben dürfen!

Kinderarbeit: Schuften statt lernen – Produkte aus Kinderhand

Ich habe sie erlebt, viele Male. Ich habe sie gesehen, viele Tausende von ihnen: Kinderarbeiter in Indien.

Unvergesslich ist mir ein Samstagabend Ende 1989. Ich sitze diskutierend mit einer Selbsthilfegruppe von Frauen zusammen.

Ein Bus kommt an, alt und klapprig. Etwa 30 Kinder im Alter von sechs bis 15 Jahren steigen aus; etwa ebenso viele fahren weiter zu dem Dorf, in dem sie daheim sind. Die Kinder wirken apathisch, erschöpft und können sich vor Müdigkeit kaum auf den Beinen halten. Sie kommen nicht etwa von einer frohen Ausflugsfahrt, sondern aus Streichholzfabriken, in denen sie zwölf lange Stunden gearbeitet haben – heute wie an den vergangenen fünf Wochentagen.

In der folgenden Woche setze ich mich auf die Spuren dieser Kinder: Ich besuche einige Streichholzfabriken im Gebiet von Tirunelveli in Südindien. Fast der ganze Bedarf Indiens an Schwefelhölzern wird in diesem Gebiet in Handarbeit hergestellt. Die Arbeit ist monoton. Sie erfordert keine besonderen Fähigkeiten, aber flinke Finger, um die vorbereiteten Hölzchen in mehrfach unterteilte Rahmen einzuordnen. Diese Holzrahmen werden anschließend von den wenigen erwachsenen Arbeitern in ein Schwefelbad getaucht. Dann sind wieder die kleinen Finger gefragt, um Schachteln herzustellen, sie mit den fertigen Streichhölzern zu füllen, zu bekleben und dann zu kleinen Paketen zu bündeln. Ich komme an den Dorfschulen vorbei; sie sind fast leer, während die Fabriken mit arbeitenden Kindern gefüllt sind. Schuften statt lernen!

Unübersehbar sind die Schäden, die die Kinder für ihr ganzes Leben davontragen: Ihre geistigen Fähigkeiten liegen brach und verkümmern im öden Einerlei ihrer täglichen Arbeit. Die Schwefeldünste in den Arbeitsräumen greifen Atemwege und Lunge an. Oft erleiden sie Verbrennungen und Verletzungen, denn Schutzmaßnahmen gibt es nicht. Im Alter von 15, 16 Jahren werden die Jugendlichen in der Regel entlassen: Dann sind sie nicht mehr flink genug, kosten mehr und sind gesundheitlich bereits geschädigt. Die Kinderarbeiter von heute sind zweifellos die Arbeitslosen von morgen. Was wird aus ihnen, zumal sich durch den Entzug elterlicher Liebe, durch das fehlende

Gefühl der Zugehörigkeit zur Familie in ihrer späteren Entwicklung oft eine starke emotionale Beeinträchtigung bemerkbar macht?

Einige hundert Kilometer nördlich von Tirunelveli, in der Nähe von Madras (heute Chennai): Wieder einmal bin ich mit Franz Alt zu Dreharbeiten unterwegs. Titel des TV-Films: »Die befreiten Kinder«. Unser erster Besuch gilt einem der vielen Steinbrüche in diesem Gebiet. Es sind meist Familien, die hier unter Schweiß ihr tägliches Brot – ihre tägliche Hand voll Reis – verdienen. Von frühem Alter an sind die Kinder schon mit dabei. Wir versuchen mit der siebenjährigen Kanchena ins Gespräch zu kommen. Sie verrät uns lediglich ihren Namen, dann versagt ihre Stimme: Sie weint. Bereits als Fünfjährige musste sie große Steine mit einem schweren Schlaghammer zerkleinern und in eisernen Schalen auf dem Kopf zu einer Sammelstelle bringen – für einen Hungerlohn.

Nicht weit entfernt besuchen wir eine Fabrik, in der Gartenhandschuhe für den Export hergestellt werden. »Ich beschäftige keine Kinder!«, erklärt uns der Besitzer. In den großen Arbeitsräumen treffen wir aber viele Kinderarbeiter an; es war ihm nicht gelungen, sie vorher noch vor uns zu verstecken.

In Kanchipuram, der berühmten Seidenstadt: Kaum ein Webstuhl ohne Kinderarbeiter. Erhebungen im Jahre 1998 ergaben mindestens 40 000 arbeitende Kinder – und das bei einer Bevölkerung von etwa 350 000 in dieser Stadt. Die Kinder wirken ernst, und selbst unter der Bräune ihrer Haut ist zu erkennen, wie sehr ihnen der zehn- bis 14-stündige Aufenthalt in den stickigen Räumen zusetzt. Sie husten, die Fasern greifen die Lunge an, ihre Rücken sind gekrümmt und schmerzen.

Überall trifft man auf arbeitende Kinder. Obwohl laut Artikel 24 der indischen Verfassung kein Kind unter 14 Jahren bei gefährlicher Arbeit (und welche Arbeit gefährdet Kinder nicht?!) eingesetzt werden darf, gehen Schätzungen davon aus, dass von den weltweit ca. 200 Millionen arbeitenden Kindern fast ein Viertel in Indien lebt. Offizielle Statistiken sprechen von 40 Millionen, die Dunkelziffer liegt laut »Human Rights Watch« bei 60 bis 115 Millionen dieser »Blüten im Staub«. Ihre Kindheit ist schnell beschrieben: Sie haben keine!

Viele von ihnen sind Mädchen; Jungen hält man seltener von der Schule zurück. Die Kinderarbeiter sind willkürlicher Ausbeutung ausgeliefert, denn Arbeitsverträge haben sie selbstverständlich nicht. Umso lieber bedienen sich Unternehmer dieser billigen Arbeitskräfte für etwa 20 Cent pro Tag. Dem großen wirtschaftlichen Gewinn durch Kinderarbeit kommt auf dem indischen Arbeitsmarkt ein hoher Stellenwert zu: Man schätzt den Anteil der Beschäftigung von Kindern auf etwa 10 Prozent der gesamten indischen Arbeitskraft. Oft erklärten mir Kinder: »Wie sollen unsere Eltern von ihren Schulden loskommen, wenn wir nicht arbeiten?« Hunderttausende schuften jahrelang als »Schuldknechte«, nur um den skrupellosen Geldverleihern die Wucherzinsen für kleine, von den Eltern aufgenommene Kredite abzuzahlen.

Das Problem Kinderarbeit ist komplex. Darum muss es auch von vielen Seiten angegangen werden. Es gibt kein Patentrezept. Ähnlich wie auch in anderen Projektbereichen müssen hier erst recht zuerst die Ursachen hinterfragt werden: Armut und Arbeitslosigkeit von Erwachsenen sind die Hauptgründe. Um die Grundbedürfnisse der Familie befriedigen zu können, schicken Eltern ihre Kinder zur Arbeit. Etwa 25 Prozent des Einkommens armer Familien bringen die Kinder auf. Hier liegt auch nicht selten die Ursache für die große Kinderzahl: »Jedes Kind kommt mit zwei Händen und zwei Füßen zur Welt«, erklärte mir der Vater von sechs Kindern. »Wenn alle mitarbeiten, können wir leben. Unsere Kinder sind gleichzeitig auch unsere ›Altersversicherung‹, wenn wir Eltern später nicht mehr arbeiten können.« Welche Lebensphilosophie zulasten der Kinder! Als weitere

Gründe für Kinderarbeit kommen hinzu das Fehlen eines sozialen Netzes, mangelndes Bewusstsein der Eltern und des sozialen Umfeldes, fehlende bzw. nicht angepasste Bildungsmöglichkeiten.

Ich konnte sie nicht vergessen, diese Kinderarbeiter. Wenn ich ein Streichholz anzündete, wenn ich bei der Gartenarbeit Schutzhandschuhe überzog, wenn ich einen hübschen geschenkten Seidenschal in Händen hielt – immer sah ich die arbeitenden Kinder vor mir, diese kleinen Erwachsenen, um ihre Kindheit betrogen.

Einige Jahr später: Ich bin wieder einmal im Gebiet von Chennai und frage nach der kleinen Kanchena. Ich finde sie nicht mehr im Steinbruch, sondern in der Schule. Sie ist kaum wieder zu erkennen, macht einen fröhlichen Eindruck und erklärt mir: »Früher habe ich meinen Kopf gebraucht, um schwere Steine zu schleppen. Jetzt brauche ich ihn, um zu lernen. Ich will Lehrerin werden und anderen Kindern helfen, damit auch sie lernen, statt zu schuften.« Auch der Besuch der Streichholzfabriken im Gebiet von Tirunelveli gehört zu meinem Besuchsprogramm. Welche Veränderungen: Hier arbeiten jetzt Erwachsene. Ich treffe kaum noch arbeitende Kinder an. Stattdessen sind jetzt die Schulen überfüllt: Die vielen lernbegierigen Kinder sind kaum unterzubringen.

Kein plötzliches Wunder – sondern unermüdliche Kleinarbeit war von unseren einheimischen Partnern in vielen Tausenden von Dörfern geleistet worden, ermutigt und finanziell unterstützt von der Andheri-Hilfe. Es galt, an der Wurzel anzusetzen, zunächst mit kurzfristigen, später mit langfristigen Maßnahmen:

Es war kein leichter Schritt, den Unternehmern in intensiver Überzeugungsarbeit kleine, aber wichtige Erleichterungen für die arbeitenden Kinder abzuringen, so zum Beispiel die Verkürzung der Arbeitszeit, regelmäßige Arbeitspausen, Festsetzung von Mindestlöhnen, gesundheitliche Kontrollen. Ab und zu erzielten die Mitarbeiter unserer Partnerorganisationen sogar die Zusage für eine Stunde Schulunterricht täglich am Arbeitsplatz.

Langfristig konnte es aber nicht genügen, lediglich das Los der arbeitenden Kinder ein wenig zu erleichtern, sondern es ging um ein *Stopp* der Kinderarbeit. Dazu musste das gesamte Umfeld der Kinder einbezogen werden. Frauengruppen wurden gebildet und setzten langsam den sozialen Wandel in Gang. Sie erkannten die Schäden, die ihre Kinder als Folge früher Arbeit ein ganzes Leben lang belasteten. So wurden die Frauen bald zu den motiviertesten Interessenvertretern. Im Dialog mit ihnen wurde offensichtlich: Die Kinder sofort von der Arbeit wegzuholen kann keine Lösung sein, ebenso wenig wie der bloße Boykott des Kaufs der von Kindern hergestellten Waren. Der plötzliche Ausfall des Verdienstes der Kinder würde arme Familien in noch größere Not stürzen. Vorbeugend – das war das Ergebnis der Überlegungen der Frauengruppen – wurden überall *Balawadies*, einfache Kindergärten, eingerichtet; für viele tausend Kinder bereits der erste Schritt zur Bewahrung vor unkindgemäßer Arbeit und hin zur Bildung. Der Wegfall der Löhne der Kinder musste jedoch für die Familien kompensiert werden: Frauengruppen, wohl vorbereitet auf den Umgang mit Geld, erhielten von unserer Andheri-Hilfe Kredite für Einkommen schaffende Maßnahmen, eine anspornende Beihilfe zu ihren eigenen Ersparnissen. Die Verhältnisse im Hygiene- und Gesundheitsbereich sowie die Wohnsituation wurden verbessert, für die gemeinsamen Aktivitäten im Dorf einfache Gemeindezentren gebaut. Die Menschen lernten ihre Rechte kennen und gingen jetzt für das Wohl ihrer Kinder protestierend auf die Straßen. Regierungsstellen konnten sich diesem Druck und den gleichzeitig bereits sichtbaren Verbesserungen nicht verschließen. Nun wurden strengere Kontrollen in den Fabriken durchgeführt, und die Beschäftigung von Kinderarbeitern wurde erstmalig bestraft.

Arme Familien erhielten staatliche Zuschüsse zur Überwindung ihrer Armut.

In den Gebieten, in denen Kinder vor allem als Seidenweber beschäftigt wurden, fanden städtische Behörden einen bemerkenswerten Weg: Sie setzten die Unternehmer unter Druck, indem sie sie vor die Alternative stellten, entweder eine Strafe für die Beschäftigung von Kindern in Kauf zu nehmen oder Kinderarbeiter zu entlassen und ihnen gleichzeitig eine Entschädigung zu zahlen als Grundlage für schulische und berufliche Ausbildung. Und dieses »Rezept« funktionierte!

Wieder einige Jahre später: ein Treffen mit Vertreterinnen von fast tausend Frauengruppen in Tirunelveli. Sie berichten glücklich von der neuen Situation: »Lernen statt schuften« ist für Tausende ihrer Kinder eine früher nie geahnte Wirklichkeit geworden. Das Leben in ihren Familien hat sich nicht nur wirtschaftlich verbessert, es herrschen auch mehr Freude und Frieden.

»Aber«, fragen sie mich selbstbewusst und ohne jede Angst, »wir haben unsere Kinder aus den Fabriken geholt, um sie zur Schule zu schicken. Aber was jetzt? Sie haben die Schulbildung abgeschlossen. Es fehlen Ausbildungs- und Arbeitsmöglichkeiten für sie. Müssen wir sie jetzt wieder in die Fabriken schicken, aus denen wir sie mit dem Ziel einer besseren Zukunft herausgeholt haben?« Lange Gespräche und Überlegungen schließen sich an. Als dringend notwendiger nächster Schritt wird die Einrichtung von beruflichen Ausbildungsstätten für frühere Kinderarbeiter beschlossen. Diese Zentren haben sich bestens bewährt. Dort wird hervorragende Arbeit für die berufliche Ausbildung junger Fachkräfte geleistet, die die wachsende Wirtschaft Indiens dringend braucht.

So erkennt nun die einheimische Regierung diese Ausbildungszentren an, die Azubis erhalten nach Abschluss des Trainings entsprechende Zeugnisse, und – das ist besonders erwähnenswert – die Regierungsstellen beteiligen sich nach einer positiven Anlaufzeit an der Finanzierung der laufenden Kosten der Schulungszentren.

Wieder einmal bestätigt sich unsere »Philosophie«: Es gilt, noch so unüberwindbar scheinende Probleme – auch auf Wagnis hin – mutig anzugehen, erzielte Erfolge öffentlich zu machen, zustehende Rechte einzuklagen. So wurde die Vorgehensweise der Andheri-Hilfe auch in diesem Aufgabenbereich in vielen Gebieten Indiens zum Pilotprogramm. Zuständige indische Regierungsstellen wurden zu Nachahmern dieser Programme und nicht selten zu Förderern unserer erfahrenen Partner. Sie richteten so genannte »Special Schools« ein und boten unseren Partnern die Leitung an. Dort wird ehemaligen Kinderarbeitern in Kursen von meist drei Jahren theoretisches Wissen vermittelt. Im Hinblick auf spätere berufliche Chancen erhalten sie aber gleichzeitig auch Anleitung in praktischen Fertigkeiten. Tausende früherer Kinderarbeiter und ihre Eltern nehmen diese Bildungschancen gern wahr. Zusätzlich wird von Regierungsseite mancherorts sogar für jedes dieser Schulkinder ein kleiner Betrag zum Ausgleich für den Verdienstausfall gezahlt.

Es ist für mich eine der beglückendsten Erfahrungen meines langen Lebens, dass Andheri-Hilfe mehr als 100 000 »befreite Kinder« als Erfolg verzeichnen darf – die Förderung von Straßenkindern miteinbezogen. Es gibt keinen Zweifel für mich: Planungen gemeinsam mit den Menschen vor Ort und deren intensive Mitarbeit, dazu der unermüdliche Einsatz lokaler Partner und nicht zuletzt die Spendenbereitschaft unserer deutschen Freunde machen eine bessere Welt für Kinderarbeiter möglich: Nicht mehr schuften statt lernen! Sondern lernen statt schuften!

Die Straße trennt nicht mehr – Unberührbare in der indischen Gesellschaft

Das indische Kastenwesen lebt noch, obwohl diese religiöse, ökonomische und soziale Aufteilung der Menschen in Klassen seit der Unabhängigkeit des Landes vor mehr als einem halben Jahrhundert als abgeschafft gilt. Aber was seit mehr als zwei Jahrtausenden das Zusammenleben – besser gesagt: die Trennung – der Menschen bestimmte, kann nicht plötzlich durch die Unterschrift unter einen Gesetzestext aus der gesellschaftlichen Wirklichkeit getilgt werden, so wünschenswert das auch wäre. Heute noch hängt der Wert eines Menschen im überwiegend hinduistischen Indien weithin von seiner Zugehörigkeit zu einer der vier Hauptkasten und etwa 3000 Nebenkasten ab. Noch unterhalb der Kasten stehen die »Kastenlosen«. Mit rund 160 Millionen Angehörigen machen sie etwa 16 Prozent der indischen Gesamtbevölkerung aus.

Die gesetzliche »Abschaffung« des Kastensystems bedeutete für die Kastenlosen keineswegs eine Gleichstellung mit den anderen Bürgern ihres Landes. Immer noch werden sie tagtäglich in jeder nur denkbaren Weise diskriminiert. Ihnen sind nur die niedrigsten Berufe vorbehalten. Ihre Löhne sind extrem niedrig. Der Zutritt zu den Hindutempeln ist ihnen untersagt, teils sogar die Benutzung der Brunnen, aus denen die Kastenangehörigen ihr Wasser schöpfen – um nur einige der ihnen von der Gesellschaft auferlegten Beschränkungen zu nennen.

Mahatma Gandhi nannte sie *Harijans*, »Kinder Gottes«, um ihnen damit zu Anerkennung und Menschenwürde zu verhelfen. Die Unberührbaren selbst aber sehen in dieser Bezeichnung eine Beschönigung der Lebensumstände, in die sie gedrängt sind. Sie nennen sich selbst *Dalits*, das heißt »Zerbrochene«, »Zertretene«. Auch heute noch werden sie »zerbrochen«, »zertreten«, oft sogar tätlichen Angriffen ausgesetzt, die in der Regel nicht einmal strafrechtlich verfolgt werden. Die Schutz- und Fördermaßnahmen der indischen Regierung haben den Dalits bis jetzt zu keinem Durchbruch in ihrem Kampf gegen den tief verwurzelten Abscheu gegenüber »Kastenlosen« verhelfen können, ebenso wenig aber auch der Übertritt vieler Dalits zum Christentum. Auch als Christen bleiben sie Ausgeschlossene, werden sogar oft von speziellen staatlichen Förderprogrammen ausgeschlossen, weil man die Zuständigkeit für die christlichen Dalits den Kirchen überlässt.

Dalits nehmen diese Diskriminierung nicht länger hin. Bei der Weltkonferenz gegen Rassismus in Durban im Jahre 2001 forderten 160 Vertreter indischer Nichtregierungsorganisationen, dass – so wie jede andere Art des Rassismus – auch das indische Kastenwesen verurteilt werde. Ihr berechtigtes Anliegen blieb ohne Erfolg, weil sich die indische Regierung weigerte, die Einstufung der Dalits als Kastenlose und ihre entsprechende Ausgrenzung dem Rassismus gleichzusetzen. Trotzdem blieb der Aufschrei der Dalits nicht ungehört: National wie international wächst die Dalit-Solidaritätsbewegung mit dem Ziel der vollen sozialen und religiösen Anerkennung der »Unberührbaren«.

Da die erklärte Zielgruppe der Andheri-Hilfe die Ärmsten sind, ist es nur konsequent, dass unsere Entwicklungszusammenarbeit mit Indien zu einem bedeutenden Teil der Förderung dieser untersten sozialen Gruppe zugute kommt. Es geht in vielen Projekten um die Verbesserung ihrer Lebensbedingungen, vor allem aber um die Ermutigung und Stärkung der Dalits in ihrem unermüdlichen Kampf um ihre volle Anerkennung und somit für ihre vollständige Eingliederung in die Gesellschaft.

Besonders auf dem Land – Lebensraum für 70 Prozent der indischen Bevölkerung – gelten weithin noch die alten Regeln der strikten Kastentrennung. So erlebte ich es vor einigen Jahren im südindischen Dorf Palamarnary. Eine staubige, unbefestigte Straße durchzog das Dorf. Straßen sind normalerweise Verbindungen, ermöglichen das Hingehen zum anderen. In Palamarnary nicht: Hier war die Straße eine Grenze, stärker als Stacheldraht, unüberwindlicher als eine Betonwand. Auf der linken Straßenseite wohnten die Angehörigen der Pallar-Kaste, auf der rechten die Kastenlosen. Jeder Kontakt untereinander war ihnen verboten. Kinder und Frauen der rechten Straßenseite begegneten mir mit schweren Wasserbehältern auf dem Kopf: Trotz der Gluthitze mussten sie ihr Wasser von weither holen. Die Nutzung der Brunnen auf der linken Seite war ihnen wegen der strengen Reinheitsvorschriften strikt untersagt – und das, obgleich die Brunnen auf der linken Seite nur Angehörigen einer niedrigen Kaste gehörten.

Vieles trennt die Menschen hier – aber das meiste ist ihnen gemein: die Armut, der Hunger, die Angst vor der Zukunft. Weder von dieser noch von jener Seite hat jemals ein Dorfbewohner eine Schule besucht, geschweige denn eine Schulbildung abgeschlossen. Arbeit und Verdienst in Handwerk oder gar Industrie fehlen völlig. Die fruchtbaren Felder rings ums Dorf gehören niemandem aus den beiden Gruppen, sondern sind stolzer Besitz einiger reicher Großgrundbesitzer, die Angehörige der höheren Kallar-Kaste sind. Nur sechs Monate gibt es Arbeit für Tagelöhner, gegen einen Hungerlohn. In der arbeitslosen Zeit herrschen nur noch Hunger und Not!

Einige Jahre später: Wieder besuche ich das Dorf. Die gleiche Straße führt mich hin – wie vor Jahren. Aber heute trennt sie nicht mehr: Die Kastenangehörigen und die Kastenlosen haben zusammengefunden. Fast Unmögliches wurde möglich im Rahmen eines von der Andheri-Hilfe geförderten Programms. Zwei junge Männer, als Dorfhelfer geschult, waren unermüdlich unterwegs – von der linken zur rechen Straßenseite, von einer Familie zur anderen. Zögernd nur kamen die bisher strikt Getrennten zu abendlichen Diskussionen zusammen. Man sprach über die Not im Dorf und ihre Ursachen, man beschloss, sich gemeinsam für Veränderungen einzusetzen und sich zu diesem Zweck in Gruppen zu organisieren. Gemeinsam erreichte man Lohnerhöhungen bei den Landlords, neue Einkommensquellen wurden durch Kleinkredite erschlossen – zum Beispiel im Bereich Viehhaltung und Handwerk. Die Regierung reagierte positiv auf gemeinsame Anträge zur Elektrifizierung und Trinkwasserversorgung des Dorfes. Gemeinsam haben sich die Dorfbewohner da, wo die Straße endet und beide Seiten zusammenstoßen, ein kleines Gemeindezentrum gebaut. Hier treffen sich tagsüber alle Kinder des Dorfes zum Unterricht, und am Abend geht es um angepasste Bildung für Jugendliche und Erwachsene.

»Jahrhundertelang haben wir uns gegenseitig isoliert. Jetzt leben wir wie in einer großen Familie zusammen. Gemeinsam planen und arbeiten wir für die Zukunft unseres Dorfes. Wir haben schon viel geschafft und werden noch mehr erreichen; denn die Straße trennt uns nicht mehr!«, sagen sie beim Abschied.

Kastentrennung überwinden heißt Wege in eine bessere Welt einschlagen.

Ureinwohner – traditionelle Stammeskulturen im Aufbruch in die Moderne

Die Mitgliederversammlung der Andheri-Hilfe im Mai 1994 bietet ein reichhaltiges Programm. Besonderes Interesse findet die erste Begegnung der Teilnehmer mit »Tribals« (Stammesangehörigen). Gegenstände des täglichen Lebens dieser uns so fremden Menschen sind ausgestellt. Hausrat und Werkzeuge, Instrumente und Schmuck, dazu teils recht alte und wertvolle Zeugnisse ihrer Kunst und Religion holen diese fernen Menschen in unsere Nähe, erregen unsere Bewunderung für ihre reichen Traditionen.

Aber es geht um mehr als »Bewunderung« dieser besonderen

indischen Bevölkerungsgruppe: Die Tribals nehmen unter den Zielgruppen der Andheri-Hilfe einen besonders wichtigen Platz ein.

Wer sind diese Tribals, auch *Adivasi* (Sanskrit: »erste Bewohner«) genannt, das heißt Ureinwohner? In der indischen Verwaltungssprache werden sie als Angehörige von »Scheduled Tribes« (registrierten Stämmen) bezeichnet. Eine große Vielfalt findet sich in den mehr als 600 verschiedenen Stämmen unterschiedlicher Größenordnung mit einigen Hundert bis vier Millionen Mitgliedern. In Indien leben etwa so viele Adivasi, wie Deutschland Einwohner hat: 80 Millionen, das sind rund 8 Prozent der indischen Gesamtbevölkerung. Von den weltweit etwa 350 Millionen Menschen indigener Abstammung stellen die indischen Adivasi fast ein Viertel dar.

Adivasi leben meist in entlegenen Wald- und Bergregionen, von der übrigen Bevölkerung oft weit entfernt. Für unsere Andheri-Hilfe aber waren sie nie »zu weit«. Gern nahmen wir bei Projektbesuchen lange Wege – oft per Jeep oder zu Fuß – in Kauf, um die Adivasi in ihren Siedlungen zu erreichen, nicht selten unterwegs überrascht von Wildschweinen, Schwarzbären und anderen Wildtieren. Das Leben der Tribals, ihre Wirtschaft und auch ihre Religion sind vom engen Zusammenleben mit der Natur geprägt. Von den alten Wildbeuterkulturen sind nur wenige Jäger, Fischer oder Sammler übrig geblieben. Dagegen haben sich weithin noch die Kulturen der Wanderfeldbauern erhalten: Wenn der Boden wegen Nährstoffarmut nach wenigen Ernten ausgelaugt ist, schaffen sie sich durch Brandrodung wieder neue Ackerflächen. Ihre Siedlungen verlegen sie jeweils dorthin, wo ihre Felder sind. Hat sich das Land regeneriert, kehren sie nach 20 bis 30 Jahren wieder zu den alten Anbauflächen zurück. Inzwischen aber machen sesshafte Bauernkulturen den größten Teil der Ureinwohner aus, während Viehzüchter- und Hirtenkulturen ein Nomadenleben führen: Sie sind mit ihren Viehherden unterwegs. Als letzte ist unter den Tribals noch die Gruppe der übers Land ziehenden Händler zu nennen, den Sinti und Roma in Europa verwandt.

Manche Stämme sind total von der Außenwelt abgeschlossen, bei anderen bestehen gegenseitige positive Beeinflussungen und auch wirtschaftliche Kontakte. Mehr und mehr aber ist, vor allem durch die dominierende Hindu-Kultur und die Kolonisation, die kulturelle Identität der Adivasi, deren hervorragende Erzeugnisse wir bei der oben erwähnten Ausstellung so sehr bewundert hatten, in Gefahr geraten, dazu auch ihr natürlicher Lebensraum. In den letzten Jahrzehnten waren es Plantagenwirtschaft, Ausbeutung der Wälder und der Bodenschätze, Staudammprojekte und die Entstehung der großen städtischen Ballungsgebiete, die zu weiterer Zerstörung des Lebensraumes der Adivasi, zum Raub ihrer wirtschaftlichen Ressourcen und zur Vertreibung aus ihrer Heimat führten. Es ist eine nicht zu übersehende Tatsache: Die Modernisierung Indiens geht immer mehr zulasten der Ureinwohner.

Daran ändern auch die Schutzrechte, die die indische Regierung diesen »Scheduled Tribes« zuerkennt, nichts Wesentliches. Weder die Quotenregelung für die Besetzung von Ausbildungsplätzen im Bildungswesen und von Stellen im öffentlichen Dienst noch andere Förderprogramme erreichen die Adivasi wirklich. Inzwischen bevölkern etwa zehn Millionen Stammesangehörige die Slums, die sich wie Jahresringe um die Städte legen; weitere Millionen Tribals sind in Schuldknechtschaft geraten. Auch die weltweite »Dekade für indigene Völker« hat kaum Veränderungen gebracht: Man sprach über sie, auch sicher für sie, aber sie selbst kamen kaum zu Wort.

Dabei sind wertvolle Traditionen der Lebensform von Tribals in Gefahr: zum Beispiel ihre Wertschätzung der Frau oder ihr Eigentumsverhalten, das nicht vom individuellen, sondern vom gemeinschaftlichen Besitz geprägt ist.

Seit den Achtzigerjahren mehren sich die alarmierenden Zuschriften lokaler Initiativen und Organisationen der Stammesangehörigen, die unsere Andheri-Hilfe um Unterstützung bitten. Es sind nicht große Geldzuwendungen, die sie zur Sicherung ihres Lebens und ihres Lebensraumes beantragen. Sie erwarten von uns vielmehr Stärkung und Unterstützung ihres eigenen aktiven Einsatzes, ihres Ringens um die ihnen zustehenden Rechte. Das genau ist es, was den paternalistisch geprägten staatlichen Hilfsaktionen fehlte und sie zum Scheitern verurteilte: Sie wurzelten nicht im eigenen Bewusstsein der Adivasi, unterschätzten deren eigene Kraft und berücksichtigten nicht ihre eigenen Entscheidungen.

Die Andheri-Hilfe unterstützt mit besonderem Nachdruck die Anträge dieser Bevölkerungsgruppe. Es geht darin um Maßnahmen, die die Betroffenen selbst aus ihrer Erfahrung und der Kenntnis ihrer eigenen Situation heraus planen. Mitunter geht es um die Wiederbelebung von altem, nicht mehr gepflegtem indigenem Kunsthandwerk, meist aber um die Ausbildung junger Adivasi in neuen handwerklichen Bereichen, wenn den Stämmen durch Verlust ihres Landes die traditionellen Existenzmöglichkeiten genommen wurden. So entstehen neue Berufszweige.

In besonderer Weise aber ist unsere Hilfe in bedrohlichen Notsituationen gefragt: So nach dem großen Erdbeben von 2001, das besonders den Nordwesten Indiens, den Bundesstaat Gujarat, traf. Die Hilfsangebote von verschiedenen Seiten waren so zahlreich, dass sich die Andheri-Hilfe auf den Wiederaufbau eines früher geförderten Zentrums für Kinder mit Behinderungen konzentrieren konnte. Nicht abgedeckt aber und dabei überaus wichtig war die rechtliche Hilfe für die Ärmsten, besonders für die Tribals. Weil sie – im Gegensatz zu den begüterten Hausbesitzern – keine offiziellen Papiere über ihr Eigentum an den Grundstücken vorweisen konnten, auf denen einmal ihre Häuser gestanden hatten, fielen sie aus dem staatlichen Wiederaufbauprogramm heraus. »Was geschieht mit uns? Wer kümmert sich um eine neue Bleibe für uns?«, war ihr Notschrei. Darauf reagierte die Andheri-Hilfe sofort durch Finanzierung von Rechtsberatungszentren, die von einer erfahrenen lokalen Partnerorganisation betreut wurden. Das Projekt erwies sich als erfolgreich: Auch die vom Erdbeben geschädigten Tribals erhielten schließlich die ihnen staatlicherseits zustehenden neuen Unterkünfte!

Mai 2002: eine neue Gefährdung für Stammesangehörige. Ein Dekret der obersten indischen Forstbehörde sah vor, dass alle Bewohner von Forstgebieten, die keinen offiziellen Eigentumstitel vorweisen konnten, von dort ausgewiesen werden sollten. Allein in Gujarat waren rund eine Million Stammesangehörige von der Vertreibung bedroht, denn, obwohl ihre Stämme seit Jahrhunderten dort lebten, besaßen sie keine verbrieften Landrechte. Andheri-Hilfe unterstützte eine groß angelegte Kampagne, in deren Rahmen schließlich nicht nur das Siedlungsrecht von mehr als 15 000 von der Vertreibung bedrohten Tribals anerkannt wurde, sondern die auch mit dazu beitrug, dass die indische Zentralregierung das Dekret zurücknahm und mittlerweile über ein Gesetz diskutiert, das Tribals ein traditionelles Recht an den von ihnen bisher bewohnten Waldgebieten zusichern soll.

Eine neue, aktuelle Herausforderung: »Lieber sterben als unser Land verlieren!« Das ist der Notschrei, der die Andheri-Hilfe von Stammesangehörigen im indischen Bundesstaat Andhra Pradesh erreicht: Um bestimmte Landregionen und Städte mit Wasser und die dort angesiedelte Industrie mit Energie zu versorgen, hat die Regierung den Polavaram-Staudamm geplant. 38 000 Hektar Land und 323 Dörfer – darunter auch seit Jahren von der Andheri-Hilfe geförderte Tribal-Dörfer im Khamman-Gebiet – würde der Stausee überfluten. Etwa 400 000 Menschen würden ihre Heimat, ihren Lebensraum verlieren. Die versprochenen Entschädigungen stellen keinen hinreichenden Ausgleich dar. Andheri-Hilfe verschließt sich dem Notruf der Tribals nicht, unterstützt ihre Zusammenschlüsse mit dem Ziel kraftvoller Protestaktionen. Fortschritt ja, Hilfe für wasserarme Gebiete ja – aber nicht auf Kosten der Ärmsten, ist die Devise!

Gemeinsamkeit macht stark! Daher schließen sich immer mehr Stammesgruppen im Kampf um ihre Rechte, oft um ihr Überleben zu Netzwerken zusammen. Andheri-Hilfe fördert diese stammesübergreifenden Bewegungen, auch im Rahmen von »Workshops« mit unseren Adivasi-Partnern. Dabei dienen der Erfahrungsaustausch und Diskussionen über die anstehenden Probleme als Ausgangsposition. Entscheidend aber sind gemeinsame Aktionen, die die Existenz im entstandenen Spannungsfeld zwischen Tradition und Moderne sichern. Die Kultur der Tribals darf nicht untergehen; dabei dürfen ihnen aber auch die Vorteile der Modernisierung ihres Landes nicht vorenthalten werden. Sie selbst sind in den bedrohlichen Auseinandersetzungen von heute die Entscheidungsträger für eine bessere Welt.

Das grausame Gesicht der Lepra – »Ihr habt uns unsere Würde wiedergegeben«

Bereits während meiner ersten Indienreise begegnete ich leprakranken Menschen, vor allem in Bombay. Sie hockten bettelnd vor Tempeln oder an den Knotenpunkten belebter Straßen. Nach Meinung der Behörden stellten sie eine Schande für das Ansehen der Stadt dar. Sie wurden vertrieben. Sobald die Leprösen der Polizei ansichtig wurden, waren sie deshalb so schnell verschwunden, wie ihre meist verstümmelten Füße sie tragen konnten.

1964: Zum ersten Mal sollte ich eine Leprasiedlung außerhalb der Stadt besuchen, in Borivili. Nicht ohne innere Aufregung fieberte ich diesem Ereignis entgegen. Ich befragte eine junge deutsche Frau, die einen Tag zuvor diese Kolonie mit Hunderten von »Ausgesetzten« erlebt hatte. Ihre kurze Antwort war nicht gerade ermutigend für mich. Ihr einziger Kommentar: »Ich habe nach meiner Rückkehr sofort geduscht und meine Kleider gewechselt.«

Dann war ich selbst mitten unter den Leprakranken. Ich sah ihre ausgemergelten Körper, ihre verstümmelten Gliedmaßen, ihre offenen Wunden, dazu ihre menschenunwürdige Wohnsituation. Aber ich erlebte auch die grenzenlose Liebe und Hingabe, mit der sich die »Helpers of Mary« (Mitglieder einer Schwesterngemeinschaft, aus dem St. Catherine's Home hervorgegangen) dieser Ärmsten annahmen. Sie gaben ihnen zu essen, verbanden ihre Wunden und kümmerten sich um ihre Kinder. Nach Andheri zurückgekehrt, konnte ich, nach meinen Eindrücken befragt, nur antworten: »In Borivili lebt die Liebe!«

Einige Jahre später, 24. Dezember 1980: Zusammen mit Erzbischof Henry D'Souza von Bhubaneshwar im indischen Bundesstaat Orissa besuchen Pater Dr. Martin Bodewig (Franziskaner, Mitbegründer der Andheri-Hilfe und bis zu seinem Tod 1991 aktives Vorstandsmitglied) und ich eine große Leprakolonie. Die Siedlung liegt wie ausgestorben da. Die Kranken haben sich, als sie Fremde kommen sahen, voll Scheu versteckt. Wir lassen uns in der Mitte der Siedlung unter einem Baum nieder. Der Erzbischof hat für die Kinder Süßigkeiten und einige Spielsachen mitgebracht. So ist deren Vertrauen zuerst gewonnen. Langsam wagen sich auch die Erwachsenen – einer nach dem anderen – hervor, nähern sich uns. Sie versuchen zunächst noch, ihre verstümmelten Füße und Hände (man spricht von »Krallenhänden«) vor uns zu verbergen. Die besonders Gezeichneten wenden ihre so genannten »Löwengesichter« von uns ab. Misstrauisch fragen sie: »Warum kommt ihr zu uns? Niemand will mit uns, den Gezeichneten, zu tun haben. Unsere eigenen Familien haben uns verstoßen.«

Es dauert lange, bis sie Vertrauen gewinnen und von sich und ihren Schicksalen erzählen. Gemeinsam ist allen, dass sie ihrer gefürchteten Krankheit wegen aus ihrer Heimat verbannt wurden. Und dann die Frage eines Leprakranken, der – wie wir später erfahren – während seines Studiums die Universität, die Familie und alle seine Lebensträume aufgeben musste, weil sich weiße Flecken auf seiner Haut zeigten, die ersten Anzeichen der Lepra: »Gehört ihr etwa zu dem Mann, der vor zwei Jahrtausenden lebte und dessen Geburtstag morgen von vielen Menschen auf der ganzen Welt gefeiert wird? Er soll *Leprakranke geliebt und geheilt haben.*« Wir bestätigen seine Frage: »Ja, wir gehören zu diesem Jesus Christus, wir sind Christen.« Wir laden sie ein, morgen mit uns seinen Geburtstag – Weihnachten – zu feiern. Als Zeichen, dass wir angenommen sind, reicht uns nach drei gemeinsamen Stunden eine leprakranke Frau frisch zubereiteten Tee in einem Tongefäß – mit Händen, an denen die Finger fehlen. Es kostet uns Überwindung, aber wir trinken den Tee!

Wir verlassen die Siedlung. In einem Konvent warten indische Schwestern auf uns zur Mitfeier der Christmette und anschließendem Festmahl, den dortigen Verhältnissen entsprechend. Meine Gedanken sind noch bei den Leprakranken. Gemeinsam machen wir uns an die Vorbereitung des morgigen Essens für Hunderte von ihnen. Und sie kommen alle. In langen Reihen sitzen sie nebeneinander auf dem Boden. Auf einem Bananenblatt als Teller erhält jeder eine gute Portion Reis mit Linsencurry, scharf gewürzt. Kinder und Erwachsene sind glücklich. Der Fragesteller vom Tag zuvor überreicht uns stolz ein Christusbild, selbst gemalt auf einem Stück einfachen Papiers.

Das Los der Leprakranken lässt mich nicht mehr los: In den Folgejahren übernimmt unsere Andheri-Hilfe die ersten Hilfsprojekte für leprakranke Menschen. Dabei geht es zunächst um traditionelle medikamentöse Versorgung, um die Einrichtung von »Mercy-Kitchens« (Armenküchen) für die besonders Behinderten und um die Verbesserung ihrer Wohnsituation.

Wieder vergehen einige Jahre. Inzwischen haben wir gelernt, dass es mit einem gelegentlichen Liebesmahl und rein karitativer Hilfeleistung nicht getan ist. Auch die jahrelange noch so aufopfernde Zuwendung der »Helpers of Mary« von Andheri, vor deren Arbeit ich mit großer Hochachtung stehe, ändert das Los der Leprakranken nicht wesentlich – solange diese immer noch als an den Rand Gedrängte, als Bettler abgestempelt sind. Das Bild bettelnder Leprakranker wurde für mich immer unerträglicher: Im fortgeschrittenen Stadium ihrer Krankheit, wenn Teile ihrer Gliedmaßen bereits von der Lepra aufgezehrt sind, lassen sich diese Hilfslosen oft von Leidensgenossen in primitiven kleinen Karren durch die Stadt fahren. Eine Schelle verstärkt die Bitte um ein Almosen, warnt aber die Passanten gleichzeitig vor der Gefahr der Ansteckung. So wirft man den Leprakranken hier und da eine Münze zu. Reicht man einem Hund seine Brocken nicht mit mehr Anstand?

»Gott schuf den Menschen nach seinem Bilde«, heißt es in der Bibel. Für Christen resultiert daraus die Würde des Menschen. Jedes Menschen – auch des von Lepra gezeichneten! Muss darum das Ziel der Hilfe für diese Gruppe der »Ausgesetzten« nicht ihre volle Rehabilitation sein, damit sie ihrer Würde entsprechend wie Menschen leben können?

Lepra ist heilbar – neues Leben für Leprakranke

Dieser Zielsetzung kam vor Jahren die gute Botschaft entgegen, auf die die Welt lange warten musste: Lepra ist heilbar! Zwar hatte bereits der Norweger Hansen den Lepra erregenden Bazillus entdeckt (daher spricht man auch oft von der »Hansen'schen Krankheit«), aber eine heilende Behandlungsmöglichkeit ließ bis Anfang der Neunzigerjahre noch auf sich warten: die so genannte Multi-Drug-Therapie. Es ist eine Kombination verschiedener Medikamente. Sie tötet die Bazillen und führt im Zeitraum von 6 bis 18 Monaten zur vollständigen Heilung. Die totale Ausmerzung der Lepra schien jetzt nur noch die Angelegenheit einer kurzen Zeitspanne zu sein. Aber allen Fortschritten der Medizin zum Trotz erkrankt weltweit immer noch alle 45 Sekunden ein Mensch an dieser »Geißel der Menschheit«. Indien ist mit einer halben Million Neuinfektionen pro Jahr bei weitem am meisten betroffen, denn der eigentliche Verursacher der Lepra ist das Elend, und das gibt es in Indien immer noch im Überfluss und lässt sich nicht mit Medizin therapieren.

Der indische Staat hat die Versorgung der Leprakranken mit diesen Multi-Drugs übernommen. Andheri-Hilfe ermutigt ihre Partner in der Lepraarbeit zur Anbindung an diese staatliche medizinische Hilfe. Darüber hinaus setzen sich die Partner für Aufklärungsarbeit in der Bevölkerung ein, besonders in Schulen. Die körperlichen Verstümmelungen und Entstellungen kennzeichnen nämlich den einst Leprakranken immer noch – auch über seine Heilung hinaus. Gezeichnet sind dadurch auch die Kinder leprakranker Eltern – ob krank oder geheilt. Man meidet den Kontakt mit ihnen und schließt sie damit vom Schulbesuch und folglich von jeder späteren beruflichen Bildung aus. Darum ist die moderne Therapie im Frühstadium so überaus wichtig: Weil die vollständige Heilung dann keinerlei sichtbare Zeichen zurücklässt, können die Geheilten in ihren Dörfern bleiben, sind keine »Ausgesetzten« mehr.

Die Andheri-Hilfe will und kann die soziale Ausgrenzung der von Lepra gezeichneten Menschen aus Familie und Gesellschaft nicht hinnehmen. Darum holt sie diese Geächteten wo immer möglich von der Straße und führt sie in Gruppen zusammen. In einem eigenen Entwicklungsprozess haben wir gelernt: Es bedarf zuerst unbedingt der Organisation der Kranken. Sie sind keine gewachsene Gemeinschaft, kommen aus allen Teilen des

Landes, gehören verschiedenen Kasten an, sprechen verschiedene Sprachen, und auch ihr Bildungsstand ist unterschiedlich. Lediglich das gleiche Schicksal hat sie zusammengewürfelt. Sie müssen zur Gemeinschaft zusammenwachsen, müssen Selbstbewusstsein gewinnen. Gemeinsam sind sie dann in der Lage, sich aktiv für einen Platz in der Gesellschaft und für eine bessere Zukunft einzusetzen.

Fast in allen Fällen gelingt es, die Regierungsverantwortlichen in die Pflicht zu nehmen: Sie stellen entsprechende Grundstücke zur Verfügung. Mitunter ist das ein langer und schwieriger Prozess, der nicht selten durch Sitzstreiks der Leprakranken vor städtischen und staatlichen Regierungsgebäuden ertrotzt werden muss. Damit sind aber noch nicht alle Probleme gelöst: Oft protestieren die Bewohner der gesunden Nachbardörfer gegen Lepraansiedlungen in ihrer Nähe, zerstören deren erste Niederlassungen und schlagen sie nicht selten durch Gewaltanwendung in die Flucht.

Ist das Grundstück sicher, geht es an den Hausbau, von der Planung bis zur Implementierung von den meist inzwischen geheilten Leprakranken übernommen. Soweit die befallenen Gliedmaßen es erlauben, arbeiten sie mit. Das bedeutet nicht nur Verdienst: Junge Bewohner der neu erstehenden Siedlungen erlernen gleichzeitig verschiedene handwerkliche Fähigkeiten und finden später nicht selten einen Arbeitsplatz außerhalb ihres Dorfes.

Was es für die Ausgesetzten bedeutet, ein zwar einfaches, aber festes Haus zu besitzen, kann nur der ermessen, der ihre früheren Wohnverhältnisse gesehen hat. Sie lebten entweder auf der Straße oder in Hütten, die nicht einmal dem Vergleich mit unseren Hundehütten standhalten. Mit dem neuen Haus ist bessere Hygiene gegeben, vor allem aber wächst das Selbstbewusstsein: Sie sind jemand! Liebevoll schmücken sie ihren neuen Besitz, legen kleine Gärten an, sorgen für Baumbepflanzungen der

Straßen. Ich habe sie gesehen, diese freundlichen, blühenden Dörfer und ihre glücklichen Bewohner.

Um vom Bettlerdasein befreit in Würde und Freiheit leben zu können, bedarf es darüber hinaus Einkommen schaffender Maßnahmen – meist im landwirtschaftlichen Bereich: Feldbestellung, Viehhaltung, dazu Fischzucht, die auch von stark behinderten Leprakranken leistbar sind.

Viele »Ausgesetzte« haben so bereits zu einem neuen Leben gefunden. *Naya Jivan*, das heißt »neues Leben« – so nennen die ehemaligen Leprapatienten von Dhenkanal in Orissa stolz ihr neues Dorf. Für die hier angesiedelten 36 Familien und 30 allein stehenden Personen hat sich das mehr als zehnjährige Warten gelohnt, bis sie ihre Elendshütten, in die man nur kriechend gelangen konnte, mit neuen Steinhäusern tauschen konnten. Franz Alt spricht in seinem Film »Ich war in der Hölle« vom »ersten Lepradorf der Welt, in dem kein einziger Bewohner mehr betteln muss«. Mit dem TV-Team besuchen wir hier einen Tea-Shop, dort einen kleinen Kramladen. Einen anderen Bewohner treffen wir mit seinem Handy an: Er bespricht gerade mit einem Kunden die nächste Lieferung des von ihm gesammelten und vorsortierten Altmaterials. Ein einträgliches Geschäft für den früheren leprakranken Bettler.

In einer anderen Siedung ehemaliger Leprakranker treffen wir die Frauen in einer Werkshalle bei der Arbeit an. Sie fertigen aus Kokosnussfasern Kordeln, Matten, Teppiche und können vom Verkauf gut leben. Jetzt wollen sie die Halle vergrößern, um noch mehr Frauen einen Arbeitsplatz zu sichern. Finanziert wird dieser Ausbau durch die Aufnahme eines Kredits. Wer hätte sich das vor Jahren vorstellen können: Leprakranke sind jetzt kreditwürdig!

Die Frage drängt sich auf: Wird mit dieser Arbeit zur Förderung geheilter, aber immer noch gezeichneter Leprakranker in eigenen Kolonien wirkliche Integration erzielt? Bleiben sie nicht immer noch Isolierte, getrennt von der Außenwelt? Können sie nicht in ihre Heimatdörfer zurückgeführt werden?

Der Ausschluss aus Dorf und Familie geschah bereits vor Jahren, sogar Jahrzehnten. Dadurch ist die Verbindung zur Heimat längst verloren. Dazu kommt, dass vielerorts diese Verbannung mit einer Zeremonie geschah, die einer Totenbestattung gleichkommt: Der an Lepra Erkrankte galt als tot! Ganz selten gelingt eine Rückführung ins Heimatdorf. Und da bedarf es oft einer ebensolchen Zeremonie für den »wieder lebenden Menschen«.

Die Integration geschieht auf andere Weise: Durch die neuen Lebensbedingungen und durch den Selbstrespekt wächst gleichzeitig die Annahme, die Anerkennung der Menschen außerhalb der Siedlung für diese einst Ausgesetzten: Kindergärten und Schulen innerhalb der Siedlungen werden von Kindern aus Nachbardörfern besucht. Schulpflichtige Kinder haben mit ihren »Negative-Certificates« Zutritt zu Schulen außerhalb der Kolonien. Neu gewonnene Freunde – später auch deren Eltern – tauschen Besuche aus. Schul- und Berufsausbildung stehen jetzt hoch im Kurs: Bald wird das erste Kind ehemals leprakranker Eltern die Universität besuchen.

»Wir sind so glücklich«, sagen uns die zu neuem Leben erwachten Menschen. »Nun besuchen uns sogar unsere Angehörigen, die uns einst ausgesetzt haben, denn nun sind wir wieder Menschen.« Und bei der Einweihung eines neuen Dorfes sagt uns der gewählte Vorsteher der Siedlung: »Früher besaßen wir nichts und waren wir niemand. Jetzt haben wir Heim und Heimat. Sie haben uns unsere Würde als Menschen wiedergegeben. Millionenmal Dank!«

Jeder Mensch hat nicht nur seinen eigenen Wert, sondern auch seine eigene Würde. Das ist uns in keinem anderen Projektbereich so deutlich geworden wie in der Zusammenarbeit mit Leprakranken. Zwar spekuliert die indische Regierung darauf, Indien bald als »leprafreies« Land deklarieren zu können:

Wenn die Multi-Drug-Therapie erfolgreich war, gilt nämlich der auch noch so Entstellte nicht mehr als leprakrank. Was geschieht aber mit den immer noch Gezeichneten und dadurch aus der Gesellschaft ausgesetzten Menschen? Wo bleibt deren Würde? Wir setzen alle Hoffnung darauf, dass sich der indische Staat um Aufklärung der Bevölkerung und Behandlung von Leprakranken im Frühstadium müht. Dann erst wird sich die Zahl der »Ausgesetzten«, der aus ihrer Heimat Vertriebenen, reduzieren.

Ein überaus bedeutsames Ereignis war für die Bewohner der Siedlung in Kukudakkhandi in der Nähe von Berampur der Besuch des District Collectors und des ersten District Medical Officers, zusammen mit anderen wichtigen Persönlichkeiten anlässlich des Welt-Lepratages im Januar 2005. Das bedeutete für die einst Ausgegrenzten eine bisher noch nie erfahrene große Anerkennung. Die hohen Besucher brachten ihnen Decken und Gehhilfen als Geschenke mit. Dafür sind die Dorfbewohner zwar dankbar; aber sie wissen inzwischen, dass sie nicht Almosenempfänger sind, sondern Menschen mit ihrer eigenen Würde und ihren eigenen Rechten. So tragen sie selbstbewusst ihre Forderungen nach Elektrizität, sauberem Trinkwasser, Straßen- und Busverbindungen usw. für ihr Dorf vor. Und das mit Erfolg. Welche Veränderungen sind in diesen Menschen vor sich gegangen?

Andheri-Hilfe hat vielen Tausenden Leprakranken den Weg in ein Leben in Würde ermöglicht und dadurch erfahren und – wenn auch in kleinem Rahmen – unter Beweis gestellt: Eine bessere Welt ist möglich – wenn die Würde jedes Menschen respektiert wird.

Vom Glück, zu sehen – Blindheit muss kein Schicksal sein

März 1974. Anlässlich einer Projektreise nach Indien betrete ich zum ersten Mal den Boden des jungen Staates Bangladesch. Andheri-Freunde hatten uns für die medizinische Versorgung von Flüchtlingen aus dem früheren Ost-Pakistan Spendengelder anvertraut. Der Befreiungskrieg zwischen Ost- und West-Pakistan war aber so schnell beendet, dass die Spenden nicht mehr für den vorgesehenen Zweck eingesetzt werden konnten. Daher musste jetzt vor Ort geprüft werden, welcher sinnvollen Aufgabe diese Gelder – der Intention der Spender entsprechend – zugeführt werden sollten. Letztlich kamen sie Kindern zugute, die durch den Krieg zu Waisen geworden waren.

Spät am Abend landete die Maschine auf dem Flugplatz der Hauptstadt Dhaka. Noch vor dem Frühstück des nächsten Tages begab ich mich, neugierig auf das neue Land, auf eine erste kleine Entdeckungsreise. Mein erstes Erlebnis: Überall an den Straßenrändern hockten blinde Bettler. Ich vermutete ein geplantes Treffen blinder Menschen, erfuhr aber von meinem einheimischen Quartiergeber, dem Direktor der Caritas Bangladesch, die später unser Partner wurde: »Das ist normaler Alltag bei uns! Es gibt sicher weit mehr als eine Million Blinde in unserem Land und kaum Behandlungsmöglichkeiten.« In den folgenden Tagen immer wieder das gleiche Bild: blinde Menschen, mitunter von einem Kind begleitet und geführt, bettelnd, um zu überleben.

Diese Bilder gehen mir nach, verfolgen mich bis nach Deutschland. Für mich steht fest: Die Blinden in Bangladesch bedürfen dringend der Hilfe! Damit ernte ich aber bei unseren Freunden und beim Vorstand keine begeisterte Zustimmung: »Was willst du mit deiner kleinen Helferschar für dieses große Heer von Blinden ausrichten?« Meine spontane Antwort: »Mit dem *ersten* anfangen!« Und wir fingen an!

2. Januar 2003. Im Rahmen des Programms der Andheri-Hilfe wird in der Hafenstadt Chittagong die einmillionste Augenoperation durchgeführt. Glückliche »Millionärin« ist die vierzehnjährige Hasna aus einem der vielen städtischen Slums. Nur zwei Jahre ging sie zur Schule, dann starb ihre Mutter. Der Vater setzte sich mit einer neuen Frau ab, ließ Hasna allein zurück. So verdingte sie sich – erst achtjährig – als Dienstmädchen bei einer reichen Familie, für 15 Cent am Tag, bis sie im Alter von elf Jahren erblindete. Ihr älterer Bruder nahm sie auf, obwohl er als Rikschafahrer kaum genug für das eigene Überleben verdiente. Im Outdoor-Department des Augenhospitals in Chittagong sehe ich Hasna in den langen Reihen zwischen Hunderten von Blinden und Augenkranken, die auf ihre Untersuchung warten. Grauer Star, das heißt Linsentrübung auf beiden Augen, wird diagnostiziert und der Termin für den operativen Eingriff festgelegt. Zwei Tage nach der Operation: Hasna wird die Binde von den Augen genommen. Der Arzt, der die Nachuntersuchung durchführt, zeigt Hasna verschieden viele Finger seiner Hand. Hasna zählt sie. Sie kann sehen! Ihr Gesichtsausdruck verändert sich zusehends. Dann läuft sie zur gegenüberliegenden Wand und sieht sich staunend im Spiegel. Nach den Jahren der Blindheit erkennt sie sich kaum wieder: »Das bin ich! Ich kann sehen!«, ruft sie und lacht und lacht und liegt mir dann weinend und dankend in den Armen. Einer der eindrucksvollsten Augenblicke meines Lebens!

Wie Hasna haben inzwischen Zehntausende weiterer blinder Menschen »das Glück, zu sehen« (so der Titel eines TV-Dokumentarfilms von Franz Alt) erlebt. Und ihre Zahl, die mit *einem* angefangen hat, wächst weiter.

1974–2003: Zwischen der ersten Begegnung mit den Blinden in Bangladesch und der einmillionsten Augenoperation liegen fast 30 Jahre. Für eine Projektförderung eine ungewöhnlich lange Zeit, jedoch in diesem speziellen Bereich unumgänglich und bis zum Rand mit Planen und Umsetzen gefüllt – nicht immer leicht, aber überaus erfolgreich. Erster wichtiger Schritt war, einen zuverlässigen einheimischen Partner zu finden. So kam es zur Zusammenarbeit mit Dr. Rabiul Hussain aus Chittagong, einem in London ausgebildeten Augenspezialisten. Durch ständige Weiterbildung fachlich hoch qualifiziert, mit einem weiten Herzen für die Armen und unermüdlich engagiert, ist er auch heute noch die tragende Säule unseres Projektes »Blindenhilfe Bangladesch«. Seine kleine Privatpraxis ernährt ihn, stellt seine wirtschaftliche Existenz sicher. Die gesamte Arbeit im Rahmen des ständig wachsenden Programms für Menschen mit Augenleiden leistet Dr. Hussain hingegen seit mehr als drei Jahrzehnten ausschließlich ehrenamtlich.

Zunächst unterstützten wir seine Arbeit in einem Flügel des ehemaligen Militärhospitals in Chittagong, den man ihm für die Augenpatienten zur Verfügung gestellt hatte. Bald wurde die *Bangladesh National Society for the Blind (BNSB)* zur Trägerorganisation des Projektes. Die außerordentlich hohe Zahl der Blinden in Bangladesch, der nur eine Hand voll Fachärzte gegenüberstand, verlangte nach einer klaren umfassenden Planung. So entstanden über das Land verteilt bald acht Augenhospitäler mit einer Bettenkapazität von je 25 bis 40 Betten. Sie wurden nicht nur Anlaufstellen für die Augenkranken im städtischen Umkreis, sondern dienten vor allem als Basis für die augenärztliche Versorgung der ländlichen Bevölkerung bis in den letzten Winkel durch so genannte »Eye-Camps«. Diese mobile Augenversorgung ist heute noch die beste Antwort auf die Tatsache, dass 80 Prozent der Blinden auf dem Land leben.

Für die meisten von ihnen sind die Kosten für die Reise zu einem praktizierenden Facharzt in der Stadt unerschwinglich. Hinzu kommt der Verdienstausfall für die Begleitperson. Daher machen sich Ärzteteams mit Pflegern und Helfern auf den Weg bis in die entlegensten Dörfer. Eine Schule, eine Dorfhalle oder ein paar Zelte werden für einige Tage zum mobilen Hospital. Ein »Marktschreier« macht mithilfe eines museumsreifen Lautsprechers in den umliegenden Dörfern die Chance einer kostenlosen Augenbehandlung bekannt. Dann sieht man die Augenkranken und Blinden aus allen Richtungen auf dem Weg zum mobilen Hospital, von sehenden Angehörigen oder Nachbarn begleitet. Oft werden zwei oder drei Blinde gleichzeitig geführt, sich an einem waagerechten Stab haltend. Ich habe Eye-Camps mit 2000 bis 3000 Patienten erlebt. Allen Ankömmlingen gemeinsam ist die Hoffnung auf Licht. Das Untersuchungsergebnis zu Beginn des etwa siebentägigen Camps (heute werden in der Regel nur noch vier Camptage gebraucht): Bei vielen Augenkranken genügt eine medikamentöse Behandlung. Andere Blinde müssen das harte Urteil hören: »Zu spät; es ist keine Hilfe mehr möglich!« Und durchschnittlich 10 bis 20 Prozent der Eye-Camp-Patienten werden zur Operation in den zwei bis drei Folgetagen vorbereitet, mit einem Pflaster über dem zu operierenden Auge gekennzeichnet. Nach der Operation liegen sie einige Tage eng nebeneinander auf dem Boden, in eine Decke eingerollt, von ehrenamtlichen Helfern des Dorfes liebevoll betreut.

Welche Szenen spielen sich ab, wenn die Augenbinde gelöst, das Auge noch einmal untersucht und dem Operierten eine Brille ausgehändigt wird! Unvergesslich das kleine Mädchen, das seine Eltern bisher nur an der Stimme erkannte. Jetzt steht sie vor ihnen, schaut sie mit sehenden Augen an und fragt: »Du bist meine Mutter und du mein Vater?« Ein Junge lief nach der Enduntersuchung, mit der Brille versehen, sofort zum Fenster, sah hinaus und rief: »Ist das eine schöne Welt! Warum durfte ich sie nicht früher sehen?« Die Reaktion von Geheilten im arbeitsfähigen Alter bezieht sich meist auf die Freude, wieder arbeiten zu können und niemandem zur Last fallen zu müssen. Aber auch bei älteren Menschen ist das Wiedererlangen des Augenlichtes immer wieder beeindruckend: »Dem Himmel Dank, jetzt kann ich endlich meine Enkelkinder sehen!«

Beim grauen Star ist die Augenlinse getrübt. Das einfallende Licht kann nicht mehr gebündelt werden, das Bild auf der Netzhaut wird immer undeutlicher und verschwindet schließlich ganz. In Fachkreisen spricht man vom »Katarakt« (griech. Wasserfall), weil wie hinter einem Wasserfall die Sicht mehr und mehr verschwimmt. Bei der traditionellen Operationsmethode, dem so genannten »ägyptischen Starstich«, wird die getrübte Linse einschließlich der Linsenkapsel entfernt und nach Verheilen der Wunde durch eine Starbrille mit dicken Gläsern ersetzt. Die Kosten für eine solche Licht bringende Operation beliefen sich zu Anfang unserer »Aktion Blindenheilung Bangladesch« auf nur 26 DM, später waren es 20 Euro. Die meisten Blinden in Bangladesch sind aber nicht in der Lage, selbst einen solch geringen Betrag aufzubringen: Ein Leben in absoluter Dunkelheit wäre ihr Schicksal, wenn nicht immer wieder Andheri-Freunde mit ihren Spenden Licht in das Leben der Blinden brächten.

Auch in unseren Industrieländern ist der graue Star weit verbreitet, meist altersbedingt. Dagegen trifft er in den Entwicklungsländern auch Kinder und junge Menschen als Folge von Unter- und Fehlernährung, wegen mangelnder Hygiene und fehlender Frühbehandlung, zumal wenn eine genetische Veranlagung vorliegt. In der westlichen Welt hat längst – seit mehr als zwei Jahrzehnten – die »IOL«-Operationsmethode den alten »Starstich« abgelöst: Auch dabei wird die nicht mehr funktionsfähige Linse entfernt, aber die glasklare Linsenkapsel verbleibt im Auge. An ihr wird eine Kunstlinse (»intra-okulare Linse«) befestigt, die jetzt die Aufgabe übernimmt, das Licht exakt zu bündeln, damit die Netzhaut wieder ein scharfes Bild widerspiegelt.

Zwei verschiedene Operationsmethoden. Kann es denn sein, dass die einfache Operation gut genug für die Armen ist, während die moderne Methode den besser gestellten Menschen in unseren Breiten vorbehalten bleibt? Damit konnten sich die Andheri-Hilfe und ihre Ärzte in Bangladesch nicht einverstanden erklären. Können wir von Solidarität sprechen und dabei eine Zwei-Klassen-Medizin betreiben? Unsere klare Antwort: Nein! Auch die Armen sollen von der modernen IOL-Technik profitieren. Hinter dieser Entscheidung für die Armen steht der Respekt vor ihnen, dazu das Wissen, dass durch das ungleich bessere Sehvermögen einer IOL-Operation besonders den Menschen im arbeitsfähigen Alter der Zugang in die Berufswelt geöffnet wird.

So begann bereits Mitte der Neunzigerjahre mit finanzieller Hilfe der Europäischen Kommission in Brüssel ein neues umfassendes Programm, in dem es vor allem um die Einführung der einheimischen Augenärzte und ihrer Helfer in die neue IOL-Operationstechnik ging und um Beschaffung der notwendigen Geräte, Instrumente usw. Seit 1998 wird vor allem in den Basishospitälern »modern« operiert, seit 2002 mit steigender Tendenz ebenfalls in den Eye-Camps, inzwischen ist sogar dort die IOL-Technik Standard.

Damit wachsen die Anforderungen: Nötig sind neben speziell ausgebildetem Personal und entsprechenden Geräten jetzt ungleich aufwändigere Vorkehrungen im Hygienebereich als bei der alten Starstichmethode. So ist der Anstieg der Kosten auf 40 Euro pro Operation im Camp unvermeidlich, bei zusätzlichem Aufenthalt in einem der Basishospitäler auf 50 Euro.

Etwa 7000 Eye-Camps mit über 7,1 Millionen Augenuntersuchungen und weit mehr als einer Million Operationen, dazu die Betreuung der Basishospitäler mit ihren ambulanten und stationären Patienten erfordern eine breite Personalausstattung. Diese Entwicklung war bereits Anfang der Achtzigerjahre vorauszusehen: Nach dem ersten TV-Dokumentarfilm von Peter Grubbe »Den Rückweg finden sie allein« (1982) und besonders durch den Bericht in der TV-Sendung »Report« von Franz Alt zu Ende des gleichen Jahres stieg das Spendenaufkommen spontan an. So konnte die Zahl der Eye-Camps wesentlich erhöht werden.

Folgende Situation soll nicht unerwähnt bleiben: Unmittelbar vor Sendebeginn des »Report«-Beitrages war die Einblendung der Kontonummer der Andheri-Hilfe untersagt worden. So beendete Franz Alt seinen Beitrag mit der Aufforderung zur Hilfe: »Schreiben Sie: Andheri-Hilfe Bonn. Die Anschrift erübrigt sich!« Und mehr als 3000 Spendenwillige schrieben. Die Post brachte die Zuschriften sackweise, per Auto, zur Andheri-Hilfe. Jede Karte, jeder Brief wurde von uns beantwortet, eine enorme Herausforderung für den kleinen, überwiegend ehrenamtlichen Mitarbeiterstab. Einige Zuschriften trafen der Anschrift wegen auf Umwegen bei uns ein, so der Brief eines Hilfswilligen, weil seine Adresse lautete: »Für die Blinden, Bonn!« und ein kluger Postbote diese Zuschrift dem Bonner Bundeshaus zustellte!

Mit finanzieller Hilfe des Bundesministeriums für wirtschaftliche Zusammenarbeit und Entwicklung entstand 1983 in Chittagong ein 110-Betten-Augenhospital, das in den Folgejahren zum überaus wichtigen Ausbildungszentrum für einheimisches Fachpersonal wurde. Mit seinen modernen Fachabteilungen – bis hin zu einer Augenbank – genießt es inzwischen den Ruf, eines der besten Krankenhäuser in Südasien zu sein. Die Errichtung dieses Zentrums hat mich allerdings unbeschreibliche Mühe und ungezählte schlaflose Nächte gekostet: immer wieder neue Probleme und Schwierigkeiten! Trotzdem gab es für mich nie die Versuchung aufzugeben.

Bei jedem Besuch unseres Zentrums in Chittagong führen mich unsere Partner – sie sind längst meine engen Freunde geworden – zum »Rosi-Gollmann-Tree«, einem Baum, den sie 1983 am Tage der Einweihung durch das Staatsoberhaupt Bangladeschs pflanzten, zusammen mit einigen anderen »Ehrenbäumen«. Viele Zyklone und Unwetter gingen seitdem darüber hin. Die anderen Bäume überlebten nicht, allein der meine hat alle

Widrigkeiten überstanden. Der Sturm hat ihn zwar zerzaust und ihn zweimal seiner Spitze beraubt, aber er ging nicht zugrunde, er wächst und wächst. Meine Freunde dort meinen, dass er eben wirklich ein »Rosi-Gollmann-Tree« sei, der zeige, was Kraft vermag. Das löst bei mir Freude über die Anhänglichkeit unserer Partner aus, aber immer auch ein Lächeln. Sicher gehörten zu diesem Projekt die Kraft des positiven Denkens und der Glaube an eine bessere Welt, auch immer wieder Durchsetzungsvermögen, aber die größte Leistung erbringen ohne jeden Zweifel die Menschen vor Ort.

Blindheit heilen ist gut, Blindheit vermeiden ist besser! Darum spielte schon zu Beginn unserer Aktion »Blindenhilfe Bangladesch« der präventive Ansatz eine große Rolle. Durch Sehtests in Schulen werden Augenschäden bereits früh erkannt. So kann durch entsprechende Behandlung Blindheit oft vermieden werden. Kindern mit Sehschäden werden im Rahmen der Schuluntersuchungen sofort die notwendigen Brillen ausgehändigt, selbstverständlich kostenlos. Schulkinder sind die besten Informationsträger für ihre Familien und Dörfer: Sie verbreiten wichtige Regeln, wie man seine Augen gesund erhält. Hinzu kommen Aufklärungskampagnen über richtige Ernährung, die nicht einmal teurer zu sein braucht als die bisherige Nahrung. Außerdem geht es um Arbeitsschutzregeln, vor allem bei der Feldarbeit. Wichtig sind auch die »Nutrition-Centres«, die akut blindheitsgefährdeten Kleinkindern – meist sind es die Ärmsten aus den Slums – durch vitaminreiche Ernährung und durch Beratung der Mütter Soforthilfe bieten.

Eine weitere überaus effektive Projektkomponente ist die Einrichtung von »Primary Eye-Care Centres« (PEC), von Zentren für augenmedizinische Grundversorgung. Auf Dorfebene geht es zunächst um die Fortbildung von »Barfußärzten«, damit sie in die Lage versetzt werden, Sehstörungen und Augenerkrankungen zu erkennen und leichte Augenverletzungen zu behandeln. Ein Eye-Care Centre ist jeweils für einen Radius von etwa 100 Dörfern mit ca. einer Million Bewohnern zuständig. In den Zentren selbst steht für ernste Fälle Fachpersonal zur Verfügung, und es werden zu festgelegten Terminen Operationstage eingelegt. Für schwerste Fälle von Augenerkrankungen steht aber das nächste Basishospital zur Verfügung. Dieses PEC-Progamm hat sich bestens bewährt, und immer mehr solcher Zentren entstehen. Auch Brillenwerkstätten wurden errichtet, und deutsche Optiker bildeten einheimisches Personal für die Versorgung mit Sehhilfen aus.

Vielen Augenkranken und Blinden konnte durch die Aktion »Blindenhilfe Bangladesch« der Weg in eine helle Welt geöffnet werden. Aber viele warten noch. Von den ca. 140 Millionen Einwohnern Bangladeschs ist etwa ein Prozent blind. Und jährlich kommen zehntausende Neuerblindungen hinzu. Welche Herausforderung, wenn in diesem Land, einem der ärmsten Länder der Welt, auf 337 500 Menschen nur ein Augenarzt kommt!

Ich kann die vielen Kinder nicht vergessen – mit dem leeren Blick ihrer Augen, mit Augenentzündungen und -geschwulsten. Oft konnte ein PEC-Arzt oder ein Arzt im Eye-Camp oder im Hospital diesen augenkranken Kindern helfen. Aber wie oft hörte ich: »Zu spät!« Ob es »zu spät« ist, liegt auch an uns, an jedem von uns!

»Anerkennung brauchen wir, nicht untätiges Bemitleiden« – Förderung junger Menschen mit Behinderungen

Wussten Sie schon, dass man die Zahl der Kinder mit Behinderungen weltweit auf rund 140 Millionen schätzt? Ist Ihnen bekannt, dass davon mehr als 120 Millionen – über 85 Prozent – in Entwicklungsländern leben? Gibt es nicht zu denken, dass

90 Prozent der Maßnahmen zur Rehabilitation den Behinderten in den Industrieländern zugute kommen – trotz der weitaus größeren Zahl Behinderter in Entwicklungsländern? In diesen armen Ländern haben durchschnittlich nur 2 bis 4 Prozent der Betroffenen Zugang zu einer Förderung.

Schätzungen in Bezug auf die Zahl behinderter Menschen in Indien gehen weit auseinander; die Annahmen hinsichtlich behinderter Kinder liegen zwischen 30 und 50 Millionen. Genaue Zahlen kennt niemand. Von ihren Familien und der Umgebung wird die Behinderung ihrer Kinder als »Karma«, als von den Göttern auferlegtes Schicksal, empfunden, sogar als Strafe für schuldhaftes Verhalten in einem früheren Leben. Daher schämen sich Eltern nicht selten ihres behinderten Kindes, verstecken es darum vor der Öffentlichkeit. – Übrigens ist es noch gar nicht so lange her, dass man sich auch in unseren Ländern eines behinderten Mitglieds der Familie schämte! – Das Verbergen behinderter Kinder aber verhindert eine Früherkennung und erschwert eine erfolgreiche Behandlung, weil sie zu spät einsetzt.

In Ländern, in denen ein Großteil der Bevölkerung täglich ums bloße Überleben kämpfen muss, setzt sich erfahrungsgemäß »das Starke« durch. Daher werden Menschen mit Behinderungen oft als Last empfunden, vernachlässigt, an den Rand gedrängt – auch in Indien. Und das, obwohl bereits die *Rig Vedas*, heilige Schriften des Hinduismus aus der Zeit um 1500 vor Chr., die Aufmerksamkeit auf »zurückgebliebene Kinder« lenkten. Indien, dieses kulturell hochstehende Land, darf sich rühmen, dass dort bereits etwa hundert Jahre vor unserer Zeitrechnung das erste sonderpädagogische Lehrbuch der Welt erschien. In diesem *Panchatantra* – einer Sammlung von einfachen Tierfabeln – werden praktische Anleitungen für »drei dumme Prinzen« gegeben. Damit soll ihnen geholfen werden, ihre Lebensaufgaben zu meistern. Erwähnenswert ist ebenfalls, dass in Indien schon vor Erfindung der Braille-Blindenschrift eine schriftliche Kommunikation durch ertastbare eingestanzte Buchstaben ermöglicht wurde

Für unsere Andheri-Hilfe sind Kinder die wichtigste Zielgruppe – und das bereits seit der Gründung des Vereins im Jahre 1967. Wo nur immer möglich, setzen wir uns mit allen Kräften dafür ein, dass besonders benachteiligte Kinder ein erfülltes Leben verwirklichen können. Jedes Kind hat ein Recht auf volle Entfaltung seiner Fähigkeiten, auch das Kind mit Behinderungen, gleich welcher Art die Behinderung ist oder welches Ausmaß sie annimmt. Die Förderung spezieller Begabungen – durch Behinderung oft verborgen – verhilft diesen Kindern zu besserer Lebensqualität. Dazu bedarf jedes Kind – und in besonderer Weise das behinderte – der Zuwendung und liebender Geborgenheit.

Anfang der Siebzigerjahre: Bei meiner ersten Reise in den hohen Norden Indiens begegnete ich im Gebiet von Bijnor vielen behinderten Kindern, von hilflosen Eltern ohne jede Förderung ihrem Schicksal überlassen. Es fiel mir nicht leicht, die Bitte des dortigen Partners um Finanzierung eines Heimes für behinderte Kinder abzulehnen: Nur 30 Kinder hätten für viele Jahre das neu zu errichtende Heim belegt. Was aber sollte aus den vielen Hunderten nicht erfasster Kinder werden? Dazu hätte die Heimunterbringung eine Trennung der behinderten Kinder von der Geborgenheit in ihrer Familie, das heißt ihre Abschiebung, bedeutet. Bedurften nicht gerade diese Kinder in besonderer Weise der liebenden Zuwendung? Der Bau eines Heimes konnte – das war mir klar – nicht die Lösung des Problems sein.

Von diesem »Nein« zur Heimunterbringung behinderter Kinder war es noch ein weiter Weg bis zum »Ja« unserer heutigen Projektarbeit zugunsten behinderter Kinder. Zunächst entschieden wir uns vorwiegend für Präventivmaßnahmen. Das damalige Bemühen um Motivation und Hinführung zu Schutzimpfungen zahlt sich heute aus: In den von uns erfassten Gebieten gibt es fast keine neuen Fälle von Polio (Kinderlähmung) mehr. In den Folgejahren übernahmen die Mitarbeiter unserer Partnerorganisationen im Rahmen der Arbeit in ihren Projektdörfern die Aufgabe, Kinder mit körperlichen Behinderungen zu identifizieren. Für viele von ihnen gab es Heilungschancen oder zumindest Reduzierung ihrer Behinderung. Bedurfte es eines operativen Eingriffs, wurden die Kinder für die begrenzte Zeit solcher Rehabilitationsmaßnahmen in eigenen Zentren untergebracht. Notwendige Voruntersuchungen, Vorbereitung und Durchführung einer oder mehrerer Operationen bis hin zur notwendigen Nachbehandlung, meist durch Physiotherapeuten, wären im Dorf nicht möglich gewesen.

Der wichtigste Schritt auf unserem Weg zur Förderung von behinderten Kindern war getan, als uns in dem indischen Wissenschaftler Professor Immanuel Prabakar ein engagierter Experte begegnete. Er stellte uns seine Pläne für eine »Community-Based Rehabilitation« vor. Diese »CBR« ist ein wohlstrukturierter und professioneller Ansatz, der Familien und Dorfgemeinschaften in die Rehabilitation mit einbezieht und ihnen eine verantwortliche Rolle zuweist. Es geht darum, Behinderte als einen Teil der sie umgebenden Gemeinschaft anzusehen und sie zu integrieren. Gern sicherten wir Professor Prabakar unsere Zusammenarbeit zu. »Das war die Sternstunde, als Sie mir Mut machten!«, bestätigte mir Professor Prabakar rückblickend, als wir uns kürzlich begegneten.

Unverzichtbare erste Voraussetzung für das Gelingen des neuen »Erfolgsrezepts CBR« ist ein grundsätzliches Umdenken: Man spricht nicht mehr von »Behinderten«, sondern von »Menschen mit Behinderungen«. Damit stellt man den Menschen in den Vordergrund, nicht seine Behinderung. Noch stärker verändert sich das Bewusstsein des Umfeldes der Betroffenen, wenn man sie jetzt als »Menschen mit anderen Fähigkeiten« bezeichnet: Man schaut nicht mehr auf das, was diese Menschen aufgrund ihrer Behinderung nicht leisten können, sondern richtet das Augenmerk auf das, wozu sie fähig sind.

Ein in Tiruchirappalli – im Bundesstaat Tamil Nadu – errichtetes Zentrum wurde zum Mittelpunkt unserer Projektarbeit für Menschen mit Behinderungen. Hier hat sich unser engagierter Partner, Professor Prabakar – inzwischen weit über die Grenzen seiner Stadt hinaus bekannt und mehrfach ausgezeichnet – ein Team von Mitarbeitern herangebildet, die inzwischen alle Bereiche von Behinderungen angehen, angefangen von körperlichen Missbildungen bis hin zur Autistik. In den Dörfern werden die Kinder und Jugendlichen mit Behinderungen ausfindig gemacht, deren Familien, Nachbarn und die Dorfgemeinschaft aufgeklärt und zur Mitarbeit motiviert. Die Betroffenen selbst werden im Zentrum untersucht, und die individuell erforderliche Therapie wird festgelegt. Helferinnen aus den Dörfern werden geschult und übernehmen, meist zusammen mit den Eltern, die gezielte Förderung der Kinder.

Inzwischen arbeitet Professor Prabakars Team in 138 Dörfern mit rund tausend jungen Menschen mit Behinderungen. In seinem Zentrum werden außerdem etwa 300 weitere junge Menschen mit Behinderungen zur speziellen Behandlung erfasst. Die intensive Arbeit mit jedem Einzelnen ist bewundernswert, die Erfolge sind frappierend.

Weit über die Arbeit vor Ort hinaus reicht die segensreiche Arbeit von Professor Prabakar. Partner der Andheri-Hilfe aus anderen Regionen werden durch ihn und sein Team geschult und bringen zurzeit in 17 Projekten für mehr als 7000 Menschen mit Behinderungen Hoffnung und Zukunft. Die Partner stehen in Kontakt untereinander und treffen sich zur eigenen Fortbildung. Besonderes Interesse verdient auch der Ansatz, dass sich die jeweiligen Partner mit anderen Organisationen und Initiativen ihres Projektbereiches vernetzen, um gemeinsam die schwierigen Aufgaben zu meistern. Mehr als 30 000 Menschen mit Behinderungen konnten bereits aus unserer Förderung entlassen werden. Sie alle leben auf. Sie stellen ihre schulischen und beruflichen Leistungen unter Beweis und demonstrieren bei Wettbewerben, Sport und Spiel ihre Fähigkeiten. So entwickelt sich ihr Selbstwertgefühl, und sie werden heute auch von anderen respektiert.

Ein ganz besonderer Erfolg erwies sich als bahnbrechend: Professor Prabakars gute Arbeit blieb auch Regierungsstellen nicht verborgen. Ergebnis war ein Erlass der Regierung seines Bundesstaates: »Kein Kind, gleich mit welcher Behinderung, darf vom Schulbesuch ausgeschlossen werden.« Die erfassten Kinder stehen jetzt nicht mehr im Abseits, abgeschoben auf ein Abstellgleis. Vielmehr fühlen sie, dass sie dazugehören. Auch für nicht behinderte Kinder ist diese Integration ein Gewinn: Sie bauen Vorurteile ab und erlernen in der Gemeinschaft ein tragfähiges Sozialverhalten gegenüber behinderten Mitschülern. Eigens geschulte Lehrer helfen Schülern mit Behinderungen in zusätzlichen Stunden, ihr Klassenziel zu erreichen oder wenigstens Grundkenntnisse für die Bewältigung des Alltags zu erwerben.

»Wir sind nicht behindert; die anderen behindern uns!«, erklärte mir ein junger Mensch mit anderen Fähigkeiten. »Wir brauchen kein untätiges Bemitleiden, sondern Anerkennung!«, äußert sich ein anderer Betroffener. Ich jedenfalls habe viel gelernt: Zunächst die Einsicht, dass *wir* oft »Behinderte« sind in unserer Haltung gegenüber diesen Menschen mit Behinderungen. Dazu bemühe ich mich seitdem um einen anderen »normalen« Stil des Umgang mit diesen Menschen mit anderen Fähigkeiten.

Die Welt in unseren Händen – ohne Bewahrung der Schöpfung keine bessere Welt

Eine alte Geschichte unbekannter Herkunft weiß von einem weisen Mann zu berichten. Einige seiner Mitmenschen neideten ihm seine Klugheit, die gepaart war mit Güte, denn er war sehr beliebt. Sie beschlossen, ihm eine Falle zu stellen:

Sie fingen eine winzige Maus, die einer von ihnen in seiner verschlossenen Hand verbarg. Sie fragten den Weisen: »Ist das, was sich in unserer Hand befindet, tot oder lebendig?« Die Neider hatten sich ausgedacht: Würde der kluge Mann den Inhalt der Hand als tot erraten, würde man die Hand öffnen und das quicklebendige Mäuschen herausspringen lassen. Wenn der Weise in der geschlossenen Hand etwas Lebendiges vermutete, wäre es ein Leichtes, die Hand schnell zuzudrücken, und sie könnten ihm eine tote Maus präsentieren. Man war sich also des Erfolgs bei dieser ausgeklügelten Frage absolut sicher. Der alte weise Mann überlegte eine Weile, bevor er antwortete. Er schaute den hinterhältigen Fragern fest in die Augen und sagte: »Ob das, was ihr in der Hand habt, lebt oder tot ist, das liegt allein in eurer Hand!«

Leben und Tod liegen auch in unserer Hand. Diese Tatsache haben wir lange Zeit hindurch nur einigen »Weisen« überlassen. Inzwischen weiß es jedes Kind: Die Welt liegt in unseren Händen. Das wissen wir zwar, und die Zahl der Menschen, die sich der damit verbundenen Verantwortung bewusst sind und danach handeln, wächst von Tag zu Tag. Und doch verschließen viele ihre Augen davor, dass es nur *eine* Welt gibt oder keine Welt. Sie leben ihr Leben »wie gehabt«, wie es für sie selbst am bequemsten ist, ohne ernste und folgeträchtige Gedanken in Bezug auf die Welt, in der wir leben, ohne Verantwortung für die Welt von morgen. Erst recht verschwenden sie keinen Gedanken an die Welt künftiger Generationen.

Eine alte indianische Weisheit sollte uns nachdenklich machen: »Wir haben die Welt nicht von unseren Eltern geerbt, sondern von unseren Kindern geliehen.« Wenn wir unser Leben und Handeln danach ausrichteten, würden nicht Tag für Tag etwa 100 Tier- und Pflanzenarten aussterben, 86 Millionen Tonnen Erdreich fortgeschwemmt und 55 000 Hektar Tropenwald abgeholzt werden. Die Wüsten würden sich dann nicht täglich um 20 000 Hektar ausdehnen, und es würden auch nicht mehr Tag für Tag 100 Millionen Tonnen Treibhausgase in die Luft geblasen.

Eine unermessliche Zerstörung findet statt: jeden Tag, jede Stunde, jeden Augenblick – auch jetzt in diesem Moment! Konferenzen über Energiekrisen, über Klimabedrohung – lokal und weltweit – wechseln einander ab. Große Worte fallen – aber meist fehlt die Umsetzung der gefassten Resolutionen, oder sie erfolgt nur teilweise.

Es kann keine bessere Welt geben, wenn wir untätig zusehen, wie das Gleichgewicht der Natur aus den Fugen gerät – weil wir sie missbrauchen, anstatt behutsam zu gebrauchen. Und in ganz besonderer Weise werden letztlich die Armen in den Entwicklungsländern die Leidtragenden sein.

Andheri-Hilfe ist sich in ihrer Projektförderung der ökologischen Verantwortung bewusst: Ressourcenschutz spielt in der Entwicklungszusammenarbeit mit unseren indischen Partnern eine wichtige Rolle. Hier nur einige Beispiele:

Biogas. Dieses Zauberwort löste bereits vor 25 Jahren eine Revolution aus, als die Andheri-Hilfe der traditionellen »Energie« indischer Dörfer, das heißt dem getrockneten Kuhdung, neue Möglichkeiten zur Seite stellte. Tatsächlich produzieren die indischen Kühe mehr Brennmaterial zum Kochen und Heizen, als das gesamte Ruhrgebiet in seinen besten Zeiten an Kohle förderte. Daneben wird Holz als Energiequelle genutzt, von Kindern und Frauen stundenlang gesammelt, denn gekauftes und damit freigegebenes Holz ist mitunter teurer als die Zutaten für die gesamte Mahlzeit, die damit zubereitet werden soll. Aber die unkontrollierte Abholzung bedeutet Raubbau am Wald, führt zur Störung des Wasserhaushaltes, der sich in Dürren und Überflutungen auswirkt.

Nicht zu unterschätzen ist außerdem der gesundheitliche Schaden bei der Nutzung dieses Brennmaterials. Rußgeschwärzte Kochstellen und Küchen lassen ahnen, wie sich die Rauchentwicklung auf die Lungen, besonders der Frauen und Kinder, auswirkt. Propangas stellt keine Alternative dar: Es ist für die Armen zu teuer. Hinzu kommen die Probleme mit dem Transport der Behälter.

Eine Biogasanlage als neue Energiequelle wird außerhalb des Hauses für eine oder für mehrere Familien installiert. Ein Schacht nimmt Kuhdung und Wasser auf. Durch Gärung der organischen Abfälle entsteht ein Gasgemisch, das zu 60 Prozent aus Methan und 40 Prozent aus Kohlendioxyd besteht. Dieses Gas wird unter einer Glocke aus Stahlblech oder Mauerwerk, die den Schacht abschließt, gesammelt und in Leitungen zu den Kochstellen innerhalb der Häuser geführt. Staunend standen vor 25 Jahren die ersten alternativen Energienutzer vor den neuen Brennstellen mit blauer geruch- und rußfreier Flamme. Die aus Dung in Biogasanlagen erzeugte Energiemenge ist dreimal so groß wie die unmittelbar durch direktes Verbrennen von Dung gewonnene Menge. Die Reste der organischen Abfälle, die in der Biogasanlage zurückbleiben, sind als bester nährstoffreicher Dünger auf den Feldern verwertbar. Nachdem im Rahmen von Gesundheits- und Hygieneprogrammen immer mehr Latrinen in den Dörfern entstanden, wurden auch menschliche Exkremente zur Gaserzeugung genutzt. Übrigens gibt es inzwischen auch ein transportables Biogasmodell aus gummibeschichtetem Nylonmaterial; es erleichtert den Transport im bergigen Terrain. Ein weiterer wichtiger Schritt: Die Anlagen werden inzwischen von lokalen Handwerkern gebaut und gewartet.

Eine beeindruckende Energiebilanz: Eine verhältnismäßig kleine, auf eine Familie zugeschnittene Biogasanlage, die etwa 2 cbm fasst, spart in einem Monat den Einsatz von 740 kg Dung bzw. von 210 kg Brennholz, 88 kg Holzkohle, 37 Liter Brennöl oder von etwa zwei Druckflaschen mit 26 kg Propangas.

»Energiekrise?«, so überschrieb ich bereits im Jahre 1979 einen Artikel in unserem *Andheri-Forum*: »In Indien sicher nicht, wenn die 980 Millionen Tonnen Dung, die Indiens Kühe jährlich produzieren, in dieser Weise genutzt werden. Die hieraus gewonnenen 36 Milliarden cbm Gas würden genügen, um alle Familien des Landes mit Energie zu versorgen.« Kuhdung – in dieser weniger gesundheitsschädigenden Weise verwandt – wird auch weiterhin eine wichtige Energiequelle für die arme indische Bevölkerung bleiben. Damals existierten in Indien bereits 20 000 so genannte »Gobar-Gas-Plants«. Die Kosten dafür liegen heute je nach Größe zwischen 160 und 200 Euro.

»Smokeless Chulas« (rauchfreie Herde) sind vor allem für die ärmsten Familien in den Dörfern von großem Nutzen. Vor Jahren haben wir für den Bau solcher Herde geringe Beträge zur Verfügung gestellt. Heute haben die Dorfbewohner gelernt, diese halbrunden Feuerstellen aus Lehm herzustellen. Die Bauweise ist einfach, und die Kosten sind niedrig – etwa 20 bis 30 Euro –, doch die Verbesserungen im Vergleich zu den alten offenen Feuerstellen sind verblüffend. Bedeutend weniger Kuhdung und Holz sind jetzt zur Herstellung der Mahlzeiten nötig. Das spart Zeit beim Dung- und Holzsammeln und schont vor allem die Wälder. Bis zu 60 Prozent Brennholz werden eingespart gegenüber den früheren offenen Kochstellen. Hinzu kommt: Die *smokeless chulas* bewahren die Frauen und Kinder vor dem beißen-

den Rauch und daraus folgenden Gesundheitsschäden, die früher mit offenen Kochstellen verbunden waren.

Solarenergie – welche Sensation! Und das für eines der ärmsten Dörfer im Gebiet von Mangalore: für Pavur. Etwa hundert Familien vom Stamm der Koragas leben hier. Sie stehen als *Adivasi* am Ende der sozialen Leiter. Ihre Arbeit im Tagelohn auf den Feldern der Wohlhabenden reicht nicht aus, die Armutsgrenze zu durchbrechen. Zusätzliche Heimarbeit am Abend ist nicht möglich, denn in den Hütten gibt es keinerlei Licht: Da sie fernab von anderen Dörfern liegen, hat man sie bei der Erstellung und Verwirklichung des Regierungsprogramms zur Elektrifizierung dieses Gebietes übersehen. Die meisten Kinder müssen mitarbeiten, um zu überleben. Und die wenigen, die zur Schule gehen, brechen ihre Schulbildung bald wieder ab: Wie sollen sie am Abend die Hausaufgaben verrichten – ohne Licht? Trotzdem erklärte man den für das Dorf zuständigen findigen Pfarrer zunächst für »übergeschnappt«, als er auf die Strohdächer der einfachen Hütten photovoltaische Solaranlagen setzte, finanziert von der Andheri-Hilfe, und dafür sogar Zuschüsse der indischen Regierung erreichte. Selbstverständlich war eine intensive Vorbereitung und Anleitung dieser Familien aus dem Koraga-Stamm vorausgegangen.

Die vor sieben Jahren installierten Solarlampen, die am Abend vier Stunden Licht geben, funktionieren noch immer einwandfrei; die Batterien brauchten noch nicht erneuert zu werden. Solarenergie ist der Stolz der Bewohner von Pavur, denn sie hat ihr Dorf verändert. Die abendliche Heimarbeit unter der Solarleuchte bringt seitdem zusätzliche Einnahmen. Den Kindern gibt die sinnvoll genutzte Sonne das nötige Licht, wenn sie am Abend über ihren Schulbüchern sitzen. Hinzu kommt: Das Solardorf – einst gemieden, fast unbekannt – wurde zur Attraktion. Von überallher »wallfahrteten« Neugierige zu diesem Weltwunder. Und die Nachahmung – vom Staat gefördert – blieb nicht aus. Franz Alt nannte eines seiner überzeugenden Bücher: *Die Sonne schickt uns keine Rechnung* – für die Menschen hier eine täglich erfahrene Wirklichkeit.

Heute sind photovoltaische Anlagen nicht nur für Privathaushalte, sondern auch für die Straßenbeleuchtung in Dörfern und Vorstädten sowie für Pumpen zur Wasserversorgung bei Brunnen mit geringer Tiefe in Indien schon weit verbreitet. Auch thermische Sonnenkollektoren für die Warmwasserbereitung in Haushalten und sogar in Industriebetrieben finden in diesem sonnenreichen Land zunehmend Verwendung.

Indien ist übrigens das einzige Land, das inzwischen über ein eigenes Ministerium für erneuerbare Energie verfügt.

»Vermicompost« ist im Rahmen unserer Entwicklungszusammenarbeit gewiss ein weiterer Schritt in die richtige Richtung, das heißt hin zur ökologischen Landwirtschaft. Seit den Zeiten der »grünen Revolution« glaubte man, mit ständig höher gezüchtetem Saatgut und immer weiter entwickeltem Kunstdünger die Ernteerträge beliebig erhöhen und so die Nahrungsversorgung Indiens nachhaltig sichern zu können. Durch diese Entwicklung wurden jedoch die traditionellen Pflanzensorten mehr und mehr verdrängt. Welch negative Folgen, besonders für die Kleinbauern! Die neuen Sorten waren nicht widerstandsfähig und verlangten neben teurem Kunstdünger immer mehr schützende Pestizide und Insektizide. Hinzu kam, dass sich die geernteten Früchte und Samen nicht zur Aussaat eigneten. Immer neues Saatgut zu kaufen konnten sich die Kleinfarmer aber nicht leisten. Man geht davon aus, dass heute etwa 65 Prozent der landwirtschaftlich genutzten Fläche Indiens ohne Kunstdünger, ohne Pestizide und Insektizide bewirtschaftet werden, weil den Kleinbauern dazu die nötigen Gelder fehlen. Aber entsprechend gering sind die Erträge in der Landwirtschaft.

Hatten schon Ende der Achtziger- und Anfang der Neunzigerjahre viele Agrarwissenschaftler die Grenzen der auf Kunstdünger beruhenden Landwirtschaft erkannt, so hat in den letzten Jahren auch in vielen indischen Dörfern ein Umdenken begonnen – hin zu einem biologischen Ansatz: Seit Mitte der Neunzigerjahre hat der »Vermicompost« seinen Siegeszug angetreten. Organische Abfälle werden mit Würmern versetzt. Diese sorgen nicht nur dafür, dass sich der Biomüll sehr viel schneller in Kompost umwandelt als auf herkömmlichem Wege, sondern der Nährstoffgehalt dieses Komposts ist auch wesentlich höher. Andheri-Hilfe leistet gern finanzielle Starthilfe für »Muster-Vermicompost-Anlagen«. Die Methode ist schnell erlernt und lässt sich leicht umsetzen. Viele Kleinfarmer, vor allem Angehörige der Stammesbevölkerung, erfahren die wesentlichen Vorteile dieses Naturdüngers: Die Preise zur Herstellung sind gering, aber die Verbesserung der Ernteerträge, zum Beispiel bei Reis, Mais und auch Erdnüssen, ist bedeutend. Hinzu kommt, dass sich dieser Biodünger als wirksame »Arznei« gegen bestimmten Krankheitsbefall der Pflanzen erweist.

Kein Wunder, dass den ersten, zunächst noch zaghaften aber überaus erfolgreichen Versuchen einiger bahnbrechender Kleinbauern bald immer mehr überzeugte Farmer folgen. Sie legen selbst kleine Musteranlagen in ihren Dörfern an und tragen auf diese Weise den so effektiven Einsatz des neuen Düngers weiter. In einem Projekt in Tamil Nadu ging die neue Methode von einer einzigen Musteranlage aus, wurde dann in 34 Dörfer getragen und setzt nun ihren Siegeszug fort. Weiterer Investitionen von unserer Seite bedarf es dort heute schon nicht mehr. Die Kleinbauern selbst nehmen diese Verbesserungen in die Hand.

Ökologie – ein wichtiger Weg in eine bessere Welt! Der verstorbene Papst Johannes Paul II. hat immer wieder die untrennbare Verknüpfung der Problembereiche Frieden, Gerechtigkeit und

Schöpfungsbewahrung betont. Für ein »geschwisterliches Teilen« und für eine deutliche »Absage an einen die Umwelt zerstörenden Konsumismus« appellierte er bis zuletzt an die Verantwortung aller Menschen, denn »noch ist es nicht zu spät«!

Wasser ist Leben – das »Lebensmittel Nr. 1«

Diese Aussage gilt, auch wenn wir mit diesem »Lebensmittel Nr. 1«, wie Franz Alt das Wasser nennt, in der Regel gedankenlos umgehen. Wir entnehmen es mit großer Selbstverständlichkeit dem Wasserhahn oder -regler zum Trinken, Kochen, Waschen, zur Toilettenspülung, Bewässerung von Rasen und Feldern usw. Dazu kommt, dass wir unser Lebensmittel Wasser gewissenlos verunreinigen. In Deutschland werden täglich ca. 116 000 verschiedene Chemikalien ins Wasser geleitet.

Denken wir bei unserem Umgang mit Wasser daran, dass weltweit eine Milliarde Menschen ohne sauberes Wasser leben, ihr Trinkwasser verschmutzten Flüssen, Teichen oder Tümpeln entnehmen müssen; dass 2,6 Milliarden Menschen – nahezu die Hälfte der Weltbevölkerung – über keine das Grundwasser schützenden sanitären Einrichtungen wie Latrinen oder Abwasserentsorgung verfügen? Jedes Jahr sterben etwa 1,8 Millionen Menschen an Krankheiten, die durch unsauberes Wasser verursacht sind; die meisten davon sind Kinder unter fünf Jahren. Hinzu kommt, dass Mangel an Wasser im landwirtschaftlichen Bereich zu Landflucht führt, aber Wassermangel und hygienische Verhältnisse in den Slums, in denen die Landflüchtigen landen, noch katastrophaler sind als in ihrer Heimat. Viele Kinder in diesen von der Entwicklung noch weithin ausgeschlossenen Ländern haben keine Zeit, zur Schule zu gehen, weil sie täglich weite Wege zurücklegen müssen, nur um das für ihre Familien notwendige Wasser herbeizuholen.

Es ist höchste Zeit zu begreifen: Wasser ist ein Menschenrecht – und zwar für alle. Für die Deckung anderer Bedürfnisse – etwa Energie – gibt es Alternativen, zum Beispiel die erneuerbaren Energien. Für Wasser gibt es keinen Ersatz: Es lässt sich nicht vermehren, nicht alternativ erzeugen. Experten befürchten, dass in nicht allzu ferner Zukunft Kriege nicht mehr um Erdöl, sondern um Wasser geführt werden.

Wasser ist Leben – das gilt aber in ganz besonderer Weise für Menschen in Dürregebieten, nach Zeiten extremer Trockenheit. Da müssen wir über unseren eigenen Tellerrand – oder über unseren mit sauberem Trinkwasser gefüllten »Gläserrand« – hinausblicken, solidarisch zu den Menschen stehen, die in besonderer Weise von Wassernot bedroht sind.

In vielen Ländern Asiens und Afrikas decken die traditionellen Brunnen den Wasserbedarf für Mensch, Tier und Landwirtschaft nicht mehr ab. Immer tiefer müssen die Menschen bohren, oft bis in tausend Meter Tiefe, denn eine halbe Million der ursprünglich handgegrabenen Brunnen sind bereits trockengefallen. Die Ursache: Der Grundwasserspiegel ist bedenklich abgesunken. Selbst starke Monsunregen reichen nicht aus, um die Grundwasserreserven aufzufüllen. Auch im indischen Tamil Nadu – so berichten Experten – sind bereits 95 Prozent aller von Kleinbauern genutzten Brunnen ausgeschöpft, trocken. Damit stehen vor allem die Subsistenzbauern vor dem Aus, aber auch die Ärmsten, die Tagelöhner, die auf den ebenfalls dürren Feldern der Reichen keine Arbeit mehr finden. Authentische Berichte liegen mir vor; sie sind beängstigend: Kleinfarmer, die sich und ihre Familien bisher recht und schlecht vom Ertrag ihrer kleinen Ernte ernähren konnten, verzweifeln angesichts der Wasserknappheit. Allein im indischen Bundesstaat Andhra Pradesh haben im letzten Jahr mehr als 3000 Kleinbauern Selbstmord begangen, in einem Dorf mit 350 Familien waren es 53. Sie wussten keinen Ausweg, nachdem der Wassermangel sie brotlos gemacht hatte und sie die Kreditschulden, die sie zum Überleben aufgenommen hatten, nicht tilgen, nicht einmal die extrem hohen Zinsen zahlen konnten. Was wird aus ihren Frauen, was aus den Kindern, die von ihren Ernährern tief verschuldet zurückgelassen wurden?

Im März 2005 haben die Vereinten Nationen auf den katastrophalen Mangel an sauberem Wasser mit einem zehnjährigen Aktionsprogramm reagiert. Es geht um eine so genannte »Wasserdekade« zur Verbesserung der weltweiten Wasserversorgung mit dem Titel: »Wasser für das Leben«. Bis zum Jahre 2015 soll für 600 Millionen Menschen – bisher noch ohne sauberes Trinkwasser – der Zugang zum »Lebensmittel Nr. 1« ermöglicht werden.

Generalsekretär Kofi Annan hat einen Beraterkreis ins Leben gerufen, der praktische Lösungen für das globale Wasserproblem erarbeiten soll. Unter den Staaten, die sich an der Lösung des Problems in den Entwicklungsländern beteiligen, hat Deutschland bislang den weltweit zweithöchsten Betrag zur Verfügung gestellt. Ein wichtiger Schritt; ob damit aber der Durchbruch geschaffen wird oder es nur bei einem buchstäblichen »Tropfen auf den heißen Stein« bleibt, wird die Zukunft zeigen.

»Watershed Development« – Programme zur Wasserbewirtschaftung indischer Dürregebiete

Bei einem Projektbesuch im mittleren Indien führten mich Dorfbewohner zu ihren kleinen Landparzellen: »Sieh dir das an, die Felder liegen absolut trocken, ohne Wasser. Wie sollen wir überleben?« Viele dieser hier ansässigen Menschen, meist Stammensangehörige, hatten der drohenden Hungersnot die Flucht in die Stadt vorgezogen. Welches Leben dort – vor allem für die Kinder –, denn sie hatten die Not des Dorfes nur mit dem noch größeren Elend der Slums vertauscht. Andheri-Hilfe beauftragte einen einheimischen Landwirtschaftsexperten mit einer Studie vor Ort. In seinem Ergebnisbericht heißt es:

Nur große Steine und Geröll fanden wir auf den Feldern. Die Bodenkrume an den Hängen ist fast ganz verschwunden. Die Brunnen sind ausgetrocknet. Wo ein paar Bauern mühsam versucht hatten, ihre Äcker am Hang einzuebnen, hat die weggeschwemmte Erde die Saat von Mais, Gemüse und Baumwolle an einem Ende des Feldes begraben, während an anderen Stellen nur Steine übrig geblieben sind.

Drei Viertel der indischen Landwirtschaft hängen vom Regenfall ab (»rainfed agriculture«), oder es handelt sich um Trockenfeldbau (»dryland farming«). Nur auf etwa einem Viertel der nutzbaren Flächen gibt es Bewässerungslandwirtschaft. Dies aber kann weithin nur durch staatlich angelegte, riesige, aber außerordentlich kostspielige Stauseen erreicht werden. Sie bewirken zwar Bewässerung weiter Gebiete, entziehen aber andererseits der Landwirtschaft große Nutzflächen. Außerdem droht bei unzureichender Dränage die Versalzung der Böden. Hinzu kommt, dass weite Gebiete unter Wasser gesetzt werden. So müssen ganze Dörfer umgesiedelt werden, die Bewohner verlieren ihren Grund und Boden, ihr Haus – und das fast immer ohne eine dem verlorenen Wert entsprechende finanzielle Entschädigung. Ganz zu schweigen davon, dass auch wertvolle Kulturdenkmäler, darunter bedeutende religiöse Kultstätten, solchen Stauseen zum Opfer fallen, außerdem manche Tier- und Pflanzenarten ausgerottet werden.

Der indische Farmer wartet jedes Jahr sehnsüchtig auf den etwa dreimonatigen Monsun. Wehe aber, wenn diese Regenzeit ausbleibt: Dann drohen Dürre und als Folge der Hunger. Gefahr droht auch, wenn der Regen mit seiner ganzen ungebremsten Macht hereinbricht. Früher haben die bewaldeten Berge und Hügel die Kraft der Monsunregen aufgefangen. Sie ließen die Wasser nur langsam ins Tal abfließen; die Felder dort erhielten so die notwendige Bewässerung. Profitsucht der Reichen – Tropenholz bringt guten Gewinn –, aber auch die Not der Armen, die dem Boden oft mehr Pflanzen entnommen haben, als nachwachsen konnten, dazu der tägliche Brennholzbedarf, haben zur bedrohlichen Abholzung der Wälder und zur Entblößung der Hangfelder geführt. So stürzt das Monsunwasser nun ungebremst von den Hängen in die Täler, schwemmt wertvolle Ackerkrume, Pflanzen und Saat mit sich fort und bildet tiefe Erosionsfurchen und -rinnen. Besonders davon betroffen sind die Armen, denn wenn sie überhaupt Land besitzen, liegt es meist in extremsten Hanglagen.

Ich stand vor den Feldern der besser gestellten Bauern. Auch ihre Felder in den Talauen blieben nicht ungeschoren: Das abgeschwemmte Erdreich lässt ihre Bewässerungsteiche und Viehtränken verlanden. Die Wassermassen fließen so rasch ab, dass gleichzeitig sogar der Grundwasserspiegel absinkt. Die Wohlhabenden besitzen zwar Pumpanlagen, aber diese geben nichts mehr her. Damit entfallen auch Arbeitsmöglichkeiten und folglich Einkommen für die armen Tagelöhner.

Alle sind betroffen. Was liegt näher, als dass jetzt die Armen und die Reichen – bisher streng voneinander getrennt – zusammenstehen und -arbeiten. Das geschieht im so genannten »Watershed Management«, der planmäßigen Bewirtschaftung eines Wassereinzugsgebietes nach einem integrierten Konzept, das sowohl wirtschaftlich-technische als auch ökologische und soziale Komponenten umfasst.

Dazu organisieren sich die Menschen zunächst in Gruppen, um die Situation und ihre Ursachen ebenso wie die möglichen Wege aus der Katastrophensituation zu besprechen, vor allem aber, um als gleichermaßen Betroffene zu einer aktiven Gemeinschaft zusammenzuwachsen. Besonders wichtig ist für die Wiederherstellung des ökologischen Gleichgewichts die Wiederaufforstung. Das geschieht inzwischen bereits oft in Kooperation mit den Forstbehörden. Nach sorgfältiger Vermessung werden die Berghänge entlang den Höhenlinien terrassenförmig angelegt und die Ränder der Terrassen mit Bäumen und Büschen bepflanzt. Darüber hinaus werden Abflussrinnen und Verbauungen geschaffen, um das Wasser langsam abzuleiten und versickern zu lassen sowie die abgeschwemmte Erde aufzufangen. Damit sind die ersten wichtigen Schritte getan. Gleichzeitig aber geht es um eine feste Pflanzendecke, deren Anpflanzung und Entnahme streng geregelt und überwacht werden. Für die gesamte Region des Wassereinzugsgebietes wird das freie Grasen von Tieren verboten, damit die jungen Setzlinge nicht gleich wieder durch das Vieh vernichtet werden.

Zusätzliche Arbeiten sind im Tal nötig. Teiche und Wassertanks werden angelegt, um das Regenwasser aufzufangen. In den meisten Fällen steigt dadurch gleichzeitig der Wasserspiegel in den ausgetrockneten Dorfbrunnen wieder an.

Watershed-Management-Programme machen deutlich: Alle Maßnahmen im Entwicklungsbereich sind nicht nur auf die Chancen zum Überleben ausgerichtet, sondern es geht gleichzeitig um Fortschritt. Darum gehören technische Neuerungen zu solchen Programmen, wie zum Beispiel Einführung widerstandsfähiger und dadurch gleichzeitig ertragreicherer Pflanzensorten, zweckmäßigere Fruchtfolge, dazu biologische Landwirtschaft, das heißt weg von der Verwendung lebensbedrohender Pestizide und teuren Kunstdüngers.

Fünf Jahre später besuche ich mit Franz Alt und seinem TV-Team das einst wasserlose Gebiet. Welches Erlebnis! Die Landflüchtigen sind zurückgekehrt und haben mit angepackt, um ihr Land zu retten, ihr Leben zu sichern. Begeistert berichten die Stammesangehörigen von den großen Veränderungen. »Wasser ist Gold«, meint eine ältere Frau. »Wasser ist mehr als Gold: Wasser ist unser Leben. Ich kann nun mit meinen Kindern wieder in unserem Dorf leben, anstatt in den Slums«, erklärt uns eine junge Mutter. »Wir brauchen nicht mehr von weit her die schweren Krüge mit Wasser zu schleppen«, drückt ein junges Mädchen ihre Freude aus. Die Menschen führen uns zu ihren grünen Feldern, erklären uns die Methode des so überaus erfolgreichen Bewässerungssystems. Ich sehe sie in ihren traditionellen Trachten voller Freude um die gepflanzten Mangobäume tanzen – und zwar gemeinsam mit Frauen reicherer Farmer. Die Not und ihre Bewältigung haben sie zusammengeführt, haben die Schranken eingerissen, die sie jahrhundertelang trennten. Auch die Begüterten haben »profitiert«, und sie zahlen jetzt durch Landvergabe, durch höhere Löhne für Feldarbeiter, vor allem aber durch das Miteinander ihre »Schulden« ab.

Wasser *ist* Leben!

Frieden hat viele Gesichter – Entwicklungsarbeit ist Friedensarbeit

Wer verabscheut sie nicht, die Kriege und ihre grausamen Auswirkungen – ob in Afghanistan, im Irak oder wo auch immer? Wen verfolgen nicht die Bilder von unmenschlichem Terror, wie die vom 11. September 2001 in den USA mit mehr als 3000 Toten? Wen bedrücken nicht die Berichte und Bilder von Unfrieden und Gewalt, die uns die Medien täglich in unsere Wohnzimmer bringen? Und es sind nicht nur die spektakulären Formen von Friedlosigkeit: Auch die Gewalt in den so genannten »sozialen Brennpunkten« unserer Städte nimmt zu, ebenso an unseren Schulen, auf den Straßen – besonders alten Menschen und Ausländern gegenüber. Unfrieden und Gewalt herrschen aber auch in vielen Familien –, vor allem Frauen und Kindern gegenüber – meistens werden diese Konflikte aber verschwiegen.

Unfrieden und Gewalt haben viele Gesichter.

Aber auch der Frieden hat viele Gesichter! Frieden ist möglich: Frieden, nach dem wir uns alle sehnen. Die Chance zum

Einsatz für den Frieden ist eine Herausforderung für jeden Einzelnen, bietet sich jedem von uns überall und jederzeit an.

Ein weites Tätigkeitsfeld zur Wiederherstellung und zur Erhaltung des Friedens ist die Entwicklungszusammenarbeit, denn wo maßlose Ungleichheit und grenzenlose Ungerechtigkeit herrschen, wo Menschen unterdrückt und ausgebeutet werden – wo bleibt da Raum für Frieden? Dem Frieden wird Gewalt angetan.

Da ist der junge blinde Mann in Bangladesch: Er ist arbeits- und erwerbsunfähig, bedarf immer einer begleitenden und helfenden Person. Daher fühlt er sich als Belastung, ist unzufrieden und gibt nicht selten Anlass zu Querelen und Unfrieden in seiner Familie.

Leprakranke: Ihr friedliches Dasein in Familie und Dorf endet, sobald sich die ersten Anzeichen ihrer Krankheit zeigen. Sie werden vertrieben, verbannt. Kann ihr Leben als »ausgesetzte« Bettler ein friedvolles sein?

Menschen mit Behinderungen anderer Art: oft missachtet, verlacht, verstoßen. Sie brauchen nicht Mitleid, sondern Anerkennung und den ihnen zustehenden Platz in der menschlichen Gesellschaft. Dann können auch sie in Frieden leben.

Kastenlose und Angehörige niedriger Kasten: Alte, erstarrte Traditionen – selbst wenn sie das moderne Gesetz verbietet – verbannen diese Unterprivilegierten an den Rand der Gesellschaft. Oft sind sie Ungerechtigkeit und sogar offener Gewalt ausgeliefert.

Rechtlose Frauen: Bei den Arbeitsleistungen, die man von ihnen erwartet, stehen sie an vorderster Stelle, aber wenn es um ihre Rechte geht, an letzter. Sie bedürfen der Hilfe, um ihr Selbstwertgefühl wiederzufinden und in der Öffentlichkeit respektiert zu werden.

Tempelprostituierte in Indien: entwürdigt und sexuell missbraucht. Für sie kann erst Frieden sein, wenn man ihnen hilft, aus den unmenschlichen Zwängen auszubrechen.

Straßenkinder: ohne feste Bleibe, ohne Schutz, herumgestoßen, ausgenutzt, als unfreiwillige Helfer bei kriminellen Handlungen missbraucht und oft von der Polizei aufgegriffen. Sie bedürfen der Zuwendung und Liebe, damit Frieden für sie nicht nur ein unerfüllter Traum bleibt.

Kinderarbeiter: Ihr Recht auf Kindheit wird ihnen verwehrt. Statt Spiel und Spaß, vor allem schulischer Förderung, haben sie unter unkindlichen Bedingungen harte Arbeit zu leisten. Wer hilft ihnen, in Frieden Kind sein zu dürfen?

Mädchentötung: Wo kann Frieden in Familien herrschen, in denen man Mädchen das Recht auf Leben verweigert, sie als Säuglinge tötet, nur weil sie Mädchen sind. Gegenseitige Schuldzuweisungen, dazu Belastung des Gewissens, bilden keine taugliche Grundlage für Frieden!

Förderung der Ärmsten bedeutet daher Förderung des Friedens. Entwicklungszusammenarbeit ist ein Weg zum Frieden! Das habe ich in fast 40-jähriger Projektarbeit in Indien und Bangladesch erlebt, das hat die Förderung von etwa 2000 bereits abgeschlossenen Projekten praktisch bewiesen, und das zeigen in überzeugender Weise die Erfahrungen in zurzeit mehr als 400 laufenden Projekten.

Wo es in konkreten Fällen vor allem um die Herstellung des Friedens geht, fühlt sich Andheri-Hilfe in ganz besonderer Weise herausgefordert – so im Gebiet von Kanyakumari an der südlichsten Spitze Indiens. Hier umspülen die Wasser von drei aufeinander stoßenden Meeren die felsige Küste: für Touristen ein faszinierendes Phänomen, für gläubige Hindus ein heiliger Platz, für die Küstenbewohner aber ein Gebiet bitterer Not.

Jahrhunderte hindurch lebten die Menschen auf dem 72 km langen Küstenstreifen in einem friedlichen Miteinander. Die meisten fanden ihren Lebensunterhalt – recht und schlecht – durch Fischfang, bis moderne Fangmethoden die Situation total veränderten: Motorisierte und mechanisierte Boote wurden zur großen Attraktion, konnten aber nur von den wohlhabenden Fischern erworben werden. Diese modern ausgestatteten Boote fangen weit draußen im Meer den Großteil der Fische ab. Für die armen Fischer mit ihren traditionellen, nur in Küstennähe einsetzbaren Katamaranen (Baumbooten) bleibt lediglich ein kläglicher Rest an Fischen übrig – nicht ausreichend, um zu überleben. Dazu kam der allgemeine Rückgang des Fischbestandes durch unkontrollierte Ausbeutung des Meeres, vor allem durch die großen »schwimmenden Fischfabriken«.

Konflikte zwischen den verschiedenen Fischergruppen waren damit vorprogrammiert, denn die Kluft zwischen Arm und Reich vertiefte sich ständig. Die Auseinandersetzungen eskalierten schließlich zu Tätlichkeiten: Boote und Netze wurden mutwillig zerstört, Häuser in Brand gesetzt; durch gezielte Angriffe mit selbst gebastelten Bomben gab es sogar Tote und Verletzte. Nicht wenige Küstenbewohner flohen aus Angst vor der Gewalt ins Landesinnere – ohne Bleibe, ohne Arbeit und Verdienst.

Die »Social Service Society« der Diözese Kottar, langjährige Partnerin der Andheri-Hilfe, wurde durch die sozial und wirtschaftlich unerträgliche Situation in 38 Dörfern des Küstengebietes alarmiert. Sie setzte sich im intensiven Dialog mit den Menschen selbst für eine Bewältigung der Konflikte ein, und zwar in vielen kleinen, nicht immer leichten Schritten – finanziell unterstützt von der Andheri-Hilfe. Tatsächlich ist es nach und nach gelungen, die einander feindlich gesonnenen Fischergruppen zu Gesprächen zusammenzubringen, gemeinsam die Probleme zu erörtern, die Ursachen der Konflikte zu analysieren und miteinander nach friedlichen Auswegen zu suchen. Es entstanden Dorfkomitees aus gewählten Vertretern, dazu Zusammenschlüsse auf der Ebene der Zonen – es gibt fünf Zonen mit je sieben bis acht Dörfern – und auf Distriktebene. Die Organisation »Coastal Peace and Development Society« (Friedens- und

Entwicklungsgesellschaft der Küstenbewohner) wurde als Trägerorganisation gegründet.

Sechs Jahre dauerte die Projektförderung durch die Andheri-Hilfe, in der letzten Phase mit finanzieller Beteiligung der Betroffenen selbst. Das Endergebnis ist verblüffend. Die Menschen fanden sich in Gruppen zusammen: Fischer, Jugendliche, Frauen. Man löste die Konflikte nicht durch Eingriff von außen, sondern die früher Zerstrittenen selbst lernten Wege zu friedlichen Lösungen. So konnten viele hundert Auseinandersetzungen zwischen Angehörigen der verschiedenen Fischergruppen von der Bevölkerung selbst friedlich beigelegt oder gar von vornherein vermieden werden. Im gleichen Maße, in dem Verantwortung und Gemeinschaftsgefühl wuchsen, nahmen die Konflikte an Zahl und Intensität ab. Man lernte, Fehler einzugestehen, sich gegenseitig zu verzeihen und einander zu achten.

Außerdem verbesserte sich die wirtschaftliche Situation der Menschen in diesen Küstendörfern: Regierungsprogramme als Alternative zur Fischerei wurden vorgestellt und in Anspruch genommen, Kinder zur Schulbildung geführt und Jugendlichen neue Berufswege gewiesen. Aus radikalen Friedensbrechern wurden überzeugte Friedensverfechter.

26. Dezember 2004. Der schreckliche Tsunami trifft die Dörfer dieser Küstenregion besonders hart. Viele Tote sind zu beklagen, Häuser werden zerstört, Boote und Netze vernichtet. Alle haben alles verloren: die Fischer mit ihren einfachen Katamaranen ebenso wie die Besitzer der modernen Boote. Wenige Tage nach der Katastrophe sind wir von der Andheri-Hilfe als Freunde an ihrer Seite. Gemeinsam mit ihnen planen wir den Wiederaufbau. Andheri-Hilfe sagt die Anschaffung neuer Boote und Netze zu. Die nahe Bootswerft erhält von uns einen Betrag – teils als Zuschuss, teils als rückzahlbaren Kredit, um die Kapazität für die Herstellung von Booten deutlich zu erhöhen. Aber wie werden die Boote verteilt: Soll jeder erhalten, was er verloren hat?

Sollen die armen Fischer wieder ihre kleinen, wenig effektiven Katamarane, die wohlhabenderen Fischer aber ihre großen und teuren mechanischen Boote mit Motor bekommen, die sie vor dem Seebeben besaßen? Und die Habenichtse, die bisher den Fischern nur im Tagelohn zur Seite standen, gehen leer aus? Jetzt liefern uns die Menschen, die sich früher als Feinde gegenüberstanden, den Beweis, wie ernst es ihnen mit dem Frieden ist. Die Betroffenen entscheiden selbst: Es werden nur die effektiv einsetzbaren großen Boote angeschafft, und zwar für *alle* zu gleichen Teilen. In Zukunft wollen Kleingenossenschaften von drei bis fünf Fischern ihre Produktionsmittel gemeinsam besitzen, zusammen arbeiten und verdienen und so die Meeresressourcen friedlich nutzen. Die Fischer von Kanyakumari haben bewiesen: Frieden ist möglich!

Jeder Einsatz für Menschen in Not und Elend ist ein oft zwar kleiner, aber bedeutsamer Beitrag zu mehr Frieden in der *einen* Welt. Und wenn wir oft unter unserer eigenen Ohnmacht leiden: »Ich kann ja doch nichts tun!«, bietet sich hier für jeden eine Chance. Geben wir dem Frieden ein Gesicht – das Gesicht einer besseren Welt.

»Gemeinsam für mehr Menschlichkeit« – das menschliche Gesicht der Entwicklungszusammenarbeit

»Warum ist die Andheri-Hilfe zu Ihrem Leben geworden? Was hat Sie bewegt, sich mehr als vier Jahrzehnte dafür einzusetzen?« So werde ich oft gefragt. Darauf gibt es für mich nur *eine* Antwort: »Der Mensch!«

Von der ersten kleinen privaten Initiative an bis heute, da die Andheri-Hilfe in der entwicklungspolitischen Szene, in der deutschen Öffentlichkeit und nicht zuletzt in ihren Partnerländern einen guten Namen hat, bedeutete und ist die Arbeit für mich immer ein Hingehen zum Menschen, eine Begegnung mit dem Menschen – ob es der ausgesetzte Säugling ist, der ausgegrenzte Leprakranke, ein blinder oder auf sonstige Weise behinderter Mensch, der ausgebeutete Kinderarbeiter oder das missachtete Straßenkind, die rechtlose, unterprivilegierte Frau oder der in seiner Unterdrückung aufschreiende *Adivasi* oder *Dalit*. Es ist immer der Mensch mit seinem ihm eigenen Wert, seiner eigenen Würde, und das ungeachtet seiner Rasse, seiner Kaste, seiner Hautfarbe und seiner Religionszugehörigkeit. Ein solcher Respekt vor Wert und Würde des Menschen verleiht der Entwicklungszusammenarbeit und Entwicklungspolitik ein menschliches Gesicht. So fasziniert sie immer wieder von neuem, gibt Kraft für einen Einsatz, der nicht Stunden oder Jahre zählt, weil man selbst in der Begegnung mit dem Menschen viel mehr Empfangender als Gebender ist.

Die drei Worte »Am Menschen orientiert« auf jedem Briefbogen der Andheri-Hilfe machten viele Jahre hindurch auf diese unsere Grundhaltung aufmerksam. Später wählten wir als Kernsatz unserer Arbeit: »Gemeinsam für mehr Menschlichkeit!« Der Mensch steht im Mittelpunkt mit seinem ihm eigenen Wert, seiner Würde, seinem Anspruch auf Recht und Freiheit. Hinter allen Handlungen muss daher eine Haltung stehen, die von der Anerkennung, ja der Liebe zum Menschen geprägt ist. Ich liebe die Menschen! Und das ganz sicher nicht zuletzt deshalb, weil ich in einem christlichen Elternhaus und später in meinem Beruf als Religionslehrerin den Menschen als Geschöpf Gottes, jeden einzelnen Menschen als einmaligen Gedanken Gottes schätzen gelernt habe. Das mag sentimental klingen in einer Zeit, in der zwar viel von Gewinn an Lebensqualität gesprochen wird, damit aber letztlich oft nur Konsumsteigerung gemeint ist. Der große Verlust an Menschlichkeit in unseren Breiten ist eine Tatsache, auch wenn er fast unmerklich wie eine schleichende Krankheit daherkommt, vor allem in Familien, an Arbeitsstätten, ausländischen Mitbürgern gegenüber, dort, wo es um Kinder, um alte und sterbende Menschen geht.

Es liegt einige Jahre zurück. Ein Herr parkt seinen komfortablen Wagen vor dem Haus der Andheri-Hilfe, öffnet im kleinen Empfangsraum seine dicke Brieftasche, wirft einen Zehnmarkschein auf den Tisch und meint: »Hier haben Sie etwas für Ihre armen Schweine!« Ich gab ihm seinen Geldschein zurück: »Sie irren sich, mein Herr: Bei uns geht es um Menschen; Schweinefutter brauchen wir nicht!« Der Herr ward nie mehr bei uns gesehen.

Andererseits aber ist vielerorts auch ein Aufbruch zu mehr Menschlichkeit erfahrbar, gerade den an den Rand Gedrängten gegenüber. Immer wieder spüren wir beglückend den Aufbruch und die Treue zur Aufgabe ganz konkret bei den vielen Freunden, freiwilligen Helfern und Spendern. Überzeugend und hoffnungsvoll, wenn der Mensch wieder neu entdeckt wird, Mut machend für eine bessere Welt! Auch für die Mitarbeiter der Andheri-Hilfe, an ihrer Spitze meine Nachfolgerin im Amt der 1. Vorsitzenden, Elvira Greiner, gilt der Grundsatz: »Projekte sind Menschen!«

»Gemeinsam für mehr Menschlichkeit!« Dieses Motto der Andheri-Hilfe drückt aus, dass das Prinzip der Menschlichkeit für *beide* Seiten gelten muss: für hier und für dort. Ich erinnere mich an den Empfang in einem unserer indischen Partnerdörfer, mit unendlicher Mühe von den Menschen vorbereitet. Schon weit außerhalb des Dorfes empfängt man mich mit traditionellen Tänzen und Feuerwerk und führt mich unter Begleitung von einheimischen Musikanten zur Dorfmitte, wo man eine einfache Bühne aufgebaut hat. Es ist glutheiß, der Weg weit. An den Straßenrändern stehen viele Menschen. Alles gut gemeint, aber ein »Kreuzweg« für mich! Die Kinder zwängen sich geschickt durch die Absperrungen in meine Nähe. Kaum ein Vorwärtskommen für mich, denn buchstäblich an jedem Finger hängt ein Kind, dazu Kinder vor und hinter mir. Ordnungshüter wollen mich von den Kindern »befreien« und scheuen selbst den Gebrauch von Stöcken nicht, um sie zu verjagen. Ich winke den Kindern zu, und sie wagen und schaffen es immer wieder, in meine Nähe zu kommen. Die Bühne ist erreicht. Man legt mir viele bunte Girlanden aus frischen Blumen um. Sie stapeln sich zu einem »Stehkragen« um meinen Hals. Als die Bevölkerung dann auf meine Worte wartet, rufe ich die Kinder auf die Bühne, jene Kinder, die man vorher vertrieben und meinetwegen geschlagen hat. Ihnen lege ich die mir gewidmeten Blumengirlanden um und spreche zu den verblüfften Zuhörern von »*gemeinsamer* Menschlichkeit«. Später erfahre ich, dass man in diesem Dorf – und da es sich herumgesprochen hat, auch in anderen Dörfern – den Kindern fortan mehr Menschlichkeit, Anerkennung und Liebe entgegenbringt.

In der Regel sind Treffen mit Partnergruppen schlichter als in diesem Dorf. Zwar erlebe ich – besonders in abgelegenen Regionen – immer wieder, dass sich besonders Kinder und Frauen vor mir auf den Boden werfen und versuchen, meine Füße zu küssen. Ich kann oft gar nicht schnell genug sein, sie wieder aufzurichten, wenn sie von allen Seiten herandrängen. Sicher ein gut gemeintes Zeichen des Respekts, aber für mich und mein Verständnis von der Würde jedes Menschen ungeheuer belastend! Wenn ich dann mit den Dorfbewohnern auf dem Boden zusammensitze, in gleicher Augenhöhe mit ihnen, dann spüren sie unsere Gemeinsamkeit; dann wächst auch ihr Selbstbewusstsein – ein langsamer, aber wichtiger Prozess. Nie lasse ich zu, dass Gemeindezentren, Ausbildungsstätten oder gar ganze Dörfer nach dem jeweiligen deutschen Spender oder gar nach mir benannt werden. Ist es trotzdem geschehen, gebe ich keine Ruhe, bis andere Namen gefunden sind, die zum Beispiel die Erwartungen der dortigen Menschen und ihre Ziele ausdrücken: »Hoffnung«, »Neues Leben« oder Ähnliches. Die Menschen sollen durch Namensehrungen nicht für immer als Empfangende abgestempelt werden, sondern mehr und mehr spüren: Sie selbst sind die Träger der positiven Veränderungen.

Ärmste Menschen haben oft das Bewusstsein für ihren Wert, für ihre Würde verloren, weil man ihnen nur mit Missachtung oder gar Abscheu begegnet. In der Entwicklungszusammenarbeit kann es daher nicht nur um finanzielle Hilfe und wirtschaftliche Förderung gehen. Mehr als die Handlungen sind die Haltungen entscheidend, die hinter jeder Förderung stehen. Es geht nicht darum, durch großen finanziellen Einsatz »Hilfeempfänger« heranzuziehen, sondern um die respektvolle Begegnung mit dem »Menschen wie du und ich«. Der *ganze* Mensch muss gesehen werden in seinem Wert, in seiner Würde, wenn wir Menschen fördern wollen, die Selbstwertgefühl besitzen und sich ihrer Würde im Aufbruch zu einer besseren Welt bewusst sind.

Veränderungen müssen bei uns beginnen – der zuverlässigste Weg zu einer besseren Welt für alle

Die ständigen Katastrophen, die gerade die Ärmsten in immer noch größere Armut stürzen, bedrücken uns. Die Horrorzahlen weltweit Not leidender Menschen machen uns mutlos. »Was kann ich da schon machen?«

Als jungem Mädchen fiel mir ein Buch in die Hand mit dem Titel: *Du kannst die Welt verändern!* Davon bin ich heute noch überzeugt: Die Welt *kann* verändert werden! Eine bessere Welt *ist* möglich! – Aber nur durch jeden Einzelnen von uns. Die »Ohne-mich-Haltung« – sich vor dem Anpacken drücken – und die »Vogel-Strauß-Politik« – den Kopf in den Sand stecken, das heißt einfach die Augen verschließen, um die weltweite Not und Ungerechtigkeit nicht wahrzunehmen – sind absolut unverantwortlich. Gefragt ist aktive Mitarbeit von jedem an seinem Platz, nach seinen jeweiligen Möglichkeiten.

Franz Alt fragte mich einmal während eines Interviews: »Haben Sie schon mal daran gedacht aufzugeben? Gab es nie Probleme und Schwierigkeiten?« Meine Antwort: »Wenn ich von

99 Prozent Negativem umgeben bin, dann nehme ich das eine übrig gebliebene positive Prozent und multipliziere es mit der ›Kraft des positiven Denkens‹ wieder zu hundert Prozent.« Die Welt lässt sich verändern, aber nicht mit Pessimismus, der alles überschattet und lähmt. Das »Prinzip Hoffnung« ist gefragt und die daraus resultierenden Aktivitäten.

Die »Eine-Welt-Bewegung« der Neunzigerjahre war für mich eine besondere Herausforderung, so auch für viele unserer Freunde. Bei Vorträgen, Podiumsdiskussionen, Fernsehauftritten und besonderen Aktionen ging es darum, Menschen zu freiwilligen Veränderungen ihrer persönlichen Lebensweise zu bewegen, um so einen Beitrag für die »Eine Welt für alle« zu leisten. Die insgesamt rund zwei Millionen Selbstverpflichtungen zu bestimmtem Konsumverzicht und zu verantwortlichem Umgang mit den Ressourcen unserer einen Erde – darunter waren viele unserer Andheri-Freunde – sind gewiss nicht ohne Einfluss auf die UNCED, die Weltkonferenz für Umwelt und Entwicklung in Rio de Janeiro im Jahre 1992, geblieben. Aber Rio gilt immer! Unsere Selbstverpflichtungen ebenso! Eine unserer Spenderinnen schrieb uns zu diesem Bemühen des Umdenkens, das bei vielen Andheri-Freunden auch zum »Um-Handeln« führte, von ihrer Hoffnung, »dass, so wie Samen und Keime in der Natur Wachstum und Blühen bewirken, solche positiven Veränderungen im persönlichen Bereich sich als Kräfte des Lebens mehr und mehr durchsetzen«.

Andheri-Hilfe ist stolz auf einen großen Kreis von aktiven Freunden und Spendern. Viele gehören seit vielen Jahren dazu, manche bereits seit der Gründungszeit. Sie sind den Weg unseres eigenen »Entwicklungsprozesses« mitgegangen, haben Herausforderungen, Sorgen, Bemühungen und auch unsere Erfolge mitgetragen. Interessiert und informiert über entwicklungspolitische Fragen und Probleme, haben sie andere »angesteckt« mitzumachen, damit durch jeden von uns die so dringend notwendigen Veränderungen auf eine bessere Welt hin wirksam werden.

Über den eigenen persönlichen Bereich hinaus ist jeder aufgefordert, in seinem Bereich, in der Familie, am Arbeitsplatz, in der Schule, in kirchlichen Gemeinden und in Kommunen, bei Sport und Freizeit die dringend notwendige Armutsbekämpfung durch gerechte Chancenverteilung immer wieder zu thematisieren. Wir dürfen nicht schweigen angesichts der globalen wirtschaftlichen, sozialen und ökologischen Probleme unserer Zeit. Hunger und Armut, Überschuldung der armen Länder, Flüchtlingsbewegungen als Folge von Not, Bevölkerungsdruck und Umweltzerstörung fordern unsere aktive »Einmischung«, wenn wir uns nicht mitschuldig machen wollen an zunehmendem Elend, wachsender Ungerechtigkeit, Bedrohung des Weltfriedens und Zerstörung der Schöpfung.

Zwar ist es wichtiges entwicklungspolitischen Ziel, die Armen selbst zu ermutigen und zu befähigen, sich für ihre gerechte Sache einzusetzen. Wenn die Stimme der Armen aber im steten Einerlei uns beschäftigender, uns oft so wichtig erscheinender politischer Fragen, die nur bis zu unserem eigenen Tellerrand reichen, nicht gehört werden, wenn sie überhört werden im Lärm von zerstörerischen Kriegswirren und Terror, dann sind wir aufgefordert, ihnen unsere Stimme zu geben, »Stimme der Armen« zu sein.

»Sag, wie hältst du es mit der Entwicklungspolitik?«, müssten in Abwandlung der Gretchenfrage in Goethes *Faust* die Politiker gefragt werden. Das konkrete Handeln von Parlamentariern und Regierenden, zum Beispiel in der Bundesrepublik Deutschland und in der Europäischen Union, muss von mündigen Wählern ständig daraufhin überprüft werden, inwieweit ihre politischen Versprechen nicht nur leere Worte sind. Wie weit denken und handeln sie global, das heißt verantwortlich für die eine Welt, und berücksichtigen die berechtigten Interessen der Entwicklungsländer? Tragen sie bewusst und gezielt zur vollen Verwirklichung der Millenniumsziele und anderer positiver Beschlüsse bei?

Eine bessere Welt ist möglich! Das ist für mich das Fazit nach mehr als vier Jahrzehnten Arbeit im Bereich der nichtstaatlichen Entwicklungszusammenarbeit.

Eine bessere Welt ist möglich! Daran glaube ich, weil ich es in mehr als 2000 bisher abgeschlossenen und in über 400 laufenden Projekten unserer Andheri-Hilfe immer wieder erfahren habe.

Eine bessere Welt ist möglich! Dazu versuche ich auch weiter unbeirrt beizutragen, solange mir ein guter Gott die notwendige Kraft und Gesundheit verleiht.

Eine bessere Welt ist möglich, braucht aber den Einsatz aller, braucht auch SIE! Denn der zuverlässigste Weg zu einer besseren Welt sind die Veränderungen, die bei uns selbst beginnen.

Rupert Neudeck

Von Lügen, Lobbys und echter Hilfe

Der Tsunami und die Verheißungen des Frühlings 2005

Hat sich die Erregung schon wieder gelegt? Werden die Sequenzen, in denen wir uns an die Opfer großer Katastrophen in der Welt erinnern, immer kürzer?

Bei der Tsunami-Weltkatastrophe gab es eine ganz außergewöhnliche Situation, die uns alle gründlich aufrüttelte: Die Nachricht von dem unfassbaren Unglück, das einen riesigen Teil des Globus umfasste – vom Indischen Ozean bis zur Küste Ostafrikas –, erwischte uns am zweiten Weihnachtstag und verdarb uns die Feiertagslaune: Zerstörungen von apokalyptischem Ausmaß, verursacht von nicht anklagbaren Naturgewalten; Bilder über Bilder, die die Bevölkerung bis ins Innerste bedrängten und erschütterten. Es war, wie wenn in uns selbst etwas wankte.

Ich fuhr an jenem Tag zu einer Sondersendung ins Bonner ZDF-Studio, um den Zuschauern etwas über See- und Erdbeben zu sagen. Während die ersten schrecklichen Bilder ins Studio gespielt wurden, ahnten wir, dass etwas ganz Unvorstellbares passiert war. Ich hatte mir auf die Fahrt zum Studio das Reclamheft mit Voltaires *Candide – oder die beste der Welten* (französisch: *Candide ou l'optimisme*) mitgenommen. Der Anlass für den großen Aufklärungsphilosophen, dieses Buch zu schreiben, war der 1. November 1755, der Tag, an dem ein Erdbeben (in Wirklichkeit war es auch ein Tsunami) Dreiviertel der Stadt Lissabon zerstörte.

Damals hatte es in und um die Meerenge von Gibraltar ein Beben gegeben, eine riesige Flutwelle war die Folge, hatte die Stadt Lissabon dem Erdboden gleichgemacht und 50 000 Menschenleben gefordert. Das war für die abendländisch-europäische Menschheit der Aufklärungszeit in ihrer Hochblüte ein ähnlicher Schock, wie es die Ereignisse des zweiten Weihnachtstages 2004 und der Folgetage für unsere Zeit waren und sind. Eine Revision der Vorstellung von der »besten aller möglichen Welten«, einer zentralen Überzeugung der Aufklärer und Enzyklopädisten, setzte ein. Einer der größten Aufklärer und Dichter jener Zeit, Johann Wolfgang von Goethe, schrieb in seinen Erinnerungen unter dem Titel *Dichtung und Wahrheit* über die Verwirrungen, die diese Nachricht in ihm ausgelöst hatte:

> Der Knabe ... war nicht wenig betroffen. Gott, der Schöpfer und Erhalter Himmels und der Erden, den ihm die Erklärung des ersten Glaubensartikels so weise und gnädig vorstellte, hatte sich, indem er die Gerechten mit den Ungerechten gleichem Verderben preisgab, keineswegs väterlich bewiesen. Vergebens versuchte das junge Gemüt sich gegen diese Eindrücke herzustellen, welches überhaupt umso weniger möglich war, als die Weisen und Schriftgelehrten selbst sich über die Art, wie man ein solches Phänomen anzusehen habe, nicht einigen konnten.

1755 war Goethe so alt, wie ich es war, als wir – nur Kinder und Frauen – uns nach dem Inferno des Krieges auf den Fluchtweg nach Westen machten.

Der sechzigjährige Voltaire schrieb nach der Katastrophe an seinen Arzt Theodor Tronchin: »Wie grausam die Natur ist! Es wird Mühe kosten, darzulegen, warum die Bewegungsgesetze solch furchtbare Verwüstung anrichten müssen in der besten aller möglichen Welten. Welch trauriges Spiel des Zufalls ist doch das Spiel des menschlichen Lebens.«

Fünf Tage nach der Tsunami-Katastrophe hielt der deutsche Bundeskanzler eine Neujahrsansprache, die in ihrer Weltoffenheit und Weltverantwortung vorbildlich war. Nachdem er eine ganze Reihe von Sofortmaßnahmen und längerfristigen Hilfsaktionen angekündigt hatte, sagte er:

> Das alles ist gewiss nötig und schwer durchzusetzen. Aber darf das alles sein? Delegieren wir damit nicht Verantwortung auf eine internationale Ebene und weichen ihr so aus?
>
> Ich habe von der Dimension des Leidens gesprochen, der wir gerecht werden müssen, und zwar jeder an seinem Platz. Die Staaten, die Regionen, die Wirtschaft und die ganze Weltgesellschaft. Ich möchte nachhaltige Hilfe für die Region. Ich will, dass wir uns lange verantwortlich fühlen. Alle wohlhabenden Länder sollten Partnerschaften für den Wiederaufbau bestimmter Regionen übernehmen.
>
> Ich stelle mir vor, dass sich die großen Industrieländer für jeweils ein Land verantwortlich fühlen. Auch Deutschland. Unsere Bundesländer für entsprechende Bezirke. Unsere Städte für Städte und unsere Dörfer für Dörfer. Unsere Wirtschaft könnte helfen. Hilfe würde so sichtbar und ganz konkret. Deutsche Schulen und ihre Kinder könnten Patenschaften für Schulen dort übernehmen, unterstützt von ihren Eltern.
>
> Das würde zeigen, dass wir über das Spenden von Geld – das gewiss wichtig ist – weit hinaus wollen. Dass wir Verantwortung als etwas Dauerhaftes begreifen.

Der Bundeskanzler hatte mir aus der Seele gesprochen, denn er hatte einige der Ziele genannt, für die *Cap Anamur* und die *Grünhelme* sich weltweit einsetzen.

Die Menschenretter von Cap Anamur und den Grünhelmen

Das war mir damals im Jahre 1979 noch nicht so klar, als ich mich am 1. Februar aufmachte und nach Paris fuhr. Ich hatte zwar in den Wochen vorher schon einiges von den furchtbaren Nachrichten aus dem Südchinesischen Meer gehört. Aber als ich in Paris im Café Boule d'Or mit André Glucksmann zusammensaß und dieser mir erzählte, was er alles gerade auf einer Ratteninsel namens Pulau Bidong im Südchinesischen Meer erfahren hatte über die dort zusammengepferchten 40 000 Bootsflüchtlinge, über die Zigtausende, die vorher ertrunken, von Haien gefressen oder von Piraten entführt worden waren, da war mein Entschluss klar: Wir müssen etwas tun.

Aber wie? Die Franzosen hatten es uns vorgemacht. Man muss eine ganz breite Unterstützer-Öffentlichkeit haben, niemand darf sich ausgeschlossen fühlen. Sie hatten auch schon das geeignete Instrument, was nötig war, um Menschen auf dem Meer zu retten: ein Schiff, groß genug, um Hunderte auf einen Schlag aufzunehmen, mit dem schönen Namen *Ile de Lumière*. Ich traf damals Jean-Paul Sartre und Bernard Kouchner, den bis heute nimmermüden Organisator humanitärer Aktionen. Ich fuhr nach Hause zurück und wusste: Wir müssen als Deutsche diese Initiative der Franzosen unterstützen und ergänzen.

Welch ein Glück, dass sich Heinrich Böll, einer der unvergessenen großen Moralisten und Humanitären in Deutschland, ganz mit dieser Aktion identifizierte und das »Deutsche Komitee *Ein Schiff für Vietnam*« mitgründete. Wir konnten sogar den Herausgeber der Springer-Zeitung *Die Welt*, Matthias Walden, mit ins Boot bringen, der damals mit Böll noch in einer hässlichen gerichtlichen Auseinandersetzung stand. Franz Alt war nach langen Gesprächen zu einem entscheidenden Beitrag bereit. Am 24. Juli 1979 gab es eine 45-Minuten-Sendung »Report Baden

Baden« (ARD-SWF), die nur dem Problem der ertrinkenden Flüchtlinge aus Vietnam gewidmet war. Franz Alt bat mich ins Bonner Studio, ich sollte in anderthalb Minuten alles zu dem Schiff und dem Unternehmen sagen und auch die Kontonummer nennen.

Franz Alt hatte verstanden: Um Menschen zu retten, muss man auch Regeln verletzen. Es war damals nicht erlaubt und ist auch heute nicht erlaubt, spontan eine Kontonummer zu nennen im Fernsehen. Aber Franz Alt wusste: Er muss das erlauben, und ich redete wie um mein eigenes Lebens, nannte auch die Kontonummer.

So wurden wir damals drei Tage nach der Sendung im Fernsehen Zeugen einer Anteilnahme der Bevölkerung, die ich nicht für möglich gehalten hätte. Diese Report-Sendung, an der sich auch der damalige Korrespondent der ARD in Paris, Ulrich Wickert, mit einem sehr guten Beitrag über das französische Schiff beteiligt hatte, war wirklich herausfordernd gewesen. 1,2 Millionen DM auf einen Schlag waren das Ergebnis des Aufrufs zum Spenden.

Drei Tage später war ein 5345 BRT großes, für unseren Zweck geeignetes Schiff gemietet, das den seltsamen Namen *Cap Anamur* hatte. Der Reeder Hans Voss erklärte mir, dass das Schiff im Hafen von Kobe in Japan läge. Am 2. August 1979 zogen wir mit einer begeisterten Crew von bedingungslos Humanitären von Hamburg los. Ärztinnen, Ärzte und Krankenschwestern gehörten zu uns, die beweisen wollten, dass Menschen auf dieser Welt gerettet werden müssen.

Das Ergebnis ist bekannt. Es wurden in drei Jahren 9507 Menschen gerettet (später erhöhte sich die Zahl mit zwei anderen Schiffen auf 11 488). Es war das die größte und schönste Rettungsaktion, die von Deutschen nach dem Zweiten Weltkrieg möglich gemacht und durchgeführt wurde.

Sie war übrigens total abhängig von der Unterstützung und

den Spenden der Menschen und Mitbürger aus unserer Bevölkerung, die nicht zu den Reichen im Lande gehören. Nicht die Großen der Banken, der Wirtschaft, nicht die Bischöfe und nicht die Industriekapitäne waren die Helden dieser humanen Großleistung. Es waren die Menschen um uns herum, die zu Millionen bereit waren, etwas zu tun, wozu sie überhaupt nicht verpflichtet waren. Seit dieser Zeit schwingt und klingt in mir die Dankbarkeit für eine Gesellschaft, die zu spontaner Hilfe bereit ist. Und das gilt auch für die Zeit nach *Cap Anamur*. Ich bin ja seit 2003 Gründer und Mitorganisator eines radikalen Friedenscorps nach dem Vorbild von John F. Kennedys »Peace Corps«, es heißt: *Grünhelme e.V.* Wir bitten Bauhandwerker, Ärzte und andere, den Habenichtsen und Schmuddelkindern dieser Welt drei Monate ihres Lebens zu geben, nein zu schenken. Und siehe da, viele tun das.

Die Grünhelme haben bisher elf Schulen, drei Berufsausbildungszentren und eine Entbindungsklinik in Afghanistan gebaut. Die Schule für 800 Schülerinnen und Schüler hat einen Preis, den sich niemand in Deutschland vorstellen kann: 45 000 Euro.

In Sumatra/Indonesien haben wir uns das Dorf Pulau Kayu in der Nähe von Bilangpidie vorgenommen und uns verpflichtet, zusammen mit den Menschen dort, die so furchtbar von dem Tsunami heimgesucht worden sind, ihre 350 Häuser an der Westküste der Provinz Aceh wiederaufzubauen. Ein Haus können wir zum Preis von 1500 Euro wiederaufbauen. Im Juni 2005 standen bereits 44 Häuser.

Das sind Ruhmestaten der deutschen Gesellschaft, meiner Mitbürgerinnen und Mitbürger, auf die ich mich in den letzten 26 Jahren stets verlassen konnte. Während auf die Regierungen nicht immer Verlass war, konnte ich auf diese Bevölkerung immer vertrauen. Sie war immer, wenn sie konkrete Not vor Augen hatte, bereit, sofort und großzügig zu helfen. Das war und ist für mich der beste Rückenwind und der beste Beweis dafür, dass eine bessere Welt möglich ist. Manchmal ist sie für uns sogar schon wirklich geworden.

Der Anfang vom Ende einer ganzen Waffengattung

Der damalige Außenminister der Bundesrepublik Deutschland, Klaus Kinkel, war, man konnte es sehen, sehr bewegt, seine Stimme versagte fast. Er sprach am 11. Dezember 1997 im Deutschen Bundestag über das »Teufelszeug, das weg muss, und zwar möglichst schnell und ein für alle Mal«. (Es gab, wie das Protokoll des Bundestages vermerkt, Beifall bei allen Parteien.) Er sprach über das Verbotsabkommen für Antipersonenminen in den höchsten, für einen Minister und dazu noch den Chef der deutschen Diplomatie geradezu unbegreiflich euphorischen Tönen. »Ich habe selten eine internationale Konferenz erlebt, die so stark von positiven Emotionen geprägt war. Wir sollten vor dem Sommer ratifizieren.«

Was war geschehen? In einer aufgrund der persönlichen Initiative des damaligen kanadischen Außenministers Lloyd Axworthy zustande gekommenen Konferenz zur Ächtung der Antipersonenminen waren am 4. und 5. Dezember nicht weniger als 125 Staaten zusammengekommen, um den so genannten »Ottawa-Prozess« und das Verbotsabkommen für Antipersonenminen zu unterzeichnen. Deutschland war, so konnte der Bundesaußenminister vor dem Bundestag verkünden, Mitglied des Ottawa-Prozesses. »Wir haben einen Sieg der Menschlichkeit errungen«, sagte er.

Es war eine höchst effektive Konstellation von Einzelpersonen und Gruppen, die dazu beigetragen hatte, dass es zu diesem großen Erfolg kam, einem Erfolg, den in der enthusiastischen Stunde der Unterzeichnungszeremonie, der ich damals beiwohnen durfte, der kanadische Außenminister und Gastgeber Lloyd Axworthy als »den Beginn des Endes einer ganzen Waffengattung« bezeichnete. Es waren das diese beiden Außenminister, Kinkel und Axworthy, die damit wieder einmal belegten, wie wichtig das unbeirrbare persönliche Engagement von Politikern ist. Es war das die »Internationale Kampagne zur Ächtung der Landminen«. Und es waren zusätzlich noch Einzelinitiativen, so auch die der Organisation Cap Anamur, die im Rahmen ihrer Aktionen sogar einen Prozess gegen die Minen produzierende Firma Dynamit Nobel gewinnen konnte. Es waren der damalige Schriftsteller und Menschenrechtler Lew Kopelew und die unvergessene Prinzessin Diana, die sich nach Angola aufmachte, um dort der britischen Organisation Halo Trust bei der schwierigen Aufgabe zu helfen, das »Teufelszeug« aus dem Boden zu bringen.

Zu den 125 Unterzeichnerstaaten gehörten große und kleine Länder, arme ebenso wie reiche. Drei Länder fehlten, die nicht zu den kleinsten und ärmsten gehören: die USA, Russland und China.

Es gab damals immer noch die bedrückende Zahl von jährlich mindestens 20 000 Minenopfern, viele davon Kinder. Auch unsere Organisation Cap Anamur war von einem Fall betroffen, der uns gründlich aufgerüttelt hat. Erst dann, wenn uns etwas ganz besonders nah kommt, nehmen wir es so ernst, wie man es ernst nehmen muss. Am 26. Juni 1991 fuhr die holländische Krankenschwester Helmien Hendrikse mit dem Toyota der Organisation Cap Anamur in Nordsomalia auf eine Antipanzermine. Helmien Hendrikse sowie der neben ihr sitzenden somalischen Krankenschwester Nimao Abdelkader wurden die Beine weggefetzt. Das hat uns damals so schockiert: Auch die Antipanzerminen sind ein »Teufelszeug«, gerade weil sie nicht darauf angelegt sind, die Opfer zu töten, sondern sie lebenslang zu verstümmeln.

Seit dieser Zeit und weil ich die humpelnde, auf Prothesen

sich fortbewegende Helmien von Zeit zu Zeit sehe, hasse ich Menschen, die mir weismachen wollen, dass es einerseits teuflische Minen gibt, die gegen Menschen gerichtet sind, die so genannten Antipersonenminen, und andererseits solche, die zu unserer Verteidigung unverzichtbar sind, die Antipanzerminen. Eine Antipanzermine ist natürlich auch eine Antipersonenmine, wenn jemand wie unsere Helferinnen Helmien Hendrikse und Nimao Abdelkader darauf fahren.

Die damalige Bundesregierung hatte eine ganze Menge getan, um den Hilfsorganisationen die Arbeit zu erleichtern. Cap Anamur half bei der Minenräumung im Süden von Angola. In Xangongo gelang es uns, drei Minengürtel, die um diese Stadt herum lagen, wegzuräumen. Bis heute klingt mir das Geräusch, nein, der unausstehliche Krach, die Gewalt, mit der Tonnen von Minen im Erdboden entzündet und vernichtet wurden, wie Mozarts Musik in den Ohren. Es war eines meiner prägenden Lebenserlebnisse. Wir Menschen haben so viel Waffen, Minen und Munition produziert, dass man die ganze Welt damit zerstören kann. Insgesamt haben wir über 240 000 Landminen in Angola weggeräumt und Tonnen von scharfer Munition in die Luft gejagt und damit einen ganzen Landstrich wieder bewohnbar gemacht.

Wie gesagt, die Bundesregierung half uns. Nach langen Kämpfen bekamen wir (als humanitäre Organisation!) sogar Minenräumpanzer. Franz Alt hatte 1990 bei seinem Besuch in Somalia die Minenräumfirma Rimfire besucht. Die Experten dieser kommerziellen britischen Firma sagten ihm, viel einfacher wären das Suchen, Aufspüren und Entschärfen der Minen, wenn man die T-34-Minenräumpanzer zur Verfügung hätte. Auf die Frage von Franz Alt, wo man die denn bekommen könnte, antworteten die Briten: »In den verrostenden Beständen der alten DDR-Armee, der Nationalen Volksarmee.« Es begann ein heftiger Kampf um die Übergabe von umgebauten Panzern, denn natürlich wollten wir Humanitären diese Panzer erst mal dreifach entschärfen: durch das Absägen der Kanone, das Abschweißen der MGs und der Halterungen für die MGs an der Seite und durch das Anstreichen der Expanzer mit weißer Farbe und der Aufschrift: »Medicos de Emergencia Alemães« (Deutsche Notärzte).

Nach langen Grabenkämpfen mit der Bürokratie klappte es, und im Herbst 1992 konnte die Arbeit mit diesen Panzern und allem anderen Gerät, das wir aus dem Depot der Bundeswehr in Storkow bekamen und das für uns nach Angola geschippert wurde, in dem südangolanischen Ort Xangongo beginnen.

Deutschland stellte auch in den nächsten fünf Jahren 55 Millionen DM für diese Arbeit bereit. Es hat gleichzeitig 28 Prozent der Mittel beigesteuert, die die EU bis 1997 für die Minenräumung verteilte. Klaus Kinkel höchstpersönlich kümmerte sich darum, dass die Minenräumfräse des Tüftlers Walter Krohn in Mosambik zum Einsatz kam. Kinkel selbst sorgte auch dafür, dass drei Fachkonferenzen in Deutschland stattfanden, dass deutsche Firmen sich um die Entwicklung neuer schwerer Minenräumgeräte kümmerten und dass im Auswärtigen Amt ein eigenes Referat dafür eingerichtet wurde.

Nun sagte es Klaus Kinkel aber 1997 bei seiner Rede im Bundestag schon: »Dass wir es mit den Panzerminen nicht geschafft haben, liegt daran, dass einfach kein Konsens herzustellen war. Wenn man das Abkommen auch auf Panzerminen bezogen hätte, dann wäre es in Ottawa eben nicht zustande gekommen. Wir müssen also mit dem Spatz in der Hand anstelle der Taube auf dem Dach vorlieb nehmen.«

Unser nächstes Ziel: die Ächtung aller Landminen

Nach dem großen Erfolg in Ottawa stand die humanitäre Weltgesellschaft vor zwei großen Aufgaben: Einmal mussten riesige Anstrengungen unternommen werden, um nun tatsächlich *alle* Landminen zu vernichten, zu bannen und ihre Proliferation zu ächten. Das wäre die Aufgabe einer Folgekonferenz (»Ottawa II«) gewesen. Für Klaus Kinkel war es damals klar: Diese Folgekonferenz sollte in Deutschland stattfinden, am besten in Berlin, und sie hätte dieses Verbot *aller* Landminen beschließen müssen. Und eine letzte Konferenz (»Ottawa III«) hätte ein durchgängiges, probates und bindendes Sanktionsregime für diese Verbote und ihre Teilnehmer beschließen müssen.

Das alles fand leider nicht mehr statt, weil es in der Regierung der rotgrünen Koalition in Deutschland nicht genügend Interesse an dieser Frage gab.

Am 8. April 2001 überreichte das vom WDR-Intendanten Fritz Pleitgen geleitete Kopelew-Forum den Lew-Kopelew-Preis an den – wie ich selbst seit meiner ersten Begegnung mit der Organisation weiß – besten Minenräumverband, nämlich den britischen Verein Halo Trust. Bei dieser Gelegenheit veranstaltete man auch eine Debatte, an der die Vertreter von drei Parteien im Deutschen Bundestag teilnahmen: Angelika Beer (Die Grünen), Klaus Kinkel (FDP) und Walter Stützle, Staatssekretär im Bundesministerium für Verteidigung (SPD). Diese drei hochrangigen Politiker verpflichteten sich in aller Öffentlichkeit, einen Antrag zum Verbot und zur Ächtung aller Landminen, also auch der Antipanzerminen einzubringen. Der Einzige, der das bis 2002 – also bis vor Ende der Legislaturperiode – tat, war Klaus Kinkel. Die Aufgabe besteht weiter. Unter den Ländern, die auch weiterhin Landminen produzieren, nunmehr meist Antifahrzeugminen, sind die USA, China, Ägypten, Süd- und Nordkorea, Russland, Indien, der Iran und der Irak, die Türkei und Pakistan. Auch in der deutschen Bundesrepublik gibt es immer noch Minen produzierende Firmen.

Dass wir manchmal werden müssen wie die Kinder und dass uns die Erfolge dieser Arbeit für eine bessere Welt nicht in den Schoß fallen, bewies uns meine eigene Tochter, die damals elfjährige

Milena Neudeck, als sie 1992 vom anfänglichen Scheitern der Verhandlungen über die Umrüstung von Panzern zu Pflugscharen, in diesem Fall zu humanitären Minenräumgeräten, erfuhr. Ich war auf die Hardthöhe (damaliger Sitz des Verteidigungsministeriums in Bonn) gefahren, frohgemut, weil uns signalisiert worden war, wir würden zwei oder drei von diesen mächtigen Geräten bekommen; doch das Auswärtige Amt stellte sich quer. Daraufhin war unsere kleine Tochter so empört, dass sie ihrem Ärger Luft machen musste. Mit kindlichem Freimut und ohne Etikette schrieb sie am 24. Januar 1992 handschriftlich einen Brief an den Außenminister:

> Herr Genscher!
> Ich finde es eine saublöde Sauerei, dass Sie dem Komitee Cap Anamur die Minenräumpanzer nicht geben wollen. Sie meinen wohl, weil es Ihnen gut geht, können Ihnen die Leute in Somalia egal sein. Würden Sie gern ohne Ihre Beine leben? Die Leute dort müssen es, sie können es sich nicht aussuchen! Außerdem braucht Deutschland garantiert keine Minenräumpanzer, das müssen Sie doch zugeben!
> Wenn Sie anderer Meinung sind, würde ich Sie bitten, mir wenigstens einen wirklich triftigen Grund zu schreiben, warum Deutschland die Minenräumpanzer denen nicht geben soll, die sie brauchen.

Ohne Grußformel, nur der Name darunter und die Adresse. Zwei Monate später hatten wir »unsere Panzer«. Aber die Aufgabe ist inzwischen nicht kleiner, sondern größer geworden: Nach UN-Berechnungen aus dem Jahre 2002 gibt es in der Welt rund 100 Millionen verlegte Landminen, die jederzeit Unschuldige verletzen oder töten können.

Gefahren durch eine außer Rand und Band geratene Supermacht

Ich will im Folgenden an einigen Beispielen zeigen, mit welchen Schwierigkeiten wir als Friedenswillige und humanitäre Helfer durch die amerikanische Vormachtstellung in der Welt zu kämpfen haben. Überwunden werden können diese Schwierigkeiten nur durch eine neue Konzeption der Partnerschaft von einzelnen Staaten, Regionen, Orten und Gruppen.

Die USA haben den Irak-Krieg nicht nur monoman und quasi allein geführt, sie haben sich auch noch nachträglich von einer sehr wenig selbstbewussten UNO die Legitimation geben lassen, dass sie zu Recht im Irak sind. Am 16. Oktober 2003 hat der Sicherheitsrat der Vereinten Nationen in einem einstimmigen Votum die Resolution 1511 verabschiedet, die die Präsenz der US-Amerikaner (und natürlich auch der vielen Willigen) im Irak legitimierte. Am 23./24. Oktober 2003 fand in Madrid unter der Schirmherrschaft der Vereinten Nationen eine Geberkonferenz für den Wiederaufbau des Irak statt, bei der 73 Staaten, 20 internationale Organisationen und 13 NGOs vertreten waren. Am Ende dieser Konferenz wurde als großer Erfolg verkündet: Es wurden 33 Milliarden US-Dollar gesammelt. Folgt man der Analyse der angesehenen *Le Monde Diplomatique* (Mai 2004), dann handelte es sich allerdings um eine heterogene Zusammenstellung von ganz verschiedenen Hilfen, Krediten, Zuschüssen und Geschenken, also Dingen, die man gar nicht so hätte zusammenrechnen dürfen. Man war dennoch auch damit noch weit entfernt von der Summe, die die internationale Staatengemeinschaft als notwendig für den Wiederaufbau des Irak angesehen hatte. Die Weltbank jedenfalls hatte 56 Milliarden Dollar als dafür unerlässlich bezeichnet.

Am 5. Dezember 2003 wurde James Baker, Außenminister unter Bush Sr., in die Hauptstädte der westlichen Welt entsandt, um dort über einen Schuldenerlass für den Irak zu verhandeln. Es ging dabei um die Tilgung von 130 Milliarden Dollar Schulden, mit denen der Irak gegenüber den wirtschaftlich starken Mächten der Welt in der Kreide stand. Doch am selben Tag, da James Bakers Mission angekündigt wurde, verfasste der Staatssekretär im Verteidigungsministerium Paul Wolfowitz ein Rundschreiben, nach dem einige Staaten der Unwilligen, die sich nicht am Irak-Krieg beteiligt hätten, von den Geldern und Kontrakten zum Wiederaufbau des Irak ausgenommen wären, nämlich Frankreich, Deutschland, Russland und Kanada. In seinem Schreiben betonte Wolfowitz, der inzwischen neu eingesetzte (von den USA bestimmte und von den europäischen Regierungen widerwillig akzeptierte) Präsident der Weltbank, dass diese Maßnahme notwendig sei, »um die wesentlichen Sicherheitsinteressen der Vereinigten Staaten zu garantieren sowie die internationale Kooperation in zukünftigen Fällen aufzubauen«.

Manchmal zeigen kleine Begebenheiten am Rande besser als große Worte, was manche US-Amerikaner unter einer solchen »internationalen Kooperation« verstehen. Als der amerikanische Wirtschaftsminister Don Evans im Oktober 2003 in den Irak reiste, konnte er sich nicht genug damit brüsten, wie sehr all die Segnungen des Krieges und Nachkrieges der irakischen Bevölkerung zugute kämen. Er entblödete sich nicht, als Beleg einer Journalistin des CNN zu erzählen: »Ich habe hier einmal angehalten und von einem jungen Iraker am Straßenrand eine Coca Cola gekauft.«

Auf dem Balkan haben die US-Amerikaner dafür gesorgt, dass entgegen den Bestimmungen der UN-Resolution 1244 die UCK, also die so genannte Befreiungsarmee des Kosovo, nicht aufgelöst wurde, im Gegenteil, sie bekam einen neuen Titel und feiert sich inzwischen als die zukünftige Armee des Kosovo.

In Afghanistan wüten US-Special Forces, die von Militär und

von sonst gar nichts etwas verstehen. Der Ex-Bundeswehrarzt Dr. Reinhard Erös hat mir eine Geschichte erzählt, die ein Schlaglicht auf das Benehmen der Amerikaner in den Krisengebieten der Welt wirft.

Als Erös im Herbst 2004 auf dem Wege von Kabul zurück nach Jalalabad ist, sieht er – in völlig angepasstem Afghanenlook mit Mütze und Jalabiya – von weitem zwei gepanzerte US-Jeeps kommen, die blinken, als ob der Präsident der Vereinigten Staaten höchstpersönlich dort ankomme. Er muss die Bahn frei machen. Der alte Haudegen Reinhard Erös wartet also in einer kleinen Parkbucht, um die beiden Jeeps vorbeizulassen. Aber die beiden Jeeps fahren heran und umstellen das Fahrzeug von Erös. Aus den beiden Jeeps kommen GIs mit schussbereiter MP, sie halten ihre Maschinenpistolen dem deutschen Arzt, den sie für einen Afghanen halten, direkt unter die Nase, und der eine der Soldaten brüllt ihm ins Gesicht: »Piss off – you Afghan Muslim motherfucker!«

Die Situation ist brenzlig, die Knarre entsichert, der erfahrene Exmilitärarzt sagt nichts, und die Lage beruhigt sich wieder. Zwei Tage später kommt er zur Basis der US-Streitkräfte, die hier sind, um als »Provincial Reconstruction Team« das Land wiederaufzubauen. Der Oberst der Einheit beruhigt den Deutschen: »Ja, wenn wir gewusst hätten, dass Sie kein Afghane, sondern ein Deutscher sind!« So wird tagtäglich durch das schlechte und arrogante Benehmen der US-Truppen das »Nation Building« kaputtgemacht und Terrorismus produziert. Natürlich lassen sich stolze Völker ein solches Verhalten nicht gefallen.

Frauenrechte, Männerrollen

Immer wieder haben wir beide, Christel und Rupert Neudeck, versucht als ein gleichberechtigtes Paar aufzutreten. Kommt es dann zu einer Situation, in der wir mal beide eingeladen werden, dann sind trotzdem alle höchst erstaunt. Wie im Oktober 2004 bei Johannes B. Kerner. In der Talkshow war Christel so gut, so authentisch und so ohne jede Taktik, dass sie – wie mir viele sagten – mir die Show stahl. *Sie* hatte den ganz großen Auftritt, nicht etwa ich. Sie hat so gut für uns beide geredet, dass alle danach ganz begeistert waren – als hätten sie nicht vorher häufig vergessen, dass diese Arbeit, erst von Cap Anamur und dann von den Grünhelmen, immer von uns beiden zusammen gemacht wurde. Allzu oft werden die Frauen in den Hintergrund gedrängt, werden ihre Rechte missachtet und unterdrückt, weniger bei uns in Mitteleuropa als in der dritten Welt. Aber gerade in den Ländern der Habenichtse und der Schmuddelkinder sind die Frauen oft diejenigen, die die Arbeit tun.

Die Dinka-, die Nuer- und die Shilluk-Frauen sorgen im Südsudan dafür, dass das Leben weitergeht. Sie gebären die Kinder, sie sorgen dafür, dass Matoke-Bananen da sind und der Hirsebrei gekocht wird. Sie bringen Wasser zu ihrer Rundhütte, indem sie täglich stundenlange Wege zurücklegen. Sie sind die starken Frauen, die für das Überleben dieser Gesellschaft weiß Gott mehr tun als alle Milizen und Bewaffneten. Als Heiner Geißler und Norbert Blüm sich mit mir am 13. Dezember 1999 aufmachten und wir uns durch alle Mauern der diplomatischen Ranküne durchkämpften bis an die Füße der Nubaberge, da standen auf dem kleinen Airstrip in strahlender Sonne 300 Frauen und Mädchen, die, ohne zu zögern, Säcke und Behälter mit 12 bis 15 Kilo auf ihren Kopf nahmen, um sie für uns zu tragen. Wir hatten drei Tage Fußmarsch vor uns, und all unser Europäergepäck wurde von diesen Frauen getragen. Als der große

Menschenrechtskämpfer und Widersacher des früheren Bundeskanzlers Helmut Kohl, Heiner Geißler, am nächsten Morgen meinte sagen zu müssen: »Ich schäme mich so, dass diese Frauen meinen Rucksack tragen«, da haben wir ihn nur für eine ganz knappe Stunde den Rucksack selber tragen lassen. Dann war der so fertig, dass er keinen Mucks mehr sagte, als wir die Frau wiederfanden, die unter großem Triumphgelächter den Rucksack locker wieder auf ihren Kopf nahm und weiter trug.

Die Frauen sind auch die besseren Empfänger von Kleinkrediten, und das sowohl bei der Grameen Bank wie auch bei den Kreditinstituten in den wenigen afrikanischen Ländern, in denen es schon solche Kredite gibt. Die somalischen Frauen wären wohl in der Lage gewesen, aus Somalia wieder einen Staat zu machen; die Männer bringen das nicht zustande. Und ich sage das nicht im Sinne einer Ideologie, sondern aufgrund meiner praktischen Erfahrungen. Auch zu den Frieden schaffenden Einsätzen der UNO-Blauhelme tragen die Frauen inzwischen ihren Teil bei.

Die Zukunftsmission der UNO-Blauhelme

Die UNO ist *die* Weltorganisation, und wir müssen sie wie unseren Augapfel hüten. Aber die Art, wie sich die UNO in ihren einzelnen Agenturen und Töchtern dem Wohlstands- und Luxusdiktat der euroatlantischen Welt total bis zur eigenen Unkenntlichkeit unterwirft, hat manchmal paranoide Züge. Politisch kann sich das als Katastrophe auswirken.

Die Blauhelme sind dennoch ein Ausblick auf die bessere Welt, denn sie verändern die in diesen Engagements vereinigten Armeen in ihrer Seele. Diese Armeen und ihre Soldaten sind nicht mehr die üblichen Kommissarmeen, sie müssen sich nicht mehr mit der lähmenden Langeweile des Herumstehens und Bewachens und des Gewehresauberhaltens zufrieden geben. Diese neuen Soldaten sind dazu da, im Zweifelsfall Menschen zu schützen, ihnen aber auch eine Straße, eine Schule oder eine Brücke zu bauen, wenn nötig. Oft können sie dabei auf Fähigkeiten aus ihren Herkunftsberufen zurückgreifen. Manchmal werden regelrechte Bautrupps aus Soldaten zusammengestellt, wie zum Beispiel in den zivil-militärischen Zellen (CIMIC) der deutschen Bundeswehr, zu denen sich Armeeeinheiten im Auftrag ihres Ministers zusammenfügen.

Unter den Anforderungen und Bedingungen der UNO verändern Armeen unmerklich und unweigerlich ihr Gesicht. So können diese internationalen UNO-Blauhelm-Einsätze eine hervorragende Übung sein, mit der Soldaten und Offiziere sich selbst und uns beweisen, dass sie mehr sind als Befehle ausführende Betonköpfe, dass sie einen wichtigen Beitrag leisten zum Aufbau einer besseren Welt.

Das Heer der Banker und Berater

Weniger positiv beurteile ich das Heer der internationalen Entwicklungshilfeexperten, Banker und Berater, das sich in den Krisengebieten der Welt breit macht. Nehmen wir nur das Beispiel Afghanistan:

Nach dem Afghanistan-Krieg gab es eine enorme Bereitschaft, diesem durch 23 Jahre Krieg gebeutelten Land durch großzügige finanzielle Hilfe den Wiederaufbau zu ermöglichen. Langfristig zugesagt wurden von den USA (bis März 2009) 5,036 Milliarden Dollar, von der Europäischen Union 1,284 Milliarden Dollar, von Japan 900 Millionen Dollar, von Großbritannien 850 Millionen Dollar, von Deutschland 729 Millionen Dollar, von der Weltbank 642 Millionen Dollar, von der Asiatischen Entwicklungsbank 475 Millionen Dollar, von Kanada 457 Millionen Dollar, von Indien, dem Nachbarland, 400 Millionen Dollar und von den Niederlanden 285 Millionen Dollar. Zusammen mit den zugesagten Hilfsleistungen einer ganzen Reihe weiterer Geberländer ergab sich die stattliche Summe von ca. 13,5 Milliarden Dollar plus Kreditzusagen in Höhe von 1,85 Milliarden Dollar.

Auch mit der Auszahlung waren diese Länder gar nicht faul. Laut Bericht des *Spiegel* waren bis März 2005 etwa 9,87 Milliarden Dollar ausgezahlt, zusammen mit den schon verbrauchten Krediten seit Januar 2002 insgesamt 10,8 Milliarden Dollar. Das Geld, das in das ausgeblutete Land gepumpt wurde, ist mehr, als je ein einzelnes kleines Land bis dahin bekommen hat. Nun machte sich die engagierte und neugierige *Spiegel*-Reporterin Susanne Koelbl zusammen mit *Spiegel*-Auslandschef Olaf Ihlau auf den Weg, um an Ort und Stelle zu prüfen, was denn tatsächlich von diesem Geld zugunsten von Afghanen ausgegeben worden ist. Dass es nicht sinnvoll sein kann, irgendwelchen afghanischen Verwaltungen oder gar Warlords das Geld einfach zu überweisen, ist einsichtig. Aber was hat die internationale Gemeinschaft mit dieser riesigen Summe gemacht?

Frau Koelbl hat eine sehr drastische Antwort gefunden: Afghanistan ist zum Dorado für internationale Berater und professionelle Helfer geworden. »Sie haben sich in Kabul in bequemen Büros eingerichtet. Doch ihre Arbeit fördert Schlamperei und Korruption«, schreibt sie. In der Hauptstadt haben sich 235 Organisationen aus dem Westen eingerichtet, und deren Mitarbeiter leben so gut, dass viele von ihnen gar nicht mehr zurückkehren wollen. »Im alten Villenviertel Wazir Akbar Khan rattern Tag und Nacht die Generatoren, um Strom zu produzieren und Pumpen für die Wasserversorgung anzutreiben. Hier, wo die Helferszene residiert, kostet ein Haus inzwischen durchschnittlich 8000 US-Dollar Miete im Monat«, heißt es im *Spiegel*-Bericht. Nirgendwo sonst in der Großstadt – ganz zu schweigen von den ländlichen Regionen – funktioniert die Energie- und Wasserversorgung auch nur annähernd so gut, und die Straßen sind eine Aneinanderreihung von Schlaglöchern geblieben.

Die Beraterhaie in Kabul

Es haben sich große und kleine Haie zum Nachteil der Afghanen in Kabul und in ein paar anderen Städten des Landes eingenistet. Alle bekommen sehr gute Gehälter, die in keinem Verhältnis zum Einkommen der einheimischen Bevölkerung stehen, nicht mal zu unserem Lohn- und Gehaltsgefüge in der Bundesrepublik Deutschland. Da gibt es das Unternehmen »Emerging Markets Group«, das im Auftrag der afghanischen Regierung das Land vermessen und die Eigentumsverhältnisse klären soll. Der Kalifornier William Strong hat für diese Firma einen 30-Millionen-Dollar-Job an Land gezogen. Mit einem Dutzend Mitarbeiter, die (selbst völlig unkontrolliert) in den Ministerien dafür sorgen sollen, dass die notwendige Arbeit gemacht wird, residiert er in einer herrlichen Villa im Norden von Kabul, Monatsmiete 12 000 US-Dollar.

Eine zweite Firma, die viel kassiert und nichts bewirkt, ist die Firma BearingPoint. Ihr Afghanistan-Budget beläuft sich auf über 100 Millionen US-Dollar. Ihr Chef, Ed Elrahal, konnte gleich 70 seiner Berater in die Regierung implantieren, die sehr viel Geld verschlingen von den Summen, die bereitgestellt wurden. »Doch auch nach dreijähriger Dauerberatung durch ein Heer von Experten gibt es im Land praktisch noch immer kaum funktionierende Ministerien oder ausreichend Afghanen, die inzwischen in der Lage wären, solche aufzubauen« (Susanne Koelbl).

Diese Leute, so haben Journalisten erzählt, dürfen natürlich nicht mit Journalisten sprechen, dafür haben sie pro Tag einen Lohn von 1000 US-Dollar. Die Politiker haben sich redlich Mühe gegeben, diesen Skandal vor ihrem Volk zu verbergen. Da tauchte jüngst eine Gehaltsliste solcher merkwürdiger Berater auf, was »ein mittleres Erdbeben« auslöste. Nur zwei Beispiele: Ein Mitarbeiter der Beratungsfirma Crown Agents hatte für 180 Tage Herumsitzen im Koordinierungsbüro für Hilfsgelder

207 000 Dollar bekommen, inklusive Spesen. Ein anderer hatte für eine ähnlich nichtsnutzige Arbeit 242 000 Dollar für 241 Tage berechnet – ein Zehnfaches dessen, was ein afghanischer Minister in Kabul verdient. Allein beim Finanzminister Asg'hraf Ghani dienen Hunderte solcher Fachleute und verdienen fürstliche Gehälter.

Es gibt zwei Wege, die aus dieser Misere bei der Vergabe von internationalen Hilfsgeldern herausführen können:

1. Anstatt Kindergärten, Schulen und Kliniken zu bauen – was kleine Organisationen, die sich nicht bereichern, besser können –, sollte man Menschen im Lande ausbilden, die Kindergärten, Schulen und Kliniken bauen können. 2. Statt Entwicklungsaufträge an die großen internationalen Organisationen zu geben, die sie dann weiterreichen an die mittleren und kleinen, sodass am Ende nur ein Bruchteil des ursprünglichen Geldes für die Arbeit vor Ort übrig bleibt, sollte man sie gleich an die höchst effektiv arbeitenden kleinen lokalen Gruppen geben (wie z. B. die Kinderhilfe von Reinhard Erös oder die Grünhelme), die helfen wollen, nicht verdienen. Auch hierfür ein Beispiel:

Schulen für Afghanistan

Mit den Miniteams der Grünhelme sind derzeit (Stand Juni 2005) schon elf Schulen erbaut worden, dazu zwei Berufsausbildungswerkstätten sowie eine Geburtsklinik.

Diese Arbeit beginnt in dem jeweiligen Dorf immer mit der Beratung und dem Vertrag, den wir mit einer Dorfgemeinde abschließen, bevor wir an die Arbeit gehen. Der Vertrag enthält von unserer Seite genau vier Bedingungen: Einmal muss die Dorfgemeinschaft dem Miniteam der Grünhelme (ein Europäer plus Dolmetscher) eine Unterkunft in einem der Lehmhäuser zur Verfügung stellen; zum anderen muss die Dorfgemeinschaft schriftlich versichern, dass sie genügend Lehrer für die Schule hat. Drittens muss sie unterschreiben, dass die Grünhelme nach

Fertigstellung der Schule nichts mit der Bezahlung der Lehrer und dem Unterhalt der Schule zu tun haben. Viertens stellen wir in dem Vertrag fest, dass die Grünhelme die Schule mit allem errichten, was dazu gehört, aber keine Mauer um die Schule bauen.

Die Schule kostet uns – und wir konnten die letzten beiden Jahre diesen Preis halten – 45 000 Euro, wenn sie 8 bis 12 Räume haben soll. Wenn sie kleiner ist, dann kann sie mit einem noch geringeren Budget gebaut werden.

Wir haben in der deutschen Öffentlichkeit immer versucht, Gemeinden zu finden, deren Schülerinnen und Schüler und Lehrerkollegien bereit sind, eine solche Schule zu finanzieren. Die Gemeinde Troisdorf (in der wir Neudecks selbst zu Hause sind) hatte im Frühjahr 2004 Feuer gefangen. Alle 23 Schulen in Troisdorf waren bereit, sich an einer Spendenaktion zu beteiligen, die dazu führte, dass im Juni 2004 sogar einmal an einem ganzen Freitag die Fußgängerzone okkupiert war, um die Passanten mit mehreren Theaterbühnen dafür zu begeistern, einen Baustein für die Schule in Afghanistan zu kaufen. Die Schulen konnten sich dabei auch auf die Verwaltung und den Bürgermeister verlassen, der selbst einen halben Tag bei der Aktion mitmachte. Und natürlich wussten alle Schülerinnen und Schüler genau Bescheid, um was es sich handelte. Die 45 000 Euro hatten wir schon im Sommer 2004 zusammen.

Der Platz, den wir für die so genannte »Troisdorf-Schule« ausgesucht hatten, ist Haustsche in Westafghanistan. Im Oktober 2004 schickten wir das erste Team in diese wunderschöne Berglandschaft, wo die Menschen ganz begierig waren, eine Schule für ihre Kinder zu bekommen. Der Unterricht fand bis dahin noch in einem Zelt von UNICEF statt, in dem auf engstem Raum zwei Klassen mit je 50 Schülern durch eine Plane getrennt unterrichtet wurden.

Aus einem Bericht unserer Grünhelme:

> Die Schule in Haustsche bekommt neun Klassenräume, ist 31 Meter lang und 18 Meter breit. Materialbeschaffung ist das einzige Problem in diesem Land. Allein für das Schnurgerüst mussten die Mitarbeiter eine Stunde suchen, um 16 geeignete Bretter zu finden. Wir bezahlen die Mitarbeiter aus dem Dorf, weil es in den Dörfern noch so wenig Geld gibt, dass das auch für die Dorfgemeinschaft eine willkommene Einnahme bedeutet. Der Nachteil an dieser Aktion: Wir gelten dann auch als Firma, als Arbeitgeber, was wir ja nicht sind. Für Lohnzahlungen müssen wir eine große Tüte kleiner Scheine bereithalten – es wird dauern, bis wir die Ahmeds und Yousefs und Sahirs auseinander halten können.

An dieser Baustelle hatten wir zwei Grünhelme eingesetzt, da wir dorthin tatsächlich eine Frau als Chef der Baustelle geschickt hatten, Klaudia Wilke. Dazu kam Konrad Lampart. Die beiden berichteten uns am 22. Oktober 2004:

> Die Menschen sind sehr interessiert, uns zu begegnen. Wir werden sehr oft zum Essen eingeladen und waren auch zweimal auf einer Hochzeit. Man feiert in einem Dorf meist mehrere Hochzeiten zusammen, hier waren es acht, mit über 2000 Gästen. 27 Säcke Reis wurden verkocht, und die Männer und die Frauen feierten getrennt.

Schwierigkeiten hat jeder Grünhelm mit der mangelnden Präsenz der Frauen. Es kann jemand drei Monate in Afghanistan leben und arbeiten und dabei fast keine Frau zu Gesicht bekommen. Konrad Lampart erzählt, ihm sei das alles richtig klar geworden, als er durch den Bazar der nächst größeren Ortschaft Qara Bagh (der Hauptstadt des Distriktes Golran) ging. Es gab nicht eine einzige Verkäuferin oder Kundin, alles machen in der Öffentlichkeit die Männer.

Größere Orte wie Qara Bagh werden täglich drei Stunden von einem Gemeindegenerator mit Strom versorgt. In Haustsche gibt es diesen Luxus der öffentlichen Stromversorgung nicht. Hier nutzen wir einen eigenen kleinen Generator, um am Abend die Abrechnungen machen zu können, oder wir haben Licht aus Solarlampen, die keinen Lärm machen. Wasser bekommen wir aus dem Brunnen. Im Vergleich zu den anderen Menschen im Dorf leben wir mit unserer nach deutschen Verhältnissen sehr bescheidenen Einrichtung höchst luxuriös.

Nachts gibt es kostenlos einen wunderschönen, klaren Sternenhimmel, wie man ihn in Mitteleuropa nie sehen und betrachten kann. Es gibt daneben auch noch etwas anderes, was man in Mitteleuropa kaum noch erleben kann: beißende Flöhe im Schlafsack. Gegen Morgen werden die Grünhelme von Hähnen, Eseln und Hunden geweckt.

Alle Welt redet von der Sicherheit. Die Abgeordneten des Bundestages und der deutschen Parteien fliegen immer wieder nach Kabul, um sich nach dem Wohlbefinden der deutschen Soldaten zu erkundigen.

Im Sommer 2004 erfuhr ich, dass die Bundesrepublik 10 Millionen Euro für den Bau von Elementarschulen in Afghanistan bereitgestellt hatte. Ich schrieb an die zuständige Ministerin und bat sie, das Geld an die Grünhelme – oder an die Kinderhilfe – zu geben. Wenn sie es an die Grünhelme weitergäbe, würde sie garantiert 220 Schulen dafür bekommen. Dieser Brief wurde mir von der Ministerin nicht beantwortet, und das Geld ging wieder einmal an die Gesellschaft für Technische Zusammenarbeit (GTZ).

Nach übereinstimmender Aussage aller Experten in Kabul wird die GTZ nur maximal ein Zehntel dieser Schulen bauen können, nach ihren Verfahren, Studien, Richtlinien und Bequemlichkeiten. Statt 220 Schulen – nur 20!

Darüber übrigens gibt es keinen Streit. Streit gibt es darüber, wie man die Verhältnisse ändert. Leider interessieren sich bisher nur wenige Abgeordnete für diese Verhältnisse.

»One Huge US-Jail«

Bleiben wir noch ein Weilchen bei Afghanistan: Der britische *Guardian* hat am 19. Februar 2005 in einer erschütternden investigativen Recherche (»One Huge US-Jail«) herausbekommen, dass die 17 000 US-Soldaten das unkontrollierte Afghanistan als ihr neues Guantanamo Bay benutzen. Das US-amerikanische und nicht von Kabuls Regierung kontrollierte Afghanistan verfügt jetzt über ein Netzwerk von Einschließungs- und Gefängniszentren, in denen Menschen ganz willkürlich festgesetzt werden und wo Folter keine Ausnahme mehr ist. Es ist die Frontlinie von Amerikas Krieg gegen den Terror. Die beiden Reporter Adrian Levy und Cathy Scott-Clark haben es geschafft, einige ehemalige Gefangene zu interviewen.

Sie trafen auch auf Dr. Rafiullah Bidar, den Regionaldirektor der Unabhängigen Menschenrechtskommission von Afghanistan, die 2003 (auch mit Geldern der US-Regierung) eingerichtet wurde, um die Rechte von Frauen und Kindern zu schützen. Bidar erklärt, einige Tausende von Menschen säßen in diesen Gefängnissen ein. Und weiter: »Im letzten November starb ein Mann aus Gardez in diesem Militärgefängnis à la Guantanamo. Als man seine Familie anrief, damit sie die Leiche abhole, wurde ihr gerade mal ein Hundertdollarschein gegeben und keinerlei Erklärung. Einige, die später frei gekommen sind, sagen uns, dass es auch ausländische Gefangene gibt, die aus anderen Ländern hierher gebracht werden, um in Afghanistan abgeurteilt zu werden.«

Gefangene werden in diesem Land hin und her geschoben in einem Netzwerk von ganz unterschiedlichen »Detention Centers« (Gefängnissen). Es gibt solche in Gardez und in Khost, in

Asadabad und Jalalabad, aber auch eines in Kandahar, das nach den brutalen Methoden des Personals den Namen »Camp Slappy« bekam. Es sollen 2005 an die 20 solcher Einrichtungen sein, dazu noch ein Sondergefängnis der CIA, das den Titel »Die Salzgrube« trägt und sich bei Bagram in einer aufgegebenen Bausteinfabrik befindet.

Der Artikel der beiden Reporter enthält viele detaillierte Berichte über Gewalttaten und Misshandlungen durch das amerikanische Militär. Fazit: In Kabul herrscht nicht der Präsident Hamid Karzai, sondern der US-Botschafter, der sich im ganzen Land einmischt und entscheidet. Er hat alle Macht, denn er hat die einzige funktionierende operationale Armee. Die 17 000 US-Soldaten würden ihm schon den Weg freischießen, wenn ihm irgendeine Gefahr drohen sollte.

Eine vertane Chance

Die deutschen Bundeswehrsoldaten leben hier wie in einem Gefängnis. Sie kommen für ein halbes Jahr in ihr Camp Warehouse und dürfen überhaupt nicht aus dem Compound des Militärgeländes heraus. Es ist der reine militärische Selbstbetrug. Man schützt hier nicht Afghanen. Man schützt um des lieben Friedens willen sich selbst vor den Afghanen.

Dabei hatten wir Deutschen die Chance, einen wirklich großen Beitrag zum Wiederaufbau Afghanistans zu leisten – nicht als Besatzer oder Kolonialherren, sondern schlicht als Freunde, als von den Afghanen gewünschte Freunde und Partner. Es gab nach dem Krieg der Amerikaner und Briten gegen das Taliban-Regime eine große Erwartung all derer, die ihrem Land jetzt eine friedliche und soziale Entwicklung wünschten. Alle Afghanen, seien sie nun Pashtunen oder Tadschiken, seien sie Hazaras oder Usbeken, seien sie Turkmenen oder Nuristanis – alle wollten (und wollen) gern den Wiederaufbau des Landes mit uns Deutschen zusammen machen. Die Deutschen sollten wirklich mit diesem Land ganz großherzige und großzügige Partnerbeziehungen aufnehmen, die ich mir auch auf der symbolischen Ebene gut vorstellen könnte. Ein deutscher Staatssekretär oder Staatsminister wäre der Verbindungsmann und würde mindestens das halbe Jahr in Kabul sitzen, ein afghanischer Minister (z. B. Prof. Amin Farhang) in Berlin. Beide würden jeweils an bestimmten Kabinettssitzungen im Partnerland teilnehmen. Ich wünschte mir auch, die deutschen Bundesländer würden mit Afghanistans Provinzen Partnerschaftsbeziehungen aufnehmen. Wir sollten uns darüber klar sein: Richtig gute und starke Beziehungen können wir nur zu ganz wenigen Ländern unterhalten, wie wir auch nur mit wenigen Menschen eng befreundet sein können.

»Nachhaltigkeit« und andere Modewörter

Die neue Masche in der Weltpolitik: Mach nur die richtigen Gipfelkonferenzen, mach nur den richtigen Wind, mach nur genug PR, und schon sieht es aus, als sei die Welt wieder im Lot.

In einer Welt, in der es immer mehr Börsengewinne und Spekulationsprofite gibt, immer mehr unverschämt Reiche und immer mehr, nämlich Milliarden Bitterarme und Hungernde, in dieser Welt – wo man das Wort Verantwortung kaum noch in den Mund zu nehmen wagt, weil Eigennutz der höchste Wert geworden ist, in dieser Welt lese ich: »Die soziale Verantwortung von Unternehmen (corporate social responsibility) ist zu einem zentralen Thema der politischen Debatte geworden.« Wunderbar! Wir haben Normen und Normenkataloge, wir haben Aktionspläne und Programme, aber sie sind meist das Papier nicht wert, auf dem sie geschrieben sind. Kein Habenichts und kein Schmuddelkind ist je von diesen Grundsätzen reicher und satter geworden. In der Abschlusserklärung des Weltgipfels von Johannesburg (2002) heißt es in § 15: Die Regierungen sollen im

Verlauf der nächsten zehn Jahre Rahmenprogramme entwickeln, die nachhaltige Strukturen sicherstellen. Wenn ich die Worte »nachhaltig« und »Nachhaltigkeit« in offiziellen Texten lese, wird mir die ganze inkonsequente, lahme Schwachbrüstigkeit dieser unserer Welt deutlich, die dauernd so tut, als ob sie täte. Aber die nichts tut.

Das Wort »nachhaltig« ist das Erbteil einer Zeit, in der die großen Asozialen, die Besitzer großer Vermögen und teurer Luxusgüter, wirklich noch Angst davor hatten, ihren Reichtum öffentlich zur Schau zu stellen. Das Wort »nachhaltig« bewahrte uns vor einer neuen Revolution. Die Umweltpolitik ist so »nachhaltig«, dass die Stadt München eigentlich die Stadt für Autos hätte schließen müssen, wegen eines weiteren Wortes, das wir zu Ostern 2005 lernten, wegen der »Feinstaubbelastung«. Wir sind so »nachhaltig«, dass wir schon das Stoppen der Feinstaubsauerei kurz vor dem EU-Grenzwert für etwas Positives halten. Wir werden unsere Autos noch einmal radikal umbauen, aber das eigentlich Radikale läge ja darin, dass wir uns das Autofahren abgewöhnen. Das schrecklich inflationäre Modewort, das so viele Kapitalsünden und Fehler unserer Politik zudecken soll, das Wort »nachhaltig« oder »sustainable«, würde ich für die nächsten zehn Jahre am liebsten unter Quarantäne stellen.

Aber wir haben immer Gründe, »nachhaltig« nur das zu tun, was uns gerade nicht wehtut. Wir entwickeln wunderbare Ernährungsrichtlinien in einem »Codex Alimentarius«, aber vergessen, dass unser Problem in Mitteleuropa das große Fressen ist, das Fressen der Kinder, die viel zu dick und fett werden, das große Fressen der Erwachsenen, das große Fressen der Hunde, die sich zu immer mehr Zweit-, Dritt- und Vierthunden vermehren, je weniger Kinder wir bekommen.

Ich will es noch mal mit einem weiteren Beispiel sagen und den Paragraphen 83 aus der Johannesburg-Schlussresolution zitieren:

> Eine wesentliche Forderung ist es, die Wirksamkeit, Kohärenz und Konsistenz der makroökonomischen Politik zu verbessern. Ein nachhaltiges Umfeld im Inland ist unerlässlich dafür, einheimische Ressourcen zu mobilisieren, die Produktivität zu steigern, die Kapitalflucht einzudämmen, die Privatwirtschaft anzuregen und internationale Investitionen und Hilfe anzuziehen und wirksam zu nutzen. Die internationale Gemeinschaft sollte Bemühungen zur Herstellung eines solchen Umfelds unterstützen.

Ich stelle mir vor, ein Kabarettist würde sich diesen Text vornehmen, dann würde vielleicht Folgendes dabei herauskommen:

> Jemand musste das Kapital verleumdet haben, denn ohne dass es sich irgendeiner Schuld bewusst war, war es auch schon geflohen und wurde in diesem Umfeld nicht mehr gesehen. Im Rennen der Kohärenz und Konsistenz lief das Zirkuspferd Wirksamkeit erst als letztes ins Ziel ein, knapp hinter dem Neuling mit dem englischen Namen Sustainability.

Im Ernst, ich beklage die Mode und die Sucht, mit der ein Wort benutzt wird, um Inhalte vorzugaukeln. Immer schon mussten Aktionen und Pläne in der Politik wie im Leben nachhaltig sein. Jeder Vater und jede Mutter wissen, dass sie für ihre Kinder sorgen und ihnen eine gute Ausbildung geben müssen. Das ist der Ursinn von Nachhaltigkeit. Ich beklage, dass das Wort jetzt – zumal in den Ministerien der Entwicklungspolitik – wie ein Wunderlabel vor jede Maßnahme geklebt wird: Es wird nach der nächsten Bundestagswahl nur noch eine nachhaltige Bundesregierung mit einem nachhaltigen Bundeskanzler und einem Nachhaltigkeitsminister geben.

Die Realität »geht ins Protokoll ein«

Wir leben in einer Welt der Postulate, und mangels konkreter Taten, Fakten und Entscheidungen nehmen wir die Postulate für bare Münze. In der Schlussresolution der Gipfelkonferenz heißt es zum Beispiel in Paragraph 128, es sei »notwendig, dass es auf nationaler Ebene sowohl Zugang zu Umweltinformationen als auch juristische sowie administrative Verfahren in Umweltbelangen gebe und die Öffentlichkeit an der Entscheidungsfindung beteiligt werde«. Schließlich müsse die internationale Gemeinschaft »die Verantwortlichkeit und Rechenschaftspflicht der Unternehmen sowie den Austausch der besten Verfahrensweisen im Kontext der nachhaltigen Entwicklung fördern«.

Alles nur schöne Worte. Worte, denen man anmerkt, dass ihre Verfasser weder wirklich meinen, was sie da geschrieben, noch durchsetzen, was sie da beschlossen haben. Es reicht in der Welt der Jahre 2005ff., dass solche Sätze »ins Protokoll eingehen«.

Wie kommt es, dass fast jede neue Bundesregierung die Vergabe von Entwicklungsgeldern an einige Grundsätze und Bedingungen, vor allem an ein Einfrieren des Waffen- und Armeebudgets des Empfängerlandes, geknüpft hatte, dass aber der Waffenkauf und die Aufrüstung in all den Staaten, denen wir die Aids-Medikamente, die Zahnprothesen und das Aspirin bezahlten, munter weitergehen? Als ich mich beim zuständigen Minister einmal danach erkundigte, wie es denn um die Einhaltung dieser Grundsätze und Bedingungen bestellt sei, erhielt ich zur Antwort: »Diese Grundsätze und Bedingungen sind ins Protokoll eingegangen!«

Internationale Menschenrechtsverletzungen

In den Vereinigten Staaten gibt es den berühmten »Alien Tort Claims Act«/ATCA (wörtlich übersetzt etwa: »Gesetz zur Regelung von ausländischen Ansprüchen«), der aus dem Jahre 1789 stammt und von den Gründervätern, den »Pilgrim Fathers« verfasst wurde, um ausländische Rechtsfälle, speziell solche, bei denen US-Bürger beteiligt waren, vor amerikanische Gerichte zu bringen.

Dieses Gesetz wurde in den Achtzigerjahren neu belebt, in einer Zeit, in der sich das internationale Recht in Richtung der humanitären Intervention auch durch UN-Kräfte, ja selbst durch UN-Blauhelme weiterentwickelt hatte. Juristisch wie politisch sah man keine Bedenken, die US-Bundesgerichte für ausländische Opfer von Menschenrechtsverletzungen zu öffnen und dabei auch zuzulassen, dass Ausländer in den USA vor Gericht gestellt würden. Der Fall des früheren, heute schon lange vergessenen philippinischen Diktators Ferdinand Marcos war wohl bisher der prominenteste Fall, auf den dieses Gesetz angewandt wurde.

Doch als die großen transnationalen Unternehmen, allen voran die Ölgesellschaften, die amtierende Regierung Bush um Hilfe baten, hat man sie ihnen auch gegen die ehrwürdige Institution des ATCA-Gesetzes gewährt, wie Terry Collingsworth (in Tanja Brühl u. a.: *Unternehmen in der Weltpolitik*) schreibt. Collingsworth ist geschäftsführender Direktor einer Gruppe von US-Anwälten, dem International Labor Rights Fund, die in vielen Fällen schon transnationale Unternehmen wegen Menschenrechtsverletzungen angeklagt hat.

Das Weiße Haus ist unter George W. Bush den Ölgesellschaften und anderen multinationalen Firmen eifrig zu Hilfe gekommen, immer dann, wenn sie wegen des ATCA eine Klage zu gewärtigen hatten. Denn die Begründung ist in diesen Jahren ganz einfach: Die Regierung George W. Bush verknüpft ihre Ablehnung des ATCA mit dem »Krieg gegen den Terror«. Man behauptet, dass die Fälle, in denen Firmen wegen des ATCA angeklagt werden, möglicherweise die Regierungen der Länder, in denen die zu beklagenden Verbrechen stattfanden oder stattfinden, beleidigen und dass diese Regierungen dann zögern würden, mit den USA im internationalen Krieg gegen den Terror zusammenzuarbeiten. Das wurde aktenkundig bei der Klage gegen die Ölfirma Exxon Mobil in Aceh, Indonesien.

Der Rechtsberater des State Department, William Taft IV., hatte in dem Zusammenhang an den Richter geschrieben, der mit der Klage gegen die Ölfirma auf Mittäterschaft bei Menschenrechtsverletzungen in Aceh befasst war. Der Richter wurde in dem Brief angeregt, den Fall aus außenpolitischen Gründen abzuweisen. In jüngerer Zeit, so Collingsworth, hat das Justizministerium der US-Regierung in mehreren ATCA-Fällen darauf gedrängt, das Gesetz und seine Auslegung außer Acht zu lassen. Diese Entwicklung ist alarmierend, denn zu einer Zeit, in der die USA einen einsamen Krieg gegen den Terror führen, wäre es wichtiger denn je, der Welt zu zeigen, dass die USA das Völkerrecht respektieren und dass der Krieg gegen den Terror das grundsätzliche Ziel hat, dem Recht international Respekt zu verschaffen.

Vor fast 60 Jahren haben die Richter der Nürnberger Prozesse festgelegt, dass Privatfirmen für Verbrechen verantwortlich gemacht werden, wenn sie wissentlich das Naziregime dadurch unterstützt haben, dass sie Zwangsarbeiter aus Konzentrationslagern beschäftigten. Doch heute profitieren große transnationale Unternehmen noch oder wieder von Sklavenarbeit, obwohl die Sklaverei längst abgeschafft und geächtet ist. Sie profitieren von der Unterdrückung der Menschenrechte und versuchen die Anwendung internationalen Rechts auf ihr Verhalten zu verhindern.

Es gibt zahlreiche Fälle, die zeigen, wie gering die internationale Gerechtigkeit bisher geachtet wird, auch wenn man versucht, sie vor nationalen oder den gerade erst entstehenden internationalen Gerichten einzuklagen. Hier nur einige Beispiele:

Der Fall Exxon Mobil in Aceh

Die bereits genannte Gruppe US-amerikanischer Anwälte hat sich große Mühe gegeben, der Aceh-Bevölkerung zu ihrem Recht zu verhelfen. Diese Bevölkerung und die Provinz sind durch die furchtbare Tsunami-Katastrophe bekannt geworden. Der Tsunami, der am 26. 12. 2004 über die Küsten von Aceh und Sumatra hereinbrach, hat der ganzen Welt bekannt gemacht: Es gibt dort eine Bevölkerung, die sich von den Javanern in Jakarta ausgebeutet fühlt. Und die Firma, die der indonesischen Regierung bei der Unterdrückung der Bevölkerung hilft, ist Exxon Mobil. Seit 1978 arbeitet Exxon Mobil in Nord-Aceh und hat bisher 40 Milliarden US-Dollar aus dieser Region herausgezogen. Es wurden Straßen gebaut, die die Reisfelder zerreißen.

Exxon Mobil hat die Arbeiten fortgeführt, obwohl der Firma bewusst war, dass sich die Truppen, die sie bezahlte, massiver Menschenrechtsverletzungen gegenüber der eigenen Bevölkerung schuldig machten. (Die Truppen verübten zahlreiche Gräueltaten, leider standen ihr die Kräfte der Befreiungsbewegung GAM dabei nicht nach.) In der Klageschrift des International Labor Rights Funds gegen die Firma wurde enthüllt: Die Firma hatte die indonesische Regierung aufgefordert, mehrere Spezialbataillone zur Sicherheit des Unternehmens abzustellen. Das Unternehmen zahlte den Sicherheitskräften Vergütungen, auch als man schon lange erfahren hatte, dass diese die Bevölkerung misshandelte und ihre Häuser niederbrannte. Der Prozess war im Sommer 2005 noch nicht entschieden.

Meist bleiben Menschenrechtsverletzungen in der Welt unserer Jahre 2005ff. ungesühnt. Die Firmen sind immer schlauer und schneller als alle Anwaltskanzleien und Gerichte. Im Wettrennen um die ersten Plätze in der Weltwirtschaft verlagern Unternehmen aus Ländern mit einem hoch entwickelten sozialen Sicherungssystem die Produktion in Länder, wo solche Schutzmaßnahmen fehlen. China, das Land, das dabei den Vogel abschießt, ist das Land, dem Chirac und Schröder wieder Waffen zukommen lassen wollen, während Hunderte Millionen von Chinesen sich nicht zusammenschließen und als Gewerkschaften handeln dürfen.

Collingsworth: »Wenn Unternehmen der europäischen und US-Textil-, Spielzeug- und Schuhindustrien heute den Großteil ihrer Waren in China produzieren lassen, dann weil die Arbeiter dort keine Rechte haben und man sie für wenig Lohn viele Stunden lang arbeiten lassen kann.«

Der Fall Unocal und Birma

Etwas weiter zurück liegt der folgende Fall: Ende 1992 vereinbarte die US-Erdölfirma Unocal Corporation ein Joint Venture, also ein Gemeinschaftsunternehmen, mit der Regierung von Birma (heute Myanmar) und einem französischen Erdölunternehmen zum Bau einer Erdgas-Pipeline durch Birma. Schon vorher war bekannt: Die birmanische Regierung duldet nicht nur Zwangsarbeit, sondern sie fördert und organisiert sie auch selbst zu eigenen Gunsten. Unocal hatte Zugang zu den entsprechenden Berichten des US-Außenministeriums, der International Labor Organization, von Amnesty International und Human Rights Watch. Wider besseres Wissen begann das Unternehmen mit der Arbeit.

Als der Bau schon sehr weit gediehen war, stellte der damalige Militärattaché an der US-Botschaft in Birma John Haseman, der früher auch Berater der US-Firma gewesen war, in einem Gutachten fest:

> Gestützt auf meinen dreijährigen Dienst in Birma, meine seitherigen Kontakte … stelle ich fest, dass es zu ungeheuerlichen Menschenrechtsverletzungen gekommen ist und momentan im südlichen Birma kommt. Am weitesten verbreitet sind entschädigungslose Zwangsumsiedlungen von Familien von ihrem Land entlang oder in der Nähe der Pipelinetrasse, Zwangsarbeit bei Infrastrukturprojekten zugunsten der Pipeline sowie Gefangennahme und/oder Exekutionen durch die Armee.

Die Firma Unocal hatte nicht nur ihren Segen zu dem Unternehmen gegeben, sondern hatte spezielle Militärbataillone für Sicherheitsdienste bezahlt, um die Pipelinetrasse zu räumen und die Infrastruktur für das Projekt aufzubauen. Diese Arbeit machten die Dorfbewohner, die mit der Waffe gezwungen wurden, für das Projekt zu arbeiten.

Der Kampf gegen Ausbeutung und Sklaverei

Man findet in Mexiko und anderen Ländern Lateinamerikas, aber auch in Indien, Bangladesch und anderswo die ganz alltägliche Barbarei der Textilindustrie. Junge Frauen müssen 60 (!) bis 80 (!!) Stunden pro Woche so schwer arbeiten, dass sie nach zwei oder drei Jahren total ausgebrannt sind und kein Leben mehr vor sich haben. Sie leiden unter dem furchtbaren Stress, unter der Angst, entlassen zu werden, unter Infektionen der Atemwege und sexueller Belästigung bis hin zur Vergewaltigung.

Dieser Welt müssen wir den Kampf ansagen, und in diesem Kampf werden wir die bessere Welt schaffen. Dieser Kampf, da bin ich ganz sicher, wird nicht verloren gehen, ebenso wenig wie der Kampf, mit dem ganze Völker sich in den letzten Jahren durch eigene Anstrengung ihre demokratischen Rechte zurückerobert haben. Nicht sicher bin ich, ob wir diesen Kampf nur mit den Mitteln der Anwälte, der Gesetze und Gerichte, der UNO und der wohltemperierten Empörung führen können. Es muss eine junge Generation irgendwann mal sagen: Bis hierhin und nicht weiter. So wie die Simbabwer in ihrem Kampf gegen den Präsidenten, der die Macht bis an sein Lebensende in den Klauen halten möchte, sagen: »Enough is enough.« In der Ndebele-Sprache heißt die Bewegung »Sokhwanele«, in der Shoona-Sprache »Zvakhana«. Beides ist dieses griffige »Genug ist genug«. Diesen Kampf beginnen können wir, gewinnen wird ihn die neue, die nächste Generation. Unsere ist längst erledigt. Unsere ist schon zu alt dafür, aber unsere Kinder werden das schaffen. Daran habe ich nicht den geringsten Zweifel.

Erschütternd sind die alltäglichen Erlebnisse von Ausbeutung und Sklaverei, wie wir Europäer sie uns vom Leibe halten. Wir – die Politiker, die Touristen, die Humanitären leider auch, ebenso wie viele Pfarrer und Priester. Es gibt wenige, die sich der alltäglichen Belästigung und Belastung so aussetzen, wie das der deutsche Schriftsteller Günter Wallraff in seinem Leben immer wieder gemacht hat. Man kann, so sagte er sich, das Los junger türkischer Arbeitnehmer nur beurteilen, wenn man es einmal selbst durchlebt hat. Sein Buch *Ganz unten* war deshalb ein Millionenerfolg in Deutschland, aber auch in der ganzen Welt, weil es der Bericht von jemandem ist, der das alles am eigenen Leib erfahren hat.

Zu den wenigen gehört auch Eva Karnofsky. Nach ihrer Rückkehr aus Lateinamerika hat sie ein Buch mit dem Titel *Besenkammer mit Bett* über all die Hausmädchen und Krankenhausangestellten, die Kellnerinnen und Animierdamen geschrieben, deren Leben sie geteilt hat, um sich ganz in ihre Lage hineinzuversetzen. Es ist ein Buch, das ich kaum resümieren, geschweige denn für eine Zeitung besprechen kann, denn es zieht mir die Schuhe aus. Es sind genau die Frauen, die sich 60 bis 80 Stunden die Woche krumm schuften bis zur völligen Erschöpfung und dabei ständig die Angst vor Augen haben, diesen Job auch noch zu verlieren. Die dann ausgelaugt sind. Eva Karnofsky berichtet von der Odyssee einer Frau, die aus Peru herausgeht, weil ihr gesagt wurde, im damals noch reichsten Land Lateinamerikas, in Argentinien, genauer in Buenos Aires, sei alles einfacher. In vier oder fünf Jahren könne sie so viel Geld sparen, dass sie dann nach Peru zurückkehren und sich dort einen Laden oder ein Restaurant zulegen könne. Den Versprechungen folgten viele, aber nur wenige kehrten zurück, und wenn, dann meist mit leeren Händen.

Ein Volk von Helfern und Spendern

Die weniger gut Betuchten sind immer bereitwilliger zu helfen als die Reichen. Die so genannten Gebildeten geben nicht so spontan und großzügig wie die, die eine gute Herzensbildung in der Kindheit genossen haben. Viele junge Menschen wollen sich engagieren, wollen auch Härten und Herausforderungen auf sich nehmen.

Meine Erfahrungen mit staatlichen Einrichtungen und Institutionen hingegen sind nicht immer die angenehmsten, und ich kann nicht sagen, dass ich Regierungen immer schätze. Man muss lernen, als Bürger seinem eigenen Staat mit einer Portion Misstrauen und Selbstanspruch gegenüberzutreten. Ich empfinde die Mittel und Subventionen, die mir die Beamten, Attachés oder Vortragenden Legationsräte ankündigen, immer als etwas, was ich mir als Bürger selbst gebe, und nicht etwa als Leistung meines Auswärtigen Amtes. Das Auswärtige Amt ist für mich als Bürger da, für meine Familie, wenn sie mal in die Bredouille gerät, für unsere Mitarbeiter, die in Aceh, im Norden Sumatras unerträgliche bürokratische Schikanen zu überstehen haben. Auch dafür bekommen die Botschafter und Konsuln ihr Geld. Von wem? Von uns! Je mehr Bürgerinnen und Bürger eine solche Haltung mittragen, desto mehr Zumutungen der allzu selbstsicheren und autonomen Bürokratie werden abgebaut.

Die Bürgerinnen und Bürger sind zur Hilfe bereit, aber man muss die Projekte mit ihnen bereden. Wenn man all diese Hilfspläne und Ideen nicht auf lokaler und kommunaler Ebene verständlich machen kann, hat man sowieso verloren. Immer wieder erlebe ich, wie bereit die eigenen Mitbürger sind, die Fragen der Menschheitszukunft aufzunehmen und ganz praktisch darauf zu reagieren. Es ist eine wunderbare Erfahrung, wenn die Klassengemeinschaft einer Schule in Nümbrecht 925 Euro für Hilfsaktionen sammelt und persönlich zu uns bringt. Das beeindruckt und rührt uns und gibt uns Rückenwind.

Eine Sammlung im Jugend-Kulturcafé in Troisdorf erbringt 1305 Euro und reicht damit fast für ein Haus in Sumatras Dorf Pulau Kayu. Diese kleinen Zuwendungen sind es, die uns immer wieder den Mut geben, die Arbeit weiterzumachen. Sie sind unsere Nabelschnüre zur eigenen Bevölkerung, und diese Nabelschnüre sind seit 25 Jahren intakt.

Briefe an die Reichen

Ich hatte mal einen Brief an Josef Ackermann, den Vorstandsvorsitzenden der Deutschen Bank, geschrieben mit einer doppelt listigen Anfrage: Einmal wollte ich in der Tat eine ordentliche Summe, nämlich 3 Millionen Euro, von dem Bankenchef haben – damit hätten wir 66 Schulen für 66 Dörfer in Afghanistan bauen können. Und was das bedeutet, können sich die meisten kaum vorstellen: Diese Dörfer bekommen mit einer Schule einen solchen Bildungs- und Modernisierungsschub, wie ihn die Bewohner in der Regel gar nicht für möglich gehalten hätten. Die Schule für den Preis von nicht mehr als 45 000 Euro für 800 Schülerinnen und Schüler bedeutet: Das erste Mal kommt eine seit Jahrhunderten in provisorischer Lehmbauarchitektur gebaute Ortschaft in den Genuss und Besitz einer dauerhaften Schule, eines soliden, erdbebensicher gebauten Gebäudes mit acht bis zwölf Schulräumen plus Lehrerzimmer, eines Gebäudes, das mit einem unerhört massiven Fundament gebaut wird und sich mit Stein, Zement und Installationen fortsetzt und dann einen wunderbaren Mittelpunkt, ein Ausbildungs- und Gemeinschaftszentrum dieser Ortschaft und der ganzen Gegend bildet.

Das zweite taktisch-listige Ziel war: Ich wollte dem in seinem Image angeschlagenen Josef Ackermann eine Chance geben, wie er seine Reputation wieder aufmöbeln könnte. Ackermann ist leider nicht darauf eingegangen.

Ich hatte auch mal den Plan, den großen, intelligenten und von mir lebhaft bewunderten Spaßmacher und Kabarettisten Harald Schmidt für unsere gute Sache zu gewinnen. Als Ende 2004 bekannt wurde, dass Harald Schmidt für eine seiner jeweils auf 29 Minuten angelegten Sendungen im Ersten Programm 120 000 Euro bekommt und dass er 56 solcher Sendungen zugestanden bekam in dem Programm, für das Sie, lieber Leser, und ich das Kleingeld geben, da machte ich den verwegenen Versuch, Harald Schmidt dazu zu bewegen, uns, den Grünhelmen, das Geld für eine einzige Schule von *einem* Honorar dieser 56 Sendungen zu geben. Dann hätte er immer noch 75 000 Euro von der Sendung für die eigene Brieftasche gehabt, und er hätte etwas bekommen, was vermutlich noch kein Entertainer auf dieser Welt bekommen hat: eine »Harald-Schmidt-Schule«, die wir in Charolyang in Afghanistan für die Einwohner dieser Ortschaft bauen würden. Viele können sagen, dass sie ein Häuschen in der Eifel oder im Tessin ihr Eigen nennen, aber wer kann schon von sich sagen, dass er eine Schule in Afghanistan gespendet hat? Der große, reiche Harald Schmidt hat auf dieses Angebot gar nicht reagiert.

Die Oliver-Kahn-Schule in Afghanistan – wird sie gebaut?

Noch ein Beispiel: Der im Mai 2005 verstorbene Carl Amery, der Freund und Schriftsteller, das bayerische Urgestein, eine knorrige Ökologie-Eiche, hatte einige Freunde aufgefordert, »Briefe an den Reichtum« zu schreiben. Als ich meinen Brief an Josef Ackermann schreiben wollte in der oben angedeuteten Absicht, meinte Amery, das wollten schon zu viele. Also blieb ich bei Oliver Kahn hängen und schrieb:

> Lieber Oliver Kahn,
> … der horrende, an Unverschämtheit nicht zu überbietende Abgrund zwischen dem armen Schlucker in den Slums von Nairobi und Ihnen im Tor von Bayern München mit Ihrem Jahresgehalt von 5 Millionen Euro – der schafft und produziert Terroristen.
> … Ahnen Sie, Oliver Kahn, was eine Schule in Afghanistan kostet? Eine Schule für 800 Schülerinnen und Schülern kostet, halten Sie sich fest: 45 000 Euro. Mit allem, was so eine 12-Räume-Schule benötigt. Und dann würden wir noch eine Werkstatt für die Berufsausbildung bauen, die kostet, wenn es eine Tischlerwerkstatt werden soll: 40 000 Euro.
> Und Sie, Oliver Kahn, könnten mit einem Federstrich diese Summe einfach bewilligen und sagen: Ja, das machen wir. Und dann wären Sie hier in Siad Kamarak Ehrenbürger, es würde Ihnen hier diese Schule gewidmet. Ihr Name würde in Dari-Buchstaben kalligraphisch schön auf die Stirnwand der Eingangstür geschrieben, sogar in Stein gemeißelt.

Nun warte ich auf Antwort.

Ich sage es noch einmal: Die eigenen Mitbürger, die kleinen Leute wie wir, die nicht irgendeine besondere Position einnehmen, die keine Flugbereitschaft der Bundeswehr beanspruchen können, die Bürgerinnen und Bürger aus allen Teilen der deutschen Bundesländer, aber auch aus Österreich und der Schweiz, sind immer bereit gewesen, uns das Geld für diese Arbeit zu geben. Wir haben uns mit Cap Anamur und jetzt mit den Grünhelmen an immer neue Aufgaben herangewagt, weil wir uns immer geborgen wussten in der Bereitschaft einer qualifizierten Mehrheit unserer Mitbürger. Diese unsere Gesellschaft ist nicht per se egoistisch und abweisend, ist nicht humanitätsfern, sie war immer zur Hilfe bereit, wenn es um Menschen in konkreter und erlebbarer Not ging, und dafür sind wir unendlich dankbar. Weitgehend unbelastet von all den staatlichen Auftrags- und Abrechnungsformalitäten (die nebenbei gesagt, schrecklich sind und das Einstellen von mehreren Buchhaltern erfordert hätten) konnten wir uns ganz auf diese Arbeit konzentrieren, die wir ja im Auftrag unserer Mitbürger machen, ebenso wie Reinhard Erös, Rosi Gollmann, Karlheinz Böhm und viele andere.

Wir müssten aber einen Schritt weiter kommen. Auch staatliche Mittel müssten in einer Weise vergeben werden, in der Organisationen, wie wir es sind, sie optimal nutzen können.

Die staatliche Hilfe hat viel zu exklusiv auf die Zusammenarbeit mit den Regierungen gesetzt und dabei diesen Regierungen bis heute ein solches Maß an Selbstbereicherung, Vergeudung und Korruption ermöglicht, dass wir dem Millenniumsziel noch kein bisschen näher gekommen sind. Eine wirklich vernünftige Politik und Kooperation mit den Menschen und Völkern in den Ländern der Habenichtse hat noch nicht einmal begonnen. Sie kann erst beginnen, wenn es eine ganz neue Generation von Helfern und Fachleuten gibt, die bereit sind, in den Dörfern der Dritten Welt mit den Menschen zu leben und zu arbeiten und lange dort zu bleiben.

Heraus aus den Hauptstädten – zurück in die Dörfer

Die neue Phase der wirklichen Hilfe beginnt mit dem Schwur: heraus aus den Hauptstädten. Susanne Koelbl hat in dem bereits erwähnten *Spiegel*-Artikel die Problematik der Entwicklungshilfe untersucht und bestätigt gefunden, was ich immer gesagt habe: Nur wenn diese neue Phase von Hilfe und Kooperation in den Dörfern der Dritte-Welt-Länder beginnt, kann sie wirklich etwas bewirken. Nur mit Menschen, die unter den gleichen Bedingungen leben und arbeiten wie die Menschen in den Dörfern, die Habenichtse und Schmuddelkinder, kann dort etwas wirklich radikal Neues geschehen. In allen Bereichen unserer Hilfe müssen wir neue Wege beschreiten. Der Kontinuitätszusammenhang der alten Kooperation mit der neuen muss regelrecht gebrochen werden. Je radikaler und lustvoller das geschieht, umso besser für die Habenichtse selbst. Die Beraterbataillone und -firmen müssen radikal abgeschafft werden. Die Ministerien brauchen keine Berater, die pro Tag 1000 US-Dollar aus unseren Etats herausnehmen und nichtsnutzig herumsitzen. Die Botschaften müssen die einzigen Statthalter und Garanten dieser ganz neuen Form der Kooperation sein. Sie müssen gute Arbeitsbedingungen für die Helfer in den Dörfern einfordern und notfalls die Kastanien für sie aus dem Feuer holen. Anders geht es nicht.

Es muss wieder ganz klar zwischen der kommerziellen Wirtschaft und der nichtkommerziellen humanitären Hilfe unterschieden werden. Humanitäre Helfer müssen mit einem Gratisvisum, dem berühmten »Visa de Courteoisie« für die Länder, die unsere Hilfe brauchen, ausgerüstet werden, als kleines Zeichen des Dankes für die Geschenke, die wir bringen. Das war vor 25 Jahren noch durchaus üblich und ist heute weitgehend vergessen.

Kaum eine Botschaft, kaum ein Ministerium in diesen Ländern hat noch ein Empfinden dafür, dass man Helfer – wenn man sie denn haben will – auch willkommen heißen muss. Ich habe in den letzten Jahren eigentlich nur in Afghanistan solch ein Willkommen erlebt, sonst in keinem anderen Land. Dadurch dass so viele der NGOs – oder vielmehr derer, die sich bloß so nennen und die mit den unnützen Beraterfirmen in einen Topf gehören – nur in der Hauptstadt sitzen und die Spesen verfrühstücken, ist unsere gute Reputation dahin. In Afghanistan hatte ein Minister den richtigen Einfall und wollte diese Parasiten hinauswerfen. Aber wie sollte er gerecht unterscheiden zwischen denen, die nur das Geld für sich selbst verpulvern, und denen, die wirkliche Hilfe leisten?

Warum Koordination oft ganz überflüssig ist

Koordination in der Entwicklungshilfe – darüber wird zwar ständig geredet, aber meist steckt nicht viel dahinter. Für eine Koordination der Arbeiten und Aufgaben, die den Betroffenen wirklich hilft, hat man bisher höchst selten eine adäquate Form gefunden.

Beispiel: Indonesien, Sumatra, Aceh. Eine gut funktionierende Koordination hätte von Anfang an die eintreffenden Helfer-Organisationen an die richtigen Plätze schieben müssen. Jetzt ist das geschehen, was nicht geschehen durfte: Über 350 Organisationen haben in Banda Aceh ihre Residenzen, Bürogebäude und Gästehäuser für Journalisten. Sie haben in den ersten Monaten wenig mehr erreicht, als mit der UNO zusammen Soforthilfe zu leisten und einige Lager auszurüsten. Einige der NGOs sind mittlerweile aus der Hauptstadt herausgegangen und organisieren Aufbauhilfe für die Küstendörfer (z. B. die Deutsche Welthungerhilfe). Die UNO als Koordinationsstelle aber hat bisher fast nichts getan, um die Organisationen an die Küste zu bringen, damit sie dort jeweils ein oder zwei oder zehn Dörfer wiederaufbauen. Das Wichtigste dort ist doch ein schneller Wiederaufbau der Dörfer, damit die Menschen nicht so lange in den Lagern wohnen müssen, und das Geld dafür steht reichlich zur Verfügung. Nur: Das muss konsequent geschehen, und die Helfer müssen bereit sein, dafür große Härten und Strapazen auf sich zu nehmen.

Es ist schon wahr: Ohne Geld läuft nichts. Aber erst recht nicht ohne den mutigen, unermüdlichen, selbstlosen Einsatz der Helfer vor Ort. In Afrika zum Beispiel brauchen wir nicht nur viel Geld, um den Kampf gegen die Aidskatastrophe zu gewinnen, sondern wir brauchen vor allem im ländlichen Raum, überall in den Dörfern die kleinen Dispensaries, die kleinen Gesundheitsstationen, die kleinen medizinischen Anlaufstellen. Nur mit einem dichten Netz solcher Stationen, die auch mit guten, fähigen Leuten besetzt sein müssen, die selbst in den Dörfern leben, kann man einem Aidsprogramm mit den neuen Methoden und Medikamenten zum Durchbruch verhelfen.

Die Partnerschaft zwischen Ruanda und Rheinland-Pfalz

Es gibt seit dem Jahre 1982 die Partnerschaft Ruandas mit dem Bundesland Rheinland-Pfalz. Das ist eine der gelungensten wirtschaftlichen und politischen Leistungen, die zugleich einen direkten Kontakt zwischen Afrikanern und Deutschen hergestellt hat, der sonst leider immer zu kurz kommt. Es geht ja nicht nur ums Geld, sondern darum, hautnah zu erleben, dass wir alle in einem Boot sitzen. Das Modell der Partnerschaft Ruandas mit Rheinland-Pfalz ist das entscheidende Gegenmodell zu aller Entwicklungshilfe, die sich bisher so genannt hat und gescheitert ist. Daran müssen sich alle anderen Hilfspläne und Projekte messen lassen.

Es sollen jetzt weitere Partnerschaften entstehen. In Medan und in Banda Aceh muss es ein »Deutsches Haus humanitärer Hilfe« (wie 1993 in Zagreb) geben. Die deutschen Helfer müssen einen ganz neuen Status bekommen und dürfen nicht nach drei Monaten vom indonesischen Staat und Militär mit der Ausweisung bedroht werden. Es müssen sowohl in Sri Lanka als auch in der Provinz Aceh in Indonesien und in Afrika Vorkehrungen dafür geschaffen werden, dass es zu weiteren Partnerschaften kommen kann.

Die Grünhelme bauen jetzt in Aceh ein Dorf wieder auf. Das Dorf heißt Pulau Kayu. Die über 350 Familien, die dort registriert wurden, haben noch einmal einen fürchterlichen Schlag ins Gesicht bekommen, als zu Ostern, am 27. März 2005 erneut ein Erdbeben mit 8,4 auf der Richterskala ihre Gegend verwüstete. Viele Menschen gerieten in noch tiefere Hoffnungslosigkeit und Not und brauchen unseren Trost und unsere Hilfe noch dringender. Es wäre gut, wenn Gemeinden in Deutschland, Österreich oder der Schweiz eine Partnerschaft mit solchen Dörfern aufnähmen!

Der Kampf gegen Armut, Hunger und Krankheit in der Welt

Es gibt ja seit dem Millenniumsgipfel 2000 einen verbindlichen Plan für die Halbierung der extremen Weltarmut bis zum Jahre 2015. Dieser Plan wurde so gemacht, als ob die bisherigen Apparate und Instrumente dafür ausreichen könnten. Aber das können sie nicht. Das Ziel lässt sich nur erreichen, wenn man die Instrumente und die Organisationen, die dazu dienen sollen, von Grund auf ändert.

Wir müssen uns aus der Banalität der statistischen Zahlen herausbewegen, sonst kommen wir nicht weiter. Wie Franz Nuscheler, Professor für internationale Politik, schon vor Jahren gesagt hat: »Armut kann in Teilmengen zerlegt und durch Sozialindikatoren gemessen, aber in ihrer Hässlichkeit und ihrer Brutalität nur schwer erfasst werden.« Die Zahlen bleiben kalt und abstrakt, sie müssten immer zusammen mit dem Fernsehbild eines elend vor Hunger sterbenden Kindes zusammen gesehen werden. Das kleine Shibbakh-Projekt der Hamburger Schauspielerin Angelika Thomas hat es geschafft, immer wieder von Uganda aus über halsbrecherische Wege Hilfe für Menschen in das südsudanesische Dorf Alabek zu bringen. Man hat dort eine kleine Klinik und eine Schule aufgebaut. In einem Film wurde gezeigt, wie die Hilfe für ein kleines Kind zu spät kam. Ein Erdloch wurde ausgehoben, der kleine Leichnam wurde in dieses Loch hineingelegt, und dann wurde Sand darüber geschüttet. Wenn man das in seiner schreienden Brutalität sieht und wahrnimmt, werden die Zahlen der 24 000 täglich Verhungernden und der 6000 Kinder im Alter bis fünf Lebensjahren, die pro Tag sterben, plötzlich ganz konkret. Dieses Bild des kleinen toten Kindes trifft uns mitten ins Herz, ein Kind, das ein schönes, glückliches Leben hätte haben können, wenn, ja wenn wir die Millenniumsziele ernst nähmen.

Noch einmal Franz Nuscheler:

> Ob nun 1,1 oder doch 1,3 Milliarden Menschen in »absoluter Armut« leben, ob jedes Jahr 3 Millionen oder »nur« 1,5 Millionen Menschen an Malaria sterben, wird zum ziemlich nichtssagenden Statistikproblem, obwohl es tatsächlich ein »massenmordendes« Problem ist. Es ist paradox: Je größer die Armut ist, desto mehr entrückt sie der Vorstellungsgabe von Wohlstandsbürgern. Es gibt nicht nur ein Definitionsproblem, was Armut bedeutet, sondern auch menschliche und statistische Probleme, ihre Ausmaße zu erfassen.

Und er fährt fort: »Wenn Menschen als ›absolut arm‹ gelten, die weniger als einen Dollar pro Tag zur Verfügung haben, dann ist die Zahl der absolut Armen nach Schätzungen der Weltbank bis zur Jahrtausendwende auf knapp 1,2 Milliarden Menschen angestiegen.« Die Definition der »absoluten Armut« sagt jedoch wenig darüber aus, was ein Dollar pro Tag an Lebensqualität bedeute. Das hat schon der damalige Chef der Weltbank Robert McNamara in seiner berühmten Nairobi-Rede 1973 gesagt. McNamara ordnete damals 40 Prozent der in den Entwicklungsländern lebenden Menschen den »absolut Armen« zu. Die Weltbank setzte diesen Prozentsatz 1999 auf 24 Prozent herab. Bei einer seit 1960 verdoppelten Weltbevölkerung würde die Dramatik von 1973 nur drei Jahrzehnte später in eine große Erfolgsgeschichte umgeschlagen sein. Aber, so Franz Nuscheler, »dieser Erfolg lag auch in der Definition von ›absoluter Armut‹ und in verbesserten Schätzmethoden begründet«.

Würde man mal ein paar Journalisten beauftragen, sich um die Strategie und Taktik der Statistikpolitik von UNO-Agenturen zu kümmern, dann würden wir einen gehörigen Schritt weiterkommen, und zwar in der Frage der Ehrlichkeit unserer Bemühungen. Denn auch für die UNO-Agenturen gilt das betrügerische Verhältnis, das schon der große US-Diplomat und Ökonom John Galbraith für die Wirtschaft im Allgemeinen festgestellt hat: Diejenigen, die physisch hart und bis zur Erschöpfung arbeiten müssen, verdienen so wenig, dass sie damit kaum überleben können. Diejenigen aber, die eine interessante und abwechslungsreiche Mußetätigkeit haben, die ihnen andauernd Freude, Spaß und Erfolge bringt, verdienen so viel, dass sie gar nicht wissen, wie sie das Geld alles ausgeben sollen.

Wandel der Instrumente für eine bessere Welt

Ein Wandel der Instrumente und Strukturen der großflächigen staatlichen und globalen Entwicklungshilfe müsste in Zweierlei bestehen:

1. Den »Global Players« der Entwicklungshilfe müssten wenige, aber sehr kräftige private Nicht-Regierungs-Organisationen zur Seite gestellt werden, die ganz anders als bisher arbeiten.

Sie sollten kein Flugzeug benutzen und keine Hubschrauber bekommen. Sie müssten in den Dörfern leben und dürften keine große Infrastruktur für sich selbst aufbauen. Ich kenne nur wenige engagierte kleine Gruppen, die dafür infrage kommen: Das Kinderhilfswerk von Dr. Reinhard Erös in Afghanistan, die Stiftung »Menschen für Menschen« meines Freundes Karlheinz Böhm in Äthiopien, die Andheri-Hilfe von Rosi Gollmann in Indien, die weltweiten Aktionen von Cap Anamur, heute vor allem in vielen Ländern Afrikas (Angola, Uganda, Liberia, Sierra Leone), und natürlich die jungen »Strolche von der letzten Bank«, die Grünhelme, die dieses Prinzip radikal durchziehen: keine Bezahlung für drei Monate, Wohnen in den Quartieren der Kleinbauern und Landwirte in den Dörfern. In diesen Organisationen (und sicherlich einigen mehr, die ich hier nicht genannt habe) gibt es Leute, die das Gleiche tun und wollen: mit großem persönlichem Einsatz für eine bessere Welt arbeiten. Die Gelder, die diesen kleinen Organisationen von staatlicher Seite zukommen, müssten ohne Ehrfurcht heischenden Buchhaltungsaufwand vergeben werden. Man kann, wenn die Politik das nur will, solche Organisationen auch bezuschussen, ohne dass diese sich in ihrer Seele ändern müssen. Hier ein Auszug aus dem Brief eines Grünhelm-Mitarbeiters, der zeigt, was ich meine:

> Die einfachen Lebens- und Umweltbedingungen hier kann ich gut wegstecken. Wenn Katzen, Hunde, Frösche – sogar eine Schlange habe ich gesehen – und sonstiges Ungeziefer sich in unserer Blechbehausung aufhalten, kann ich damit leben. Als die Regenzeit einsetzte, musste ich mir eine Notbedachung über mein Bett, auch über das meines vietnamesischen Mitarbeiters le Dinh bauen. Mit jedem Tag länger in Tran Hoi verspürte ich, wie wichtig und notwendig unser Grünhelme-Einsatz ist.

Das schrieb mir unser Mitarbeiter aus einem winzigen, nur mit einem kleinem Boot erreichbaren Dorf in der armen Provinz Ca Mau im äußersten Süden Vietnams im Mai 2005.

2. Die großen Organisationen und Institutionen selbst, die man schwerlich abschaffen kann, müssten sich ändern. Das »Zoppen« (kommt von ZOP, »zielorientierte Planung«) zum Beispiel, das bei der GTZ (Deutsche Gesellschaft für Technische Zusammenarbeit) offenbar alle zwei Monate in einem der schönsten Entertainment-Hotels in der Hauptstadt des jeweiligen Landes üblich und verpflichtend ist, müsste in einer Schule auf dem Land stattfinden. Hoch dotierte UNO-Beamte, ganz gleich welcher Agentur, und die Mitarbeiter der ebenfalls höchstbezahlten staatlichen Kooperationsagenturen (USAID, GTZ, ODA usw.) müssten jeweils drei Tage pro Monat im ländlichen Bereich bei Wasser und Brot arbeiten. Wenn sie diese drei Tage nicht durchhalten, in denen sie der Bevölkerung bei der körperlichen Arbeit, zum Beispiel beim Wege- und Straßenbau, helfen, werden sie nach Hause geschickt.

Mit diesen und ähnlichen Maßnahmen würde auch die Erkenntnis wachsen, wie schwierig es sein wird, allein mit der Erhöhung der Budgets gegen Aids-, Tuberkulose-, Malariaepidemien und andere Krankheiten zu kämpfen. Sehr wichtig ist es, die meisten Organisationen aus den Hauptstädten hinauszuwerfen. In den Hauptstädten wohnen sie immer mit euroatlantischem Komfort und passen sich dem Lebensstil der diplomatischen Community so stark an, dass sie von denen gar nicht mehr zu unterscheiden sind. Aber Vorsicht: Wenn man diese Organisationen einfach in die Dörfer schickt, werden sie die Dörfer so umstülpen, dass sie keine Dörfer mehr sind. Also, es ist kein leichter Weg, diese qualitative und quantitative Änderung der Entwicklungshilfe-Instrumente.

Natürlich müssen die kleinen Hilfsorganisationen auch die Möglichkeit haben, sich der technischen Hilfe der großen zu bedienen. Ich übe zwar häufig Kritik an der UNO, aber im Zweifelsfall habe ich nichts dagegen, einen Hubschrauber der UNO zu benutzen, wie wir es 1999 einmal taten, als wir in Kukes im Norden Albaniens festsaßen und zurück nach Tirana mussten. Allerdings bin ich weder vorher noch nachher je wieder in den Genuss oder in die Versuchung gekommen, einen Hubschrauberflug zu beantragen. Aber weshalb eigentlich nicht? Weshalb sollte ich als Bürger eines Beitragslandes, das die UNO mit den entsprechenden Geldern ausstattet, nicht auch mal einen Flug beanspruchen? Gehören denn die Hubschrauber der UNO? Und wer bezahlt die UNO? Ganz eindeutig wir, die Steuer zahlenden Bürger der reichen Länder.

Ich möchte es noch einmal wiederholen: Nur wenn die entwicklungspolitischen Agenturen von den Städten an die Peripherie und in die Dörfer gehen, kann etwas wirklich Umwälzendes geleistet werden, etwas so Radikales wie zum Beispiel die Halbierung der äußersten Weltarmut bis zum Jahre 2015.

Wie wenig sich unsere Politiker für eine wirkliche Lösung des Weltarmutproblems interessieren, konnte man im Frühjahr 2005 erleben, als Bundeskanzler Gerhard Schröder die Aufhebung des Waffenembargos für China durchsetzen wollte. Als ob sich damit der Zustand der über 400 Millionen Bauern Chinas, die in extremer Armut leben, in irgendeiner Weise positiv verändern wird! China wird als politisch aggressive Großmacht mit diesen Waffen in einigen Ländern Afrikas Unheil anrichten, wie im Sudan, wohin es schon eigenes Militär schickt, um chinesische Firmen bei ihrer Exploration von Erdöl zu schützen; oder wie im Falle Simbabwes, dessen Diktator Robert Mugabe Waffen von China bezieht; wie im Falle Taiwans, das von China mit der gewaltsamen Einnahme bedroht wird, wenn es nicht freiwillig den Weg heim ins Reich der Rotchinesen geht.

Das Millenniumsprogramm: die Halbierung der extremen Weltarmut

Alle reden von der Bekämpfung der Armut. Aber wer verursacht sie, und wer beseitigt sie? Die Theoretiker und Metaphysiker der Nachhaltigkeit werden sie nicht beseitigen, auch nicht die Koordinatoren der Komplexität. Die Instrumente der Politik und der Hilfsaktionen müssen so einfach und so klar werden, dass jedermann sie verstehen kann. Es muss sein wie zu Zeiten Konrad Adenauers, der in der Lage war, solche Politikziele auf die allereinfachste Formel zu bringen: »Meine Damen und Herren, wir haben die Wahl zwischen Freiheit und Sklaverei. Wir wählen die Freiheit!« Es muss mindestens zwei feste Tage im Jahr geben, an denen man nicht nur das Elend von kleinen Kindern zeigt, sondern auch deutlich erklärt, was man im letzten Jahr dagegen getan hat. Die Tage sollten die sein, an denen 150 Staatschefs der Welt in New York in kurzen Reden das Millenniumsversprechen abgegeben haben: der 6. und 7. September 2000. Diese Tage müssen von so vibrierender Würde und Dichte sein, wie es der 26. März 2005 war, an dem Papst Johannes Paul II. gestorben ist und die gesamte Menschheit davon bewegt war.

Die an sich höchst lobenswerten acht Hauptziele des Millenniumsversprechens sind ja in den ersten beiden Beiträgen des Buches schon ausführlich gewürdigt und zum Teil auch kritisch kommentiert worden. Leider werden die Hauptziele durch die hinzugefügten Unterziele wieder verwässert, verwirrt oder verwischt. Ich will das an zwei Beispielen zeigen:

Ziel 3: Für die Gleichstellung der Geschlechter sorgen und den Einfluss der Frauen vergrößern. Das zugehörige Unterziel lautet: Bis 2015 das Geschlechtergefälle in der Primar- und Sekundarschulbildung beseitigen. Damit wird der radikale Ansatz des Hauptziels verwässert und dessen umfassender Anspruch auf ein kleines Teilziel eingeengt. Außerdem werden damit unnötigerweise neben den Grundschulen auf den Dörfern nun auch die Gymnasien in den größeren Städten in das Armutsbekämpfungsprogramm mit aufgenommen. Wer das formuliert hat, hat den Sinn des Ganzen verfehlt.

Ziel 7: Eine nachhaltige Umwelt gewährleisten. Über das Wort »nachhaltig« habe ich mich ja bereits an früherer Stelle ausgelassen. Offenbar braucht man heutzutage nur dieses Wort auf ein Programm zu kleben, um damit wie durch ein Zauberwort die Sache zu adeln. Zu den Unterzielen dieses relativ nichtssagenden Millenniumsziels gehört das Unterziel 1: die Grundsätze der Nachhaltigkeit in einzelstaatliche Programme einbauen und dem Verlust von Umweltressourcen weltweit vorbeugen. Ja, wenn der gläubige Leser nur wüsste, um welche Grundsätze der Nachhaltigkeit es sich handelt. Und Unterziel 3: Bis 2020 eine Verbesserung der Lebensbedingungen von mindestens 100 Millionen Slumbewohnern, wie von der Initiative »Städte ohne Slums« vorgeschlagen. Strategisch und taktisch ist dies eine doppelte Dummheit. Sie besteht einmal darin, in dieses größte und ehrgeizigste Menschheitsprogramm, das ganz auf das Jahr 2015 hinzielt, eine neue Jahreszahl einzuführen, und zum anderen darin, eine weitere Zahl zu erwähnen, die mit diesem Programm der Halbierung der extremen Armut gar nichts zu tun hat. An dieser Forderung wird leider auch deutlich, dass wir uns teilweise von der Erfüllung der Ziele des Jahres 2000 noch weiter entfernt haben, statt uns ihr anzunähern, denn die Slumgürtel, die die Megastädte umgeben, sind ständig weiter gewachsen. Um diesen Trend aufzuhalten, müsste es Programme geben, die sich für die Menschen im wörtlichen Sinn auszahlen, indem man zum Beispiel in den Groß- oder Megastädten Steuern zahlen muss, während man von Steuern befreit wird, wenn man auf das Land zurückgeht oder von vornherein dort bleibt.

Diese Ziele fallen eben schon rein äußerlich dadurch auf, dass sie dem Ausmaß und der Tragödie nicht annähernd gerecht werden, in dem 1,2 Milliarden Menschen existenziell zu leben haben. Für viele von ihnen wird unsere Hilfe *heute schon* zu spät kommen.

Dürfen wir eigentlich im Angesicht der 24 000 extrem Armen und 6000 Kinder, die heute verhungern werden, *unser* Leben einfach weiterleben? Dürfen wir unter solchen Umständen dieses Buch zu Ende schreiben, das nächste Seminar abhalten, die nächste Konferenz einberufen, das nächste Geburtstagsständchen für Tante Änne organisieren? Doch, wir dürfen schon. Wir müssen uns nur immer wieder mal unserer Armseligkeit bewusst werden, der Armseligkeit unserer Klagen, wenn wir glauben, es ginge uns nicht gut genug, und der Armseligkeit unserer Hilfsbemühungen.

Bitte verstehen Sie mich nicht falsch: Das Millenniumsprogramm ist grundsätzlich zu bejahen, nur ist es nicht radikal, ehrlich und einfach genug. Ja, es gibt auch Erfolge, und in schöner Regelmäßigkeit wird in Regierungserklärungen und statistischen Jahrbüchern darüber berichtet. Aber täuschen wir uns nicht: Diese Erfolge werden nicht mit den Bataillonen in den Ministerien und in den Implementierungsagenturen erreicht. Im Gegenteil, da werden sie eher vereitelt. Ich will mal über ein Beispiel berichten:

Eine Brücke über den Kokca-Fluss

Wir hatten uns im Frühjahr 2002 bei der Arbeit für die Menschen in der nordafghanischen Provinz Takhar auf eine Region konzentriert, die durch den Kokca-Fluss in der Nähe von Dashte Kalar getrennt ist. In der kleinen Stadt, in der wir ein Krankenhaus und eine Schule bauten, gab es mal früher einen Brückenübergang. Ansonsten war der gesamte Verkehr, Handel und Wirtschaft auf eine lange Strecke durch diesen Fluss behindert, der sich in die Landschaft eingegraben und eine tiefe, abgründige Schlucht hinterlassen hatte. Als sich die Taliban Ende der Neunzigerjahre anschickten, ganz Afghanistan zu erobern, hatte der legendäre Mujaheddin-Führer Shah Ahmed Massoud befohlen, die damalige Brücke zu sprengen, damit sie nicht den Taliban-Kommandeuren in die Hände fiel. Deshalb gähnte jetzt seit drei Jahren ein riesiges Loch in der Brücke, überdies waren die drei mächtigen Brückenpfeiler durch Minenexplosionen beschädigt, sodass der Neubau der Brücke auch Verstärkungen der Pfeiler zwingend notwendig machte.

Immer wieder hatten wir die großen Elefanten der Entwicklungshilfe gefragt: Wann kommen in Afghanistan beim Wiederaufbau die Brücken dran? Da hatten deren Vertreter immer nur bedenklich den Kopf geschüttelt und gesagt: Vielleicht in fünf Jahren, aber das wohl frühestens. Also war uns klar: Entweder wir warten fünf ganze Jahre, aus denen auch zehn werden können, oder wir versuchen selbst an die Arbeit zu gehen. In Duchanbe fanden wir den Brückenbauingenieur Shanbe Shansudinow, mit dem wir verhandelten und einen Vertrag über genau 110 000 US-Dollar Baukosten abschlossen. Der Ingenieur hatte sich uns durch ein Gesellenstück empfohlen, denn in Duchanbe hatte er bereits eine Brücke gebaut, die fest stand und den fließenden Verkehr über den Fluss bewältigte. Er hatte wohl, wie wir erfuhren, in Moskau studiert und auch in Russland schon einige Brücken gebaut. Der Vertrag sah vor, dass alle Stahlteile in 37 Lastkraftwagen aus Tadschikistan mit der Fähre nach Afghanistan gebracht werden sollten. Am Brückenbauplatz wurden sie von den tüchtigen und findigen afghanischen Handwerkern zusammengeschweißt. Zugleich wurden die Brücken- und Fundamentpfeiler mit Zement ausgegossen, damit die Brücke auch für die nächsten Generationen erdbebensicher sein würde.

Kurz vor Abschluss des Vertrages waren uns noch schwere Bedenken gekommen: Was, wenn der Mann ein Betrüger ist? Aber wir haben es dann gewagt, und das Wagnis gelang, wie so viele Wagnisse vorher. Das Ganze kostete nicht mehr, nicht einen einzigen Dollar mehr als den ausgehandelten Preis.

Nach drei Monaten war die Brücke fertig. Brückenbauingenieur Shanbe Shansudinow war die ganze Zeit an der Brücke, schlief dort in einem Zelt und beaufsichtigte die Arbeiten. Auch unser Teamleiter Josef Grundner war ständig am Bauplatz. Das große Geheimnis der kleinen Organisation: Man muss immer in der unmittelbaren Nähe der Menschen wohnen, schlafen, essen, leben, mit denen man zusammenarbeitet. Dann gelingen diese Dinge alle unendlich viel besser, als wenn man nur die endunterzeichnete Behörde ist.

Der deutsche Botschafter Wolfgang Neuen bat mich im November 2002 zu sich nach Duchanbe, nachdem der Ruhm und der Erfolg dieser Brücke durch die Medien Afghanistans gegangen war. Er hatte sich um die Brücke von Kunduz über den Pjandz nach Tadschikistan bemüht, ein Projekt, für das die deutsche Entwicklungshilfe 10 Millionen Euro zahlen sollte. Die geostrategische und ökonomische Bedeutung einer solchen Brücke musste man niemandem erklären. Eine Zeit lang ging die Debatte in Berlin zwischen den Bedenkenträgern im Auswärtigen Amt und im Ministerium für Entwicklungshilfe hin und her. Botschafter Neuen wurde ganz nervös. So bat er mich, in einen diplomatischen Bericht nach Berlin als kleine Drohung hineinschreiben zu dürfen, wir (Cap Anamur) wären zum Bau dieser Brücke bereit. Wir hätten sie sicher für drei statt zehn Millionen fertig stellen können. Doch der Botschafter erzählte mir wenig später empört, er habe die Mitteilung aus Berlin erhalten, man werde erst mal eine Studie anfertigen lassen. Und ebenso empört fügte er hinzu, das könne er dem Außenminister nicht erklären, der würde ihn hinauswerfen.

Die alte Tante »Entwicklungspolitik« ist zu einem bürokratischen Schmierentheater verkommen, auf dessen Bühne sich eigentlich nur noch der internationale Gipfelkonferenzzirkus abspielt. Rio de Janeiro 1992 war eine solche Gipfelkonferenz, von der ich vor allem noch weiß, dass sie sehr viel gekostet hat. Sie brachte den französischen Präsidenten François Mitterand in seinem überkandidelten Weltkulturbewusstsein dazu, nach Manaus zu fliegen, um sich dort eine Oper anzuhören – gleichsam im Regenwald, solange er noch nicht abgeholzt ist.

Es werden umfängliche Zielkataloge aufgestellt, aber um eine *Weltbewegung* loszutreten, müssen diese Zielkataloge noch einfacher, griffiger und klarer formuliert werden, und sie müssen ohne neue Gipfel- und Nachkonferenzen verbindlich werden. Die Vorgabe für die Organisatoren der Welt- und Gipfelkonferenzen darf ja nicht nur darin bestehen, dass sie auf jeden Fall den Termin, das Land und die Metropole festlegen sollen, wo dann die Folgekonferenz stattfindet, die genauso teuer, genauso aufwendig und ähnlich nichtsnutzig sein wird.

Der deutsche Beitrag zum Millenniumsprogramm

Unsere Bundesregierung hat gemeint, sich im Jahr 2001 mit einem eigenen »Aktionsprogramm 2015« aus der Patsche ziehen zu können. Doch ich kann weder dieser noch der nächsten Bundesregierung Dispens geben. Die Hausaufgaben sind noch lange nicht erledigt. Denn was hat man im zuständigen Ministerium gemacht? Man hat einfach alles, was man sowieso schon immer macht, unter die Rubrik »Halbierung der extremen Armut« einsortiert. Stattdessen braucht man zunächst einmal einen Haushaltstitel, der den Abgeordneten des deutschen Volkes und allen Bürgern die Möglichkeit gibt, sich über dieses Programm selbst Gedanken zu machen. Überlässt man die Armutsbekämpfung, die ja mit einem Datum, einer Ziellinie versehen ist, den Ministerialbeamten und Grundsatzreferenten, dann ist das Programm längst aus der Radikalität seiner Forderungen heraus, der Radikalität seiner riskant hohen Ziele und seiner Eindeutigkeit. Diese acht Hauptziele und vielen Unterziele wurden ja auch gemacht, um das Programm aus der atemberaubenden Zumutung herauszuführen und wieder Luft zu kriegen. Diese atemberaubenden Zumutung, Halbierung zu sagen und zu meinen. Von den 1,2 Milliarden Menschen, oder den 2 Milliarden, wenn es vielleicht doch so viele sind, müssen in *zehn Jahren* 1 Milliarde oder 600 Millionen aus der extremen Armut und der Gefahr des Verhungerns, Erfrierens, Verröchelns herausgeholt worden sein.

Denn wenn man es den Grundsatzreferenten überlässt, dann geht es nicht mehr um Menschenrettung, sondern um »Handelspolitik, Entschuldung, Menschenrechte, Sicherheit und Konflikte«, schlicht um die entschuldigend immer so genannte »Komplexität von Entwicklungshilfeprozessen«, wie es im »Aktionsprogramm 2015« heißt. Die Sprache der Grundsatzreferenten soll schon so vornehm und unverständlich klingen, dass wir Normalsterblichen von vornherein wissen: Das ist zu hoch für uns, das ist was für die Spezialisten. Aber wenn wir die Halbierung der extremen Armut blutig ernst nehmen, so blutig ernst, wie sie es für die 6000 Kinder und 24 000 Erwachsenen ist, die heute verhungern werden, dann wird es eine große politisch-moralische Bewegung geben. Dann wird auch der verstorbene Papst endlich verstanden, der ja ein so liebevolles Verhältnis zu den Menschen in den Ländern der Habenichtse hatte.

Die deutsche Entwicklungspolitik ist seit dem Ende der Ministerzeit von Erhard Eppler längst in die Komplexitätsfalle der wissenschaftlich beratenen und evaluierten Entwicklungszusammenarbeit hineingerutscht. Und aus dieser Falle kommt sie aus eigener Kraft niemals wieder heraus, getreu dem wunderbaren Aphorismus meines polnischen Lieblingsphilosophen Stanislaw Jerzy Lec: »Es gibt Stücke, die sind so schwach, dass sie aus eigener Kraft nicht vom Spielplan herunterkommen!«

Wir brauchen also:

1. einen eigenen Haushaltstitel
2. die Fixierung des Programms für uns Deutsche auf ganz wenige Länder.
3. die Absprache mit den Nachbarländern in der EU: Jedes Land soll sich auf wenige Länder so konzentrieren, dass es keine Konkurrenz und keine Koordinationsprobleme mehr gibt. Dann ist zum Beispiel in Äthiopien nur die Bundesrepublik, in Namibia nur Dänemark verantwortlich usw.

Nur wenn wir das jetzt sofort und in den nächsten Jahren wirklich beherzt angehen, werden wir vor unseren Kindern bestehen können. Sonst werden uns die eigenen Kinder irgendwann fragen, warum wir solche Waschlappen und Versager waren.

Wir müssen das Millenniumsprogramm so ernst nehmen, wie es nach dem Faktum der 30 000 heute und morgen an Armut und Hunger sterbenden Menschen in diesem globalen Welt-Dorf genommen werden muss.

Gefahren der Privatisierung

Immer dann, wenn sich bei uns etwas nicht mehr regeln lässt, rufen wir nach der Privatisierung. Dabei kommt es zu einer totalen Umstülpung unseres Gemeinwesens, bis es bald einmal gar kein Gemeinwesen mehr gibt. In den USA als dem Vorreiterstaat, dem wir bisher fast alle Unarten nachgeäfft haben, ist der Privatsektor heute schon dabei, den staatlichen Sektor aufzufressen. In den USA sind staatliche Initiative und Staatshandeln einfach verpönt. Nur wenige wagen es, sich offen als Sozialisten zu bekennen. Das Wort allein gilt schon als staatsverräterisch und umstürzlerisch. Dementsprechend wird der private Sektor verherrlicht und geradezu verklärt. Der eine Sektor leuchtet hoch oben auf dem Berg wie ein Leuchtfeuer, der andere ist ein Übel, das vielleicht gerade noch geduldet wird.

So kommt es dazu, dass sich in der amerikanischen Realität die Entwicklungshilfe auf Privatfirmen zurückzieht, auf Berater- und Macherfirmen, die damit ungeheures Geld verdienen. Auch Militärhilfe und Militärunterstützung werden heute schon (und in Zukunft immer mehr) von privaten Militärfirmen, Söldnerheeren und Söldner-Ausbilderfirmen geleistet. Und da diese privaten Firmen nicht vom Entsenderstaat (den es als solchen gar nicht mehr gibt, weil das Ganze kommerziell und privat organisiert ist) kontrolliert werden und im Falle von Afghanistan, Kosovo, Korea usw. auch nicht vom Stationierungsstaat, haben wir als humanitäre Helfer uns mit einer Realität dazwischen auseinander zu setzen. Der US-Staat hat als Staat damit angefangen, diese Realität »in between« immer mächtiger zu machen. Guantanamo ist der Titel einer solchen Realität, die absichtlich außerhalb der Verfassung der Vereinigten Staaten gehalten wird.

Besonders schlimm für die Perspektiven der Entwicklungshilfe ist Folgendes: Die privaten Firmen bestimmen auch, wie viel Geld für Soldaten und Waffen ausgegeben wird. Im US-Haushaltsjahr 2003 floss fast die Hälfte der frei verfügbaren Mittel in den Militärhaushalt ein, »für die Landesverteidigung«, wie es so schön euphemistisch heißt. Über diese Mittel bestimmen die im Pentagon mittlerweile übermächtigen Lobbyfirmen. Nicht etwa der Kongress der USA, nicht etwa die Abgeordneten bestimmen darüber, ob neue Atom-U-Boote, die Milliarden US-Dollar kosten, angeschafft werden oder ob das Satelliten-Abwehrsystem gekauft wird, sondern die großen Firmen. Diese Ausgaben verdanken sich dem eindringlichen Werben der Firmen, die von den Aufträgen reichlich profitieren. Neben den Drogen gibt es weltweit nichts, was so viel Profit abwirft wie die Entwicklung und Produktion neuer Waffen.

Man stelle sich nur mal vor, die USA würden als die stärkste Wirtschaftsmacht der Erde einen großen Teil ihrer Militärausgaben für eine gezielte Entwicklungshilfe zur Verfügung stellen. Utopisch kann das ja nicht sein, denn genau das haben die USA unter ihrem Außenminister George Marshall 1947 gemacht. Der Marshallplan und das sich anschließende »European Recovery Programme« ermöglichten den Wiederaufbau (West-)Europas und speziell der Bundesrepublik Deutschland nach den heute kaum noch vorstellbaren Verwüstungen des Zweiten Weltkriegs. George Marshall erhielt 1953 dafür den Friedensnobelpreis.

Internationales Recht und globale Gerechtigkeit

Die USA haben es darauf abgesehen, die »illegalen feindlichen Kombattanten« einfach nicht mehr in den Genuss von Rechtsstaatlichkeit und von ordentlichen Verfahren kommen zu lassen, sondern sie der totalen Willkür auszuliefern. Nachdem Guantanamo nicht so geklappt hat, wie man sich das vorstellte, wurden einige der »illegalen feindlichen Kombattanten« einfach nach Afghanistan weitergeflogen. Nach Ansicht der US-Regierung, genauer: der heutigen US-Regierung unter George W. Bush, stellen diese Terroristen, die nicht zwischen militärischen und zivilen Zielen unterscheiden, eine so große Bedrohung dar, dass ein schärferes Vorgehen notwendig ist. Der neue amerikanische Justizminister Alberto Gonzales, damals Rechtsberater im Weißen Haus, hat diesen Paradigmenwechsel in der US-Politik so formuliert: »Um weitere Anschläge gegen die amerikanische Zivilbevölkerung zu verhindern, ist es besonders wichtig, rasch an Informationen von gefangen genommenen Terroristen und ihren Auftraggebern zu kommen.«

Damit gerät die US-Regierung in die gleiche Sicherheitsparanoia-Falle, in die sich der Staat Israel und leider auch andere kleine Staaten begeben, die um ihre Sicherheit bangen. Durch die Aushebelung des Rechtsstaates meinen sie, größere Sicherheit gewinnen zu können. In Wirklichkeit verlieren demokratische Rechtsstaaten dabei ihre Glaubwürdigkeit und produzieren fleißig weitere Terroristen.

Es gibt mittlerweile zahlreiche dokumentierte Fälle der Folter und Verurteilung von Gefangenen, die sich in amerikanischem Gewahrsam befinden und keine Chance zu einem rechtsstaatlichen Verfahren bekommen. Darunter sind auch etliche, die außerhalb der USA von der CIA verfolgt und gefangen gehalten werden, ohne dass die Abgeordneten des Kongresses oder das amerikanische Rechtssystem irgendeinen Zugang zu den Vorgängen hätten. Die CIA unterhält Gefängnisse unter anderem in Thailand, Katar und vermehrt in Afghanistan. Nach der Genfer Konvention müssen Kriegsgefangene unverzüglich registriert und angeklagt werden, damit ihre Behandlung überwacht werden kann. Washington meint dagegen, dass für Mitglieder von Al Qaida die Genfer Konvention keine Gültigkeit habe.

Das alles hat mich in meiner Einschätzung US-amerikanischer Politik noch mehr zurückgeworfen. Zugleich wurde mir klar, dass die deutsche Politik und das Image Deutschlands dadurch ebenfalls gefährdet sind. Denn in den Augen der Länder, die unsere Hilfe dringend brauchen, gelten wir natürlich als enge Verbündete der USA. Wenn wir uns von solcherlei Machenschaften nicht distanzieren, haben wir sehr schnell den guten Ruf der Deutschen verspielt.

Ein Brief an den deutschen Außenminister Joschka Fischer

Ich sprach in Berlin mit Journalistenkollegen und auch mit einigen Abgeordneten des Bundestages, die alle davon überzeugt waren, dass wir als Deutsche in eine gefährliche Schieflage kommen, wenn wir uns nicht von diesem widerrechtlichen und barbarischen Verfahren der US-Geheimdienste und -Militärs distanzieren. Am 3. März 2005 schrieb ich dem deutschen Außenminister Joschka Fischer einen Brief, in dem es hieß:

Sehr geehrter Herr Bundesminister, lieber Herr Fischer,

ich weiß, dass Sie gegenwärtig auch andere Sorgen haben. Dennoch muss ich Sie mit der Nachricht konfrontieren, die ja von den US-Streitkräften (noch?) nicht dementiert wird. Es soll in den Basen der 22. Infantry Division wie auch auf der Bagram Basis in Afghanistan Misshandlungen von Gefangenen gegeben haben, die an das heranreichen, was in Abu Ghraib furchtbarerweise geschehen ist. Ich beziehe mich auf den Bericht, den der britische *Guardian* am 19. Februar auf seiner Titelseite gebracht hat …
Ich will Sie nun bitten, einmal auf Ihren Kanälen und Wegen herauszufinden, was mein deutscher Außenminister dabei herausbekommen kann. Ich meine, gerade wir Deutschen, die dort bei den Afghanen mit einer Vielzahl von zivilen wie auch militärischen Helfern sind, dürfen das Vertrauen der afghanischen Bevölkerung in die Werte der transatlantischen Gemeinschaft nicht ungebührlich erschüttern lassen. Wenn wir schon mit US-Truppen in Afghanistan sichtbar vor den Afghanen eine westliche Bündnispartnerschaft dort haben, dann dürfen wir solche Menschenrechtsverletzungen auch nicht einen Tag einfach nur stehen lassen.
Wir Deutschen müssen uns von solchen Praktiken nicht nur distanzieren. Wir müssen versuchen, dass sie sofort eingestellt werden. Ich möchte Sie um diese Untersuchung und den klaren Protest bitten. Jeder Tag, an dem unseren Afghanen nicht gesagt wird, dass wir Deutschen das auf das Schärfste missbilligen, ist ein Tag des Verlustes an Glaubwürdigkeit. Und das ist auch ein Tag, der uns zurückwirft bei den gut angelaufenen Bemühungen, das Land wiederaufzubauen, gemeinsam mit den fleißigen Afghanen.

Mit freundlichen Grüßen
Ihr Rupert Neudeck

Darauf bekam ich am 7. April 2005 die folgende Antwort des Ministers:

Sehr geehrter Herr Neudeck,

für Ihr Schreiben vom 3. März zu den Vorwürfen der Misshandlung von Gefangenen in Afghanistan danke ich Ihnen.
Auch ich verfolge aufmerksam die Berichte über Menschenrechtsverletzungen in Gefängnissen in Afghanistan und teile Ihre Besorgnis. Entsprechende Vorwürfe gegen die dort stationierten Koalitionsstreitkräfte wurden bereits im vergangenen Jahr erhoben.
Die Vereinigten Staaten haben unmittelbar nach Bekanntwerden der Vorwürfe Untersuchungen eingeleitet und dem Internationalen Komitee des Roten Kreuzes Zugang zu den Gefängnissen gewährt.
Folter und Misshandlungen von Gefangenen sind mit den Grundwerten demokratischer und rechtsstaatlicher Gesellschaften unter keinen Umständen vereinbar. Diese Grundwerte dürfen auch im Kampf gegen den Terrorismus niemals aufgegeben werden. Folter und andere Formen unmenschlicher oder grausamer Behandlung lassen sich durch nichts rechtfertigen und sind zu jedem Zeitpunkt völkerrechtswidrig.
Die Genfer Abkommen von 1949 verpflichten dazu, Kriegsgefangene und zivile Internierte jederzeit mit Menschlichkeit zu behandeln. Sie müssen insbesondere vor Gewalttätigkeiten und entwürdigender oder erniedrigender Behandlung geschützt werden.
Ich habe dieses wichtige Thema seit Bekanntwerden der Misshandlungen in dem Gefängnis von Abu Ghraib auch gegenüber amerikanischen Regierungsvertretern immer wieder angesprochen.
Meine Gesprächspartner haben dabei stets betont, dass Vorwürfe

aufgeklärt, die Verantwortlichen zur Rechenschaft gezogen würden und dass alles dafür getan werde, damit sich Vorfälle wie in Abu Ghraib nicht wiederholen.

Mit freundlichen Grüßen
Joschka Fischer

Mit Spannung verfolge ich nun, was aus den angekündigten Untersuchungen und Aufklärungen wird. Die Wahrung und mutige Verteidigung der Menschenrechte ist eine der grundlegenden Voraussetzungen für die bessere Welt, an der wir arbeiten. Wir bleiben dran!

Wie wir die Millenniumsziele doch noch erreichen können

Der Krieg ist immer eine Niederlage der Menschheit, hat der verstorbene Papst Johannes Paul II. gesagt, als er in letzter Minute den Irak-Krieg noch zu verhindern suchte. Aber der bigotte George W. Bush hat unausgesprochen die gleiche Frage an den Papst gehabt wie Josef Stalin 1945 in Potsdam gegenüber Churchill: »Wie viel Divisionen hat denn der Papst?« Als Bush zu seiner Überraschung erfuhr: überhaupt keine, war seine Entscheidung klar. Er brauchte eigentlich den Papst gar nicht zu besuchen, aber aus Wahlrücksichten ist er dann doch noch mal in den Vatikan gekommen.

Das Millenniumsziel 2015 kann nur noch gerettet werden, wenn die USA mitmachen und wenn vor allem George W. Bush seine historische Mission erkennt. Er kann auf dem bisher eingeschlagenen Weg nicht mehr weiterkommen. Er kann die Sicherheit und den Frieden Amerikas nur noch wirksam verteidigen, wenn er in einem Herkulesakt die Hälfte der Militärmittel in ganz gezielte Hilfsprogramme für einzelne Länder Lateinamerikas und Asiens steckt. Afrika wird er sicherlich gern den Europäern überlassen.

Die nächste Voraussetzung für eine ganz neue Wirksamkeit von Entwicklungspolitik lautet: Das Gehaltssystem muss vom Kopf auf die Füße gestellt werden. Diejenigen, denen die Arbeit am meisten Spaß macht und Befriedigung bringt, sind in allen Ländern diejenigen, die am meisten verdienen, und das wird als selbstverständlich angesehen. Denjenigen, die monotone, aber gesellschaftlich unvermeidbare und dringliche Arbeiten machen, auch Drecksarbeiten, kommen nur Niedriglöhne zu. Wir haben uns mit dieser Tatsache nicht nur abgefunden, wir exportieren sie auch in die Länder, denen wir vermeintlich Hilfe bringen. Wir schicken ihnen Berater und Beobachter, denen genauso viel an Luxus und Bequemlichkeit zur Verfügung stehen muss wie zu Hause, manchmal sogar mehr.

Ich muss es auch für mich selbst sagen, damit es nicht so abstrakt bleibt. Ich habe als fest angestellter Redakteur des Deutschlandfunks immer gut verdient. Mir war oft ganz komisch zumute, wenn wir Redakteure nur Sendungen über die Habenichtse gemacht haben, anstatt gleich mal in die Tasche zu greifen. Nicht nur, dass wir für alle Ewigkeit hervorragend abgesichert waren, auch durch das Versorgungswerk der deutschen Presse. Wir konnten zusätzlich unser Gehalt noch mal verdoppeln oder verdreifachen, indem wir als gut bestallte Redakteure für andere Sender etwas produzierten und dafür natürlich ein dickes Honorar bekamen. Wenn das mal auf die Hälfte oder ein Drittel reduziert werden sollte, gab es einen großen Aufschrei unter den Redakteuren: »Unmöglich!« und »Skandal!«. Dabei erhielten wir alle Bücher frei Haus, mussten keine Zeitung bezahlen, kein Papier, keinen Bleistift, kein Telefon …

Wenn wir jetzt in der Werbung für die neue Organisation Grünhelme e. V. immer wieder zu Recht stolz sind, dass unsere Leute nichts verdienen bei dieser Arbeit, sondern nur 100 Euro

Taschengeld im Monat bekommen, dann muss man das vor dem Hintergrund festhalten: Die Ärzte und die Lehrer verdienen in Afghanistan, wo wir mit unserem Taschengeld von 100 Euro reiche Leute sind, nur 40 Dollar im Monat.

Und hier noch ein Wort zur zukünftigen Rolle der EU: Die EU könnte eine der neuen weltwirtschaftlichen Hauptregionen werden, nur muss es dann in ihren Handelsbeziehungen unterschiedliche Regeln für unterschiedliche Märkte in den verschiedenen Regionen geben. Der Mattenknüpfer in Westafrika kann nicht mit der vollautomatisierten Teppichfabrik in Taiwan konkurrieren. Aber: Es muss der Wille zu mehr Leben, zu mehr Vielfalt, zu mehr Zukunft und zu mehr Leistung bestehen.

Die altmodische Menschenwürde – Voraussetzung der besseren Welt!

Wenn es stimmt, was Karl Marx sagte: »In der Geschichte hat sich noch jede Idee blamiert, die glaubte, ohne Interessen auszukommen«, dann müssen wir jetzt einmal über diese Interessen sprechen. Wo sind unsere Interessen bei dieser Form von Umschichtung der Weltreichtümer? Gibt es überhaupt für diese neue Art von Politik irgendein eigenes Interesse? Kann man diese Form von Politik wirklich unseren Mitbürgern – für die Parteien gesagt: den Wählerinnen und Wählern – klar machen? Und wenn ja, wie? Oder stehen gar unverzichtbare Prinzipien und Werte dahinter?

Ich denke schon, dass es keine Politik ohne Prinzipien gibt. Die riesengroße Begeisterung für den verstorbenen Papst war ja nicht nur etwas Diffuses, sondern die Bekräftigung des Volkes Gottes, also der unendlich vielen Menschen, die da losgezogen sind: Wir wollen eine Politik, die die vier oder fünf Milliarden Menschen, die bisher nicht in der modernen Zivilisation angekommen sind, an diesem Wohlstand und diesen wunderbaren Errungenschaften teilhaben lässt. Auch und gerade, weil es dazugehört zu der Freude und der Dankbarkeit gegenüber den Segnungen der Medizin und der Technik, den Schmerzmitteln und Telefonen, dass man sie potenziell mit allen Menschen auf dieser Welt teilen kann.

Gewiss, wir sind noch meilenweit von dieser Erkenntnis entfernt. Aber bei vielen einfachen Menschen wächst die Erkenntnis: Wir kommen nur weiter, wenn wir uns aufmachen und wirklich einstehen für die Menschen in den Ländern der Habenichtse. Reinhard Erös hat mir von einem Gespräch mit Mutter Teresa berichtet, die nächst Johannes Paul II. vielleicht die stärkste Macht gewesen ist, die uns die Augen für das Elend der Welt geöffnet hat.

Mutter Teresa hatte ihn und seinen Kollegen Dr. Willi aus Berlin zum Tee eingeladen. Es kommt so, wie es immer bei solchen Gelegenheiten ist: Man schämt sich, einer so unglaublich bis in die Haarwurzeln aktiven und nur für die Ärmsten der Armen aktiven Frau gegenüberzusitzen und das unbestimmte, aber nicht abzuweisende Gefühl zu haben: Wir stehlen ihr die Zeit. Aber die Lage kehrt sich total um: Sie stellt die Fragen, und diese Fragen sind nicht Sabine-Christiansen-Fragen, das sind Fragen, die mit Blut geschrieben sind. Erös: »Ich kann mich nicht erinnern, jemals ein Erstgespräch mit einer Unbekannten so vertraut und ehrlich erlebt zu haben.« Dr. Willi traute sich dann das zu fragen, was natürlich die große Frage von uns aufgeklärten Europäern allen ist: »*Mutter, warum machen Sie das?* Die Menschen, die Sie und Ihre Mitschwestern jeden Tag von den Müllplätzen Kalkuttas aufladen und ins Kalighat bringen, dort waschen kleiden und füttern, sterben doch sowieso, meist sogar noch am selben Tage!«

Mutter Teresa legte den Kopf etwas zur Seite und sagte:

> Ich habe als kleines Kind im Religionsunterricht gelernt, dass »jeder Mensch ein Kind und Ebenbild Gottes ist«. Und diese unschuldigen Armen am Straßenrand und unter den Brücken Kal-

kuttas sind alle Kinder Gottes. Sie sehen ihm aber nicht ähnlich. Und deshalb waschen, kleiden und füttern wir sie. Danach sehen sie ihm ähnlich und sterben – wenn Gott es will – als Kinder und Ebenbilder Gottes.

Erwachsene Menschen werden zu Tränen gerührt, wenn sie sich solchen Menschen gegenübersehen. Teresa schenkte den beiden hartgesottenen Ärzten, einer davon ein Militärarzt, ein Bildchen mit einem Mariengebet. Es lautet: »Maria, Mutter Jesu, gib auch mir so ein Herz voller Liebe und Bescheidenheit, damit ich würdig werde, den Ärmsten der Armen zu dienen.«

Früher hätte ich gesagt: Auch das noch. Ich sage das nicht mehr.

Die bessere Welt kommt – unaufhaltsam, aber auf Krücken

Was Ulrich Menzel in seinem Aufsehen erregenden Buch *Das Ende der Dritten Welt und das Scheitern der großen Theorien* vor 13 Jahren schrieb, muss heute, 2005, erweitert, korrigiert oder bestätigt und bekräftigt werden. Nicht mehr nach 40 Jahren, wie Menzel rückblickend schrieb, sondern nach nunmehr über 50 Jahren müssen wir erneut feststellen: Die Entwicklungspolitik ist gescheitert. Es spricht natürlich Bände, wenn aus der Erkenntnis vor 13 Jahren überhaupt keine Konsequenzen gezogen worden sind, »unabhängig davon, welche Strategie in den letzten Entwicklungsdekaden verfolgt wurde« (Menzel).

Die ländliche Bevölkerung, die absolut Armen sind längst noch nicht die »Zielgruppe der Entwicklungspolitik«, wie man heute modisch und politisch korrekt sagt. Es sind immer noch und immer wieder die anderen. Und das wird auch weiter so sein, wenn man der bisherigen Politik nicht das Rückgrat bricht.

Gar nicht bewahrheitet hat sich hingegen die Prognose des Wissenschaftlers Ulrich Menzel, die wohlhabende Weltöffentlichkeit sei mittlerweile so abgestumpft, »dass selbst die aufrüttelndsten Fernsehbilder nicht ausreichen, ein Nachlassen der Spendenbereitschaft aufzuhalten«. Genau das Gegenteil ist festzustellen. Die Bevölkerung rast der Politik davon. Sie ist der Motor einer Politik, für die man wegen der Belastung des Namens »Entwicklungspolitik« einen anderen Namen finden sollte: Mitleids- und Solidaritätspolitik.

Die »Basishilfe«, die Gunnar Myrdal 1981 in seiner großen, bis heute fundamental gültigen und nicht eingelösten Kritik an aller bisherigen Entwicklungspolitik gefordert hat, kommt auch nicht allein durch größeren Einsatz eigenen euroatlantischen Personals besser zu den Ärmsten der Armen. Das »Umgehen der Eliten« in den Entwicklungsländern, von dem Menzel spricht, ist leichter gesagt als getan. Unsere großen Entwicklungsagenturen und »Consultants« sind längst Teil dieser Eliten geworden und würden sich ein »Umgehen« verbitten. Ja, in der Zeit des Kalten Krieges war ein Umgehen der Eliten manchmal noch möglich, weil es auf vielen national souveränen Territorien zweierlei Regime und Zugänge gab. Es gab die Eliten, die schiffsweise Whisky und Wodka zu den Revolutionsfeiern 1986 in Äthiopien nach Assab in den Hafen bringen ließen. Und es gab die Befreiungsbewegungen, die sich erst nach der Machtübernahme als die schlechten Eliten entpuppten.

Bei der Basishilfe geht es vor allem um Nahrungshilfe. Die Art von Hilfe wird aber von diesen raffgierigen Kleptokraten gar nicht gewünscht, sondern im Höchstfall gnädig zugelassen. Nehmen wir das Beispiel Simbabwe. Wir geben unsere Steuergelder für eine Hilfe, von der uns gesagt wird, dass sie die Regierung wegen Devisenmangels oder einer Naturkatastrophe nicht leisten kann. Aber Mugabe, der Alleinherrscher des Landes, nimmt sich die Freiheit heraus, die Organisationen der UNO für die Nahrungsmittel- und Saatguthilfe gar nicht zuzulassen, während Welt- und internationale Hilfsgemeinschaft tatenlos zusehen, wie das Land im Elend versinkt.

Wir brauchen Rebellen für die bessere Welt

Doch unter den jungen Leuten in diesen Ländern regt sich geballter Widerstand, der von uns leise, aber kräftige Unterstützung verlangt und erwartet. Es ist ein Hunger nach Gerechtigkeit und ein Zorn, der sich nicht mehr in gewalttätigen Revolutionen entladen kann. Die Zeit der Revolutionen ist vorerst vorbei; wir treten in die Phase der Revolten ein. Der »L'Homme Révolté« von Albert Camus ist wieder ganz neu gefragt.

Die »internationale Feuerwehr« ist eine blasse Idee geblieben. Statt ihrer gibt es eine Vielzahl kleiner und kleinster Initiativen, die sich sehr darüber freuen würden, wenn der eigene Staat ihnen zu Hilfe käme. Er sollte sich vor allem um eine bessere rechtliche Grundlage für die Helfer und ihre Organisationen bemühen. Ein Gesetz oder eine Verordnung in den Gastländern muss her, damit den Helfern nicht immer wieder die Hände gebunden werden. Das müsste sich jetzt in dem Land bewähren, in das die Deutschen gelockt wurden und dem sie in den ersten Monaten 2005 nach dem furchtbaren Weltunfall des Tsunami am 26. Dezember 2004 geholfen haben wie selten einmal zuvor. Bis heute müssen diese dringend gebrauchten Helfer alle zwei oder drei Monate außer Landes gehen, um sich eine Verlängerung geben zu lassen – ein Zeit- und Kostenaufwand, der natürlich zulasten der Hilfsbedürftigen geht.

Das große Defizit in etlichen postkolonialen Staaten besteht nicht im Kapitalmangel, sondern in der administrativen Inkompetenz an der Basis. Das ist das Hauptproblem vieler Länder nicht nur Afrikas, sondern auch Asiens. Die ehemaligen Kolonien haben die reichen Länder kopieren wollen, und sie haben Beraterbataillone geschickt bekommen, um die reichen Länder noch besser kopieren zu können. Sie haben sich alles aufschwatzen lassen: die Flagge, die Airlines, den eigenen nationalen Flughafen, die Hymne. Die Mercedes-Limousinen und die BMW-Motorradeskorten, das Netz von unnützen Konsulaten und Botschaften. Oft können sie das alles gar nicht bezahlen. Die deutschen Helfer – und auch die deutschen Minister – wunderten sich: Die besten Hotels und Hotelsuiten wurden beim Kopenhagener Sozialgipfel 1995 von den Habenichts-Staaten gemietet. Es gab damals einen Run auf die Luxushotels, den sich die westliche Welt gar nicht vorstellen konnte.

Die Jahre bis 2015 nicht nur für Wachstum nutzen

Die Jahre bis 2015 dürfen nicht allein für Wachstum, sondern sie müssen auch für Demokratie und Menschenrechte genutzt werden. Und natürlich darf nicht die Aufhebung des Waffenembargos für China das Hauptinteresse deutscher Politik sein, sondern die Bekämpfung der Armut in den ländlichen Regionen muss im Vordergrund stehen. In den letzten 50 Jahren hieß es: erst Industrialisierung, dann Demokratisierung; jetzt muss es heißen: erst Armutsbekämpfung, dann Demokratisierung und dann erst Industrialisierung.

Die verlorenen Jahrzehnte

Die dritte Entwicklungsdekade, die Achtzigerjahre, wurden von der Weltbank als das »verlorene Jahrzehnt« bezeichnet. Warum eigentlich? Alle bisherigen vier Dekaden waren ja verloren. Sie wurden alle mit einem großen Aplomb begonnen und endeten ergebnislos, denn sie waren von einer Mischung falscher Motive begleitet. Es gab einerseits das schlechte Gewissen der Ex-Kolonisateure, das sich mit einem »Hoppla, jetzt kommen wir«-Optimismus mischte, der wiederum Ausdruck unserer Arroganz war und mit einer politischen Strategie Hand in Hand ging, der der Zustand dieser Länder völlig gleichgültig war. Hauptsache, sie befanden sich im richtigen Lager und schielten nicht nach der falschen Seite, nämlich nach Moskau.

Alle bisherigen Entwicklungspläne und Programme ergaben sich nach großen Weltkonferenzen in klimatisierten Räumen und Gebäuden, nach Seminaren, nach wegweisenden und »geschichtsträchtigen« Reden. Hat die »geschichtsträchtige« Rede des neuen Weltbankdirektors Robert McNamara 1973 einen Kurswechsel bewirkt? Alle, die davon schreiben, behaupten ja, das sei eine sensationelle Rede gewesen. Immerhin kam sie von dem Mann, der das ganze Elend in Vietnam bis zum bitteren Ende und der Dioxinverseuchung des Landes zu verantworten hatte, der erfolgreich war, was die Zerstörungen angeht, unter denen die Kinder Vietnams bis heute leiden, aber nicht erfolgreich in Bezug auf den US-Krieg. Nein, diese Rede konnte nichts bewirken.

Eine Politik für die Armen

»Policy for growth must be pro poor«, so lautet ein Schlagwort in der Debatte um die Armutsbekämpfung, »eine Wachstumspolitik muss eine Politik für die Armen sein«. Für Christen und Muslime ist das in Ordnung, für die Päpste Johannes XXIII., Johannes Paul II. und Benedikt XVI. ebenfalls. Aber wie ist das mit den Wirtschaftskapitänen?

»Wenn es für alle nicht mehr reicht, dann springen die Armen ein«, so sagte es der große deutsche Hoffnungsphilosoph Ernst Bloch. Aber Sozialhilfeempfänger können nicht mehr streiken, politisch ist es immer das Einfachste, Druck nach unten zu machen.

In Rumänien verdient der Reifenarbeiter bei Conti im Monat 400 US-Dollar, im Jahr also 4800 US-Dollar. Wie aber, wenn die Industrie auf diese Plätze in Rumänien springt? Was geschieht, wenn demnächst auch dort all diese Waren gekauft und konsumiert werden sollen? Was machen wir dann?

Der neue KPC-Chef von China Hu Jintao möchte in Schulen und Gesundheitsambulanzen auf dem Land investieren. In der

Bundesrepublik Deutschland hingegen wird der öffentliche Gesundheits- und Bildungsstandard durch eine unendliche Kette von Sparmaßnahmen kontinuierlich abgebaut.

Zwei wegweisende Beispiele

Koraro in Äthiopien

Die bessere Welt wird möglich: Wir in Deutschland müssen allerdings mitmachen.

In der *International Herald Tribune* stand am 29. April 2005 ein Artikel, der uns noch einmal klar machte, wie weit die Weltgemeinschaft von der Erfüllung ihrer Träume und Sehnsüchte entfernt ist, aber wie konkret sie an wenigen Punkten und Orten schon etwas erreicht hat. Also, in dem äthiopischen Koraro scheint die Welt sich auf die Erfüllung des Versprechens wirklich einzulassen. Es geht um Schulbildung und lebensnotwendige Geräte. In dem Ort gibt es bisher nur eine Schule mit sechs Räumen und sieben Schulklassen. Ein Besucher aus Addis Abeba fragt die Schüler, wer von ihnen auch die achte Klasse absolvieren will. Alle Hände gehen sofort hoch.

Vor einem Jahr haben die Bewohner von Koraro sich vereinigt und um Geld für eine Vergrößerung der Schule gebeten. Dieser Ort hat noch nicht einmal genug zum Leben, die Hälfte der 1500 Kinder ist unterernährt und untergewichtig. Deshalb hat der Promoter des Millenniumsprogramms, Jeffrey Sachs, vorgeschlagen, aus Koraro einen UNO-Testfall zu machen. Koraro soll in den nächsten fünf Jahren 250 000 Dollar für den eigenen Aufbau bekommen. Für dieses Geld könnte man Basisinstrumente und -geräte einkaufen. Zum Beispiel: fünf Metalltüren für die Klinik im Ort, einen Dieselgenerator, um Elektrizität wenigstens für Notfälle zu haben, drei Fenster für die Schule, eine Getreidemühle für die Einwohner des Ortes, sodass sie ihre Ernte in Nahrung umwandeln können. Einen Lkw, damit sie ihre Produkte auf die Märkte bringen können. Wenn nämlich die internationale Welt das Millenniumsversprechen wahrmachen will, dann muss es auch irgendwo in Raum und Zeit starten. Und das kann ja auch in dieser kleinen Ortschaft sein, tief in Äthiopiens Nordprovinz Tigray.

Sonnenenergie in Afghanistan

Die bessere Welt hat auch mit Zeichen zu tun, die wir alle brauchen. Wir wissen, dass wir alle loskommen müssen von den alten fossilen Energieträgern, die unsere Welt und Ökologie zerstören. Wir müssen wegkommen von den vielen Autos, dem vielen Benzin- und Dieselverbrauch, vom Raubbau an der Natur, an den Regenwäldern, die uns weggerodet werden und in der nächsten Generation schon nicht mehr ihren Segen für die Menschen, die Umwelt und das Klima bringen können.

Deshalb machen wir mit der deutschen Solarfirma Solon AG ein weitreichendes Experiment. Wir hatten das Versprechen bekommen, die Firma würde uns die Hardware für die Energieversorgung eines Krankenhauses in Afghanistan schenken. Die Firma Solon AG – wenn ich mal das Werbedeutsch abziehe – bleibt immer noch eine Firma, die Geld verdienen will, und zwar mit Produkten, die sehr zukunftsträchtig sind. Weil aber der Aufbau und Anschluss der Photovoltaik-Instrumente und -Apparaturen – ebenso wie diese selbst – sehr teuer ist, hat uns die Firma einen Techniker zur Verfügung gestellt, der auch schon gegen alle Reisewarnungen des Auswärtigen Amtes dort war, wo Hunderttausende von Afghanen auf die Deutschen warten. Diese Afghanen verstehen uns nicht, die wir immer nur meinen, wir dürften uns nicht außerhalb von Kabul und Kunduz bewegen, weil es nur in diesen beiden Städten sicher ist.

Die Firma Solon AG beschreibt sich selbst als einen führenden Hersteller von Photovoltaik-Modulen in Deutschland und als Spezialisten für die Integration von Photovoltaik in Gebäuden. 70 Prozent – so strunzt die Firma, und sie darf das, denn das wird ja stimmen – der Anlagen auf den Neubauten der deutschen Bundesregierung stammen von ihr. Sie macht das also nicht altruistisch. Sie macht es auch, weil ich dieser Firma von dem aufstrebenden Volk berichtet habe, das in der Lage sein wird, die Eierschalen der 23 Jahre Okkupation, Gewaltherrschaft und Bürgerkrieg zu überstehen. Im ländlichen Bereich erleben wir diese Afghanen, zumal die neue, junge Generation, die nur noch mit einem Bein in die Zeit der Kriege hineinreicht, als tüchtig, fleißig, selbstständig und vielseitig begabt, wie man in Deutschland kaum noch jemanden findet.

Sven Lehmann, der Techniker von Solon, hat im April 2005 alles ausgemessen an der Klinik der Grünhelme in Qara Bagh. Er hat sich alles angeschaut, ist von dem Land begeistert. Und hat das ganze Equipment in den Container gepackt, der am 2. Juni 2005 von Berlin (mit einer kleinen Pressekonferenz) verabschiedet wird. Die folgenden Hauptkomponenten werden zur Energieversorgung der Klinik in Qara Bagh gehören: 32 Solarstrommodule, 24 langlebige Akkus (das sind übrigens die teuersten Bestandteile dieses Pakets), 2 Solar-Laderegler, 2 Wechselrichter-Ladekombinationen (Stromumformer), 1 automatisch startender, sehr robuster Dieselgenerator als Zusatzversorgung, Gestelle für Solarmodule und Batterien, Verteilerkästen, Kabel und Installationszubehör.

Damit werden wir den Hauptort der allervergessensten und vernachlässigtsten ländlichen Region in der Provinz Herat so auszeichnen, dass niemand, der künftig mit Solarenergie weiterarbeiten will in Afghanistan, an Herat und dem Distrikt Golran vorbeikommen wird.

Die Grünhelme schicken nach der Einrichtung der Module und des Equipments einen erfahrenen Fachmann in alternativer und erneuerbarer Energie. Der wird die Mannschaft der jungen

Leute in Qara Bagh, die dann demnächst als Fachleute im ganzen Land gebraucht werden, in der Wartung dieser Technik ausbilden.

Die deutsche Ärztin Dr. Luitgart Wiest muss jetzt noch die Frauen bis nach Herat bringen, wenn sie eine schwere Geburt vor sich haben. Und das ist in vielen Fällen gar nicht möglich. Aber demnächst werden wir allen Frauen der Region um Qara Bagh versichern können: Sie müssen nicht mehr sterben, wenn sie eine schwere Geburt haben, bei der sie zum Beispiel einen Kaiserschnitt brauchen; ein sonnendurchflutetes Krankenhaus steht für sie bereit.

Dr. Wiest berichtete im Mai 2005:

> Wir hatten neulich einen schweren geburtshilflichen Fall mit massiven Blutungen, und wir konnten die Frau und das Kind retten. Ich musste sie nach Herat bringen, und sie hat unterwegs ihr Kind bekommen. Es war die Frau eines Mullahs, der keine Ausländer im Lande dulden wollte. Er hat hinterher in Herat verkündet, dass er jetzt hundertprozentig davon überzeugt ist, dass unsere Anwesenheit unbedingt erforderlich ist. Der Gesundheitsminister hat dem Krankenhaus Herat am nächsten Tag einen Besuch abgestattet, und der Fall wurde ihm vorgestellt, dabei hat er dieser Patientin tausend Afghani (ca. 25 Euro) geschenkt.

Botschaften für die bessere Welt

Die Botschaften für die bessere Welt sind nicht kompliziert. Auch die Fragen, die wir in diesem Buch aufwerfen, sind nicht kompliziert. Es sind alles Fragen, die jedermann verstehen kann. Jeder von uns will seine eigene Toilette haben, jeder will ein Dach über dem Kopf haben. Nur wer davon noch gar nichts weiß, wird diese Dinge nicht vermissen.

Immer dann, wenn jemand mir klar machen will, diese Fragen seien zu komplex und zu kompliziert, will ich aufschreien. Nein, sie sind nicht kompliziert. Es sind im Grunde einfache Botschaften, die wir zu beherzigen haben. Und es sind wenige.

In freier Reihenfolge würde ich sechs Botschaften am Ende dieser langen Wegstrecke nennen, die ich mit meinen Mitkämpfern Rosi Gollmann und Franz Alt zurückgelegt habe:

1. Man muss wieder viel stärker auf die nichtbezahlte Arbeit zurückgreifen. Die Menschen, die Kolleginnen und Kollegen aus unseren reichen Staaten und Tarifsystemen können sich in der Regel ein halbes oder ein ganzes Jahr für die Habenichtse und die Schmuddelkinder leisten, ohne dafür bezahlt zu werden. Es müssen bei uns aber Freistellungsmodalitäten ausgearbeitet werden, damit jemand nicht arbeitslos wird. Die Alternative würde sein, dass wir diese Arbeit nur noch mit Rentnern und Pensionären machen können.

2. Wir müssen uns immer vor den Pfennigfuchsern hüten, die uns mit der Semantik bezirzen wollen. Es gab schon damals kurz vor der dramatischen Abschaffung der Sklaverei schlaue Leute, die sagten: »Instead of Slaves, let the negroes be called Assistant Planters«, also: Lasst uns die Sklaven doch einfach Plantagenbesitzer-Assistenten nennen, dann werden wir nicht einen solchen Aufschrei hören von den »pious divines, tender-hearted poetesses and shortsighted politicians«, also von den frommen Seelen, weichherzigen Dichterinnen und kurzsichtigen Politikern. Nach dem gleichen Prinzip nennt man heute diejenigen, die wir für das Saubermachen und Aufräumen in unseren Hotels und Pensionen brauchen, Raumpfleger oder Raumpflegerinnen.

3. Alles wird darauf ankommen, dass künftig humanitäre und Entwicklungsanstrengungen von vornherein an der Peripherie, in den Dörfern, auf den Feldern, in den Wäldern bei den

wirklich Armen beginnen und dort sehr lange verharren. Das ganze System der bisherigen Politik und Hilfe muss umgedreht werden. Die Hauptstädte müssen umfahren und umgangen werden.

4. Wenn wir es als reiches Land Europas nicht schaffen, uns mit einem Schlag für die verbindliche festgelegte und von allen schon 1964 (!) akzeptierte Marke von 0,7 Prozent des BSP zu entscheiden, sind wir die Waschlappen und Hasenfüße, als die wir ja schon lange vor uns selbst dastehen.

5. Das Entscheidende ist seit dem Ende der Sklaverei noch immer nicht geschafft. Völker- und menschenrechtlich können Schwarzafrikaner nicht mehr versklavt werden. Aber wir halten einen heimlichen und gefährlichen Rassismus gegenüber den Schwarzen immer noch starrköpfig aufrecht. Darum wird es in den nächsten 50 Jahren für uns Europäer gehen; diesen Rassismus müssen wir mit Stumpf und Stil ausrotten.

6. Nicht Bücher, Pamphlete, nicht Resolutionen und Entschließungen, nicht Machbarkeitsstudien und Aktionsprogramme werden die bessere Welt schaffen, sondern nur diejenigen, die aus den klimatisierten Räumen und den bequemen Wohlstandsesseln hinaus und in die ländlichen Zonen, die Bereiche außerhalb der großen Glitzerstädte gehen. Das muss gerade am Ende eines Buches gesagt werden. Das Buch ist nur das Vehikel, um sich selbst überflüssig zu machen. In Anlehnung an Marx möchte ich sagen: »Die Bücher und die Buchautoren haben die Welt nur immer verschieden interpretiert, es kömmt darauf an, sie zu verbessern!«

Wie heißt dieses Buch doch so wahr und richtig:

Eine bessere Welt IST möglich.

Literaturangaben

Franz Alt: *Krieg um Öl oder Frieden durch die Sonne*, Riemann, München 2003

Carl Amery (Hrsg.): *Briefe an den Reichtum*, Luchterhand, München 2005 (S. 173f.)

Tanja Brühl u. a.: *Unternehmen in der Weltpolitik, Politiknetzwerke, Unternehmensregeln und die Zukunft des Multilateralismus*, Dietz, Bonn 2004

Waris Dirie: *Schmerzenskinder*, Marion von Schröder, Berlin 2005

Johann Wolfgang von Goethe: *Dichtung und Wahrheit*, Hamburger Ausgabe 1948 (Bd. 9, S. 31)

Eva Karnofsky: *Besenkammer mit Bett. Das Schicksal einer illegalen Hausangestellten in Lateinamerika*, Horlemann, Unkel 2005

Ulrich Menzel: *Das Ende der Dritten Welt und das Scheitern der großen Theorie*, Suhrkamp, Frankfurt a. M. 1992

Franz Nuscheler: *Lern- und Arbeitsbuch Entwicklungspolitik*, Dietz, Bonn, 5. Aufl. 2004 (S. 151f.)

Franz Radermacher: *Balance oder Zerstörung – Ökologische Marktwirtschaft als Schlüssel zu einer nachhaltigen Entwicklung*, Wien 2002

Günter Wallraff: *Ganz unten*, Kiepenheuer & Witsch, Köln, erw. Neuauflage 1992

Internetseiten:

www.sonnenseite.com

www.andheri-hilfe.de

www.gruenhelme.de

www.cap-anamur.org

www.globalmarshallplan.org